沖縄から問う東アジア共同体

「軍事のかなめ」から「平和のかなめ」へ

木村朗＝編著

花伝社

沖縄から問う東アジア共同体——「軍事のかなめ」から「平和のかなめ」へ◆目次

はじめに　木村　朗（鹿児島大学、平和学）　5
1章　トランプ以後の世界はどこに行くのか（二〇一八年四月一三日）
進藤榮一（筑波大学名誉教授、国際アジア共同体学会代表）　8
2章　東アジア共同体と韓国――「ミドルパワー外交」の視点から（四月二〇日）　李鍾元（早稲田大学教授）　29
3章　沖縄アイデンティティの形成と変遷（四月二七日）　林泉忠（武漢大学教授）　43
4章　東アジア文化の世界的地位――日中韓における共通点の一考察（五月一一日）　康上賢淑（鹿児島国際大学教授）　62
5章　国家と戦争：近代日本の戦争と中国の位置
――アジア共同体論構築と歴史認識の乖離を埋めるために（五月一八日）　纐纈　厚（明治大学特任教授）　77
6章　沖縄戦の教訓と東アジアの平和（五月二五日）　石原昌家（沖縄国際大学名誉教授）　92
7章　沖縄の自己決定権と東アジア共同体（六月一日）　新垣　毅（琉球新報記者）　109

8章　日本の植民地主義と沖縄差別――アジアの平和のために、日本人への提言（六月八日）
乗松聡子（ピース・フィロソフィー・センター代表）　128
9章　属国論　マーク2（六月一五日）
ガバン・マコーマック（オーストラリア国立大学教授）　144
10章　東アジア共同体と沖縄の視座――沖縄から日本と東アジアの人権・平和を問う（六月二二日）
木村　朗（鹿児島大学教授）　164
11章　東アジア平和の課題（六月二九日）
金哲（安徽三聯学院教授）　180
12章　歴史認識における差異と和解への道（七月六日）
李若愚（四川大学歴史学部准教授）／張博（河南大学日本語学科准教授）　195
13章　琉球独立と東アジア共同体への展望（七月一三日）
松島泰勝（龍谷大学教授）　210
14章　啐啄《そったく》同時の朝鮮半島と新しい東アジア（七月二七日）
韓洪九（聖公会大学教授・反憲法行為者列伝編纂委員会）／翻訳：李昤京（立教大学非常勤講師）　224

15章　どこから来たの？　何者なの？　どこへゆくの？（七月二〇日）　佐藤洋治（ワンアジア財団理事長）　238

【特別講義】　東アジア共同体と沖縄問題の行方をめぐって（五月二六日）

特別講義1　日本人のための平和論――いまだ占領下にある日本　ヨハン・ガルトゥング（社会学者、紛争調停人）／通訳：西村文子　260

特別講義2　脱　大日本主義　鳩山友紀夫（元内閣総理大臣、東アジア共同体研究所理事長）　281

はじめに

近年の東アジア地域では、尖閣諸島をめぐる日中間の対立や南シナ海をめぐる中国と米国および周辺諸国の摩擦などが生じています。一方、一昨年（二〇一七年）に北朝鮮による相次ぐ核開発・ミサイル発射実験で米日韓三か国との緊張が高まりました。しかし、その後、平昌オリンピックへの北朝鮮代表団派遣、三度の南北首脳会談と二度の米朝首脳会談の開催など、朝鮮半島情勢は和解へ向けて大きく転化し、東アジアにおける冷戦構造解体の可能性も報じられています。とはいえ、依然として、朝鮮戦争が未終結であることは変わらず、北朝鮮への経済制裁や米国による先制攻撃戦略などの北朝鮮敵視政策が続いていることも事実です。

日韓両国の間では、昨年（二〇一八年）から、従来の従軍慰安婦問題に加えて、徴用工問題やレーダー照射問題などをめぐる摩擦・対立が表面化した結果、戦後最悪の日韓関係と言ってもいい深刻な状況が生まれています。また、済州島での国際観艦式での海上自衛隊の旭日旗を対象とした「軍艦旗掲揚の自粛要請」問題も、日韓両国の間には歴史認識において大きなギャップ・溝があることを物語っています。

ここでいま最も緊急な課題は、東アジア地域で起きつつある危機的状況の冷静な把握と最悪の事態である戦争を避けるための具体的方策を実行していくことです。そうした中で注目を集めているのが鳩山民主党政権が提起した「東アジア共同体」構想です。この構想は、東アジア地域での経済統合と恒久的な安全保障の枠組みを作ることを目指しています。東アジア共同体構想のもともとの起源は、一九九〇年にマレーシアのマハティール首相が提唱した「東アジア経済協議体（ＥＡＥＣ）」、一九九七年のアジア通貨危機の際に当時の橋本首相が提唱した

「アジア通貨基金（AMF）構想」です。しかし、これまでの東アジア経済協議体やアジア通貨基金構想の動きは、米国の強い反対や中国の消極的な姿勢などでほとんど具体的な進展がみられませんでした。例えば、一九九四年に「ASEAN+3（日中韓）」による東アジア経済協議体の準備会議が開かれようとした際にはジェームズ・ベーカー米国務長官が当時の村山政権にこれに反対するように圧力をかけて実現しませんでした。九七年に橋本首相がアジア通貨基金を提案しましたが、G7で米国の強い反対にあって頓挫しました。また、二〇〇五年末開催されたASEAN+3首脳会議では、小泉政権は米国の意向を忖度して東アジア共同体構築の方向性として、中国の影響力を薄めるASEAN+3にインド、豪州、ニュージーランドを加える「ASEAN+6」という新しい提案を行うという経緯もありました。

こうした流れを大きく変えることになったのが二〇〇九年夏の総選挙で本格的な政権交代を果たした民主党を中心とする鳩山連立政権の登場でした。鳩山首相は、政権交代後に月刊誌『Voice』（二〇〇九年九月号）に掲載された論文「私の政治哲学——祖父・一郎に学んだ『友愛』という戦いの旗印」のなかで、「ナショナリズムを抑える東アジア共同体」という節に「ヨーロッパと異なり、人口規模も発展段階も政治体制も異なるこの地域に、経済的な統合を実現することは、一朝一夕にできることではない。しかし、日本が先行し、韓国、台湾、香港がつづき、ASEANと中国が果たした高度経済成長の延長線上には、やはり地域的な通貨統合、〝アジア共通通貨〟の実現を目標としておくべきであり、その背景となる東アジア地域での恒久的な安全保障の枠組みを創出する努力を惜しんではならない」と述べて、東アジア地域での通貨統合と恒久的な安全保障の枠組みを作るという具体的な「東アジア共同体構想」を提起したのでした。

ところが、この東アジア共同体構想は、その理論的武器とも言える「常時駐留なき安保（有事駐留）論」とともに、米国を排除するものではないかという懸念を生み、その後、鳩山政権が「できれば国外移転、最低でも県外移転」という新しい方針を掲げて沖縄の民意に沿った解決を模索した普天間移設問題での挫折の大きな背景となったのでした。

このような状況の中で、沖縄の人権と民意をまったく無視したかたちで高江でのヘリパッド建設や辺野古での新基地建設が安倍政権によって強行されています。安倍政権は、故翁長雄志前知事の遺志を継いで当選した玉城デニー氏の抗議や辺野古新基地建設の是非を問う県民投票で圧倒的多数の県民が反対に投票したのにもかかわらず、そのことをまったく無視しています。これはまさに安倍政権の暴走であり、日本の民主主義を根底から破壊・否定するものであると言っても過言ではありません。

それに対して、沖縄では構造的差別を指摘する声や沖縄の自己決定権を求める声がますます高まっており、それとの関連で琉球（沖縄）独立論が全国的な注目を集めています。沖縄は、その非武の島としての歴史・伝統、開放的な文化と豊かな自然などから、二一世紀における東アジアの連帯と共生、あるいは東アジア地域における平和と共生を実現していく上での平和創造の拠点としての可能性を秘めています。そして、東アジア地域において再び戦火を招かないためにも沖縄を東アジアの軍事の要から平和の要に転換させるとともに、そこから東アジア不戦共同体の構築を進めていくことがいまこそ求められていると言えます。

本書は、このような日本内外の揺れ動く情勢の中で、東アジア地域においてふたたび戦火を招かないためにはいま何が求められているのか、また日本と沖縄はどのような位置・役割をはたすべきなのかを考察したものです。本書の元になったのが、二〇一八年度前期の鹿児島大学でのワンアジア財団寄付講座の講義「東アジア共同体と沖縄の視座」です。本書出版の助成もしていただいたワンアジア財団（佐藤洋治理事長）に厚く御礼を申し上げます。


二〇一九年二月二七日、編者　木村　朗（鹿児島大学、平和学）

1章　トランプ以後の世界はどこに行くのか

進藤榮一（筑波大学名誉教授、国際アジア共同体学会代表）

私は本来「アメリカ屋」です。かつてアメリカに憧れ、アメリカに留学し、アメリカで勉強しました。私がアメリカに参りましたのは一九六九年です。当時アメリカは世界のGDPの半分を占めていました。今、世界のGDPの半分を占め始めているのはどこかというと、中国です。私が初めて中国に行ったのは一九九〇年です。八九年に天安門事件があり、翌年、対中制裁が解除されたので、講談社の招待で北京で開催されたシンポジウムに参加しました。それが私の初めての中国体験です。

そのとき北京大学の中国人教授が、私をアテンドしてくれました。私よりも三、四歳上でしたが、私とその先生との給与格差は八〇対一でした。今やすばらしく改装されていますが、当時のまだみすぼらしかった北京飯店の入り口にお土産屋がありまして、「進藤先生、お土産に青磁器を買いませんか？　送料もそんなに高くないから」と言われた。当時の値段で一つ四〇〇〇円、二つ一対で八〇〇〇円でした。八〇〇〇円というのは、教授の給料の二倍ですが、私の給料の四〇分の一です。それが一九九〇年です。そのとき私の心は若干痛みました。いまだに私の自宅の玄関にはすばらしいその一対の青磁器が飾ってあります。

あれからほとんど毎年のように中国に行く機会がありますが、行くたびに中国は変わっています。特にこの一〇年の変化は非常に激しいものです。

二〇〇三年ごろ私が青島《チンタオ》を訪れたとき、迎えに来てくれた若い学者が「ようやくうちのスタッフの中で、私だけが自家用車を持つことができるようになりました。しかし、ほとんど人は自家用車なんて持てませんよ」とおっしゃっていました。あれから一〇年以上が経ち、中国の学者たちで自家用車のない方はいらっしゃいません。自動車生産台数は、今や中国が世界一となっています（二〇一七年全世界九七二九万九〇〇〇台中、中国は二九〇二万台）。鉄鋼生産に関しても同じです。二〇一六年の鉄鋼メーカーの生産ランキングを見ると、首位のアルセロール・ミタル（ルクセンブルク）、二位の新日鉄住金、五位のポスコ（韓国）、九位のＪＦＥを除いて、トップ10は中国の企業が占めています。おそらくもう少しで、世界の自動車市場の半分を中国が占めるのではないかと私は予測しています。

特に、ご承知のように現在、電気自動車の技術については世界でもダントツに中国が群を抜いております。日本は原発事故があり、福島の悲劇を経験しているにもかかわらず、原子力発電からの脱却が遅れていて、環境産業へのテイクオフ（離陸）が遅れている。そういう状況の中、中国はものすごい速度でグリーン産業への転換を図っています。

トランプ王国を支える人たち

アメリカ、中国、それからヨーロッパを歩いていると、今世界には二つの世界が見え始めたなと思います。一つは「古い世界」、もう一つは「新しい世界」。この二つの世界がせめぎ合っていて、その中でトランプさんのような、非常に風変わりな大統領が登場している。一〇年前の時点でも、ああいう方がアメリカ大統領になることは想定できなかった。

私は二〇一五年一一月に、成田からデトロイト、ニューヨーク、ワシントンに旅行しました。そのときに受けたショックがいまだ忘れられません。マニラ発デルタ便に乗りましたら、機内の乗客の九割以上がアジア人だった。私はほとんど毎年のように太平洋便に乗っておりますが、そんな経験は初めてでした。飛行機を乗り間違えたのかなと思いました。

私のイメージでは、アメリカに行く飛行機というのは、ネクタイを締めた隆《りゅう》とした身なりの紳士、淑女、ビジネスマンが中心の機内だったのですけれども、そのときに受けたショックは激しかった。ワシントンに着いてすぐに、アメリカの人種構成がどうなっているのかと調べた。そうすると、実に今三八％がノンホワイトなのです。アングロ・サクソンを中心としたホワイトではない。あと半世紀したら六五％は非白人になる。「青い目でブロンドの、白い肌をしたアメリカ人」という概念は、成り立ち得なくなったと思いました。それがデルタ便マニラ発デトロイト行きの飛行機の中で受けた衝撃でした。だからこそトランプ大統領が出てきたのでしょう。

二つ目の衝撃です。私はデトロイトを、最初の訪問地、最近米国事情の調査対象に選びました。デトロイトは、かつては、アメリカ物流運輸の中心でした。デトロイト駅舎は「Michigan Central Station」といって、一九一三年に建てられたときには全米一の高さを誇る、すばらしい駅舎でした。しかし、今その駅舎は廃墟になっている。駅舎の周辺五〇メートルぐらいのところに柵が張られ、そこから先立ち寄っていけないというのです。

デトロイトという都市は、かつては人口一八〇万人以上の大工業都市、アメリカの物づくりの中心で、自動車生産の拠点でした。しかし今往年の姿が全くなくなってしまった。人口は七〇万を切りました。旧市街と新市街があるのですが、旧市街は危なくて、「ここから先は近寄っていけない」という警告板があちこちに立っている。

私は到着した日の夜、デトロイト総領事さんと、日立のデトロイト総支社長さんと一緒に食事をしましたが、その席で「警察を呼ぶのに五七分かかるのは本当ですか」と聞きました。すると、「進藤さん、それは古いですよ。今二七分になりました」と言うのです。警察を呼ぶのに二七分というのは、要するに犯罪が起きても、なかなか助けに来てもらえないということです。それがデトロイトの荒廃した都市の現実です。

日本の、都市問題の研究者である矢作弘氏が『縮小都市の挑戦』（岩波新書、二〇一四年）という本を書いています。人口が少なくなっても新しいルネサンスの息吹がある、再生していると言って、縮小モデル都市としてイタリアのトリノとともにデトロイトを選んでいる。けれども、これはおかしいと思いました。

帰国後、私は『世界』という雑誌に、このことに少し触れたのですが（「終わりゆく帝国と「第二のプラザ合意」『世界』二〇一六年七月号）、その後に、またその矢作弘氏が「デトロイト・ルネサンス」論を再説している。「ルネサンス」というのは確かで、デトロイトはこれだけ再生しましたと、「ルネサンスツアー」というもので見せてくれる。しかし、行くのは、かつての駅舎であり、かつての美術館や大病院です。そこではクモの巣が張り、階段は壊れ、壁が剥げ落ちている。その跡をたどるツアーなのです。これはまた、アメリカの物づくりが終わった現実を象徴しています。

もっともそのような都市デトロイトも、近年ようやく再建の芽が見えはじめている現実は、注目してよい。

「アパラチア山脈から西側のアメリカの中にトランプ王国がある」というのは、金成隆一さんという朝日新聞アメリカ支局員が現場を見て書いた名著『ルポ　トランプ王国』（岩波新書、二〇一七年）の中の一節です。アパラチア山脈の西側にはデトロイトがあります。ここはかつての自動車産業を支え、鉄鋼産業を支えてきた都市です。しかし、今や物づくりをやめ、人々は失業し、医療費の高騰で借金にまみれ、激しい欲求不満から薬物に手を出し、そして早死にしていくというのが現実です。

四五歳から五五歳までのいちばん働き盛りの中年男性の死亡率が先進国の中で最も高いのが、アメリカです。イギリスもフランスもドイツもこの三〇年間にみんな、中年男性の死亡率が五〇％内外から、三〇％以下近くまで下がっています。しかし、アメリカだけが高止まりし、逆に上がり続けている。実はこの年齢層に該当する男性が、トランプさんを支えている。

世界中の有識者は、トランプさんはいつ大統領を辞めるかと期待半分で見ています。アメリカには過去、ケネディやレーガン、クリントンやルーズベルトのような、素晴らしい大統領がいたわけです。アメリカ大統領の伝記を書くだけでアメリカ史が書けたという時代がありました。しかしトランプさんはひどい。ひどいけれども、なかなか辞めさせることはできないのです。これはトランプさんを支える強固なる支持層があるからです。三五％もの固い支持層がトランプを強烈に支持し続けているのです。

戦術も戦略もなく政略だけ

二〇一七年一二月には、減税法案が成立しました。フィナンシャル・タイムズの女性記者が「ジョン・マケイン氏よ、あなたもですか――」という書き出しで論文を書いています（『日経新聞』二〇一七年一二月七日付で翻訳掲載）。マケインは、アメリカの民主党系の良識派エコノミストたちの忠告に従って、減税法案によってアメリカの経済成長は下振れするとして反対論を展開していたのに、最後段階で賛成へと寝返ったのです。その結果、二票差で減税法案が通って、法人税率が二〇％になりました。アメリカの国民の大多数の消費者の購買力は上がらず、需要が伸びずして供給が伸びることはなく、経済が復興することはない。この現実を知らないのか――というのが、フィナンシャル・タイムズの女性記者のメッセージでした。

しかし、そうであるにもかかわらずマケインがなぜ最後に賛成に一票を投じたのかというと、彼はアパラチア山脈から西側の三五％の強固なる共和党支持層――つまり「トランプ支持層」を見捨てることができなかったからです。彼らの支持に、自らの政治生命を懸けている政治家たちや、共和党員がたくさんいるということを承知しているからです。

トランプさんは第二のニクソンになるのではないか、ウォーターゲート事件の時のように弾劾裁判にかけられるのではないか、あるいはそうなる前に辞任するのではないかとかいう憶測も飛び交っています。けれども、だからこそ、彼は二〇一八年五月に、イスラエルの首都はテルアビブではなくてエルサレムにするという、大統領選挙公約の実行に踏み切ったわけです

トランプ氏は当選する前にいくつもの公約を掲げました。ＴＰＰからの即時離脱、ＮＡＦＴＡ（北米自由貿易協定）再交渉（離脱）、あるいはパリ協定からの離脱など……。国際的な公共財からことごとくアメリカは離脱し、「アメリカファースト（アメリカ第一主義）」の政策を貫徹しようとしています。アメリカは、二〇一八年末でユネスコからも離脱してしまいました。

しかし、公約の中でも目玉であった、メキシコとの間の壁は実現されてない。ですから、イスラエルの首都をエルサレムに移転したのはショック療法なのです。衝撃的なことを打ち出し、相手陣営にショックを与え、自分の支持層を固めていくというこの戦術は、トランプさんの戦術なのです。商売をやるときにも、相手にショックを与えて、その間隙を縫って利益を確保していく手段がとられることがあります。

ですから、二〇一七年四月に習近平夫妻をフロリダの会員制リゾート「マールアラーゴ」に招待したとき、食事の途中で彼はシリアへの五九発のミサイル爆撃を命じるという暴挙に出るわけです。トランプ大統領には、戦術もなく、戦略もなく、あるのは政略だけだと申し上げていいと思います。

これが先ほど言った、物づくりをやめたアメリカの悲劇です。アメリカが物づくりの国でなくなったために、こういう異形のリーダーが出てきたということだと思います。物づくりをやめて何になったかというと、ウォール街を中心にした金つくりです。たとえば今回のエルサレムへの移転を支持したムニューチンという財務長官は、ユダヤ教徒です。それから、トランプ側近中の側近、クシュナーという娘婿もユダヤ教徒です。そうした中で、公約を果たし、ショックを与え、その混乱の中で、混乱を収拾できる大統領は俺しかないという存在感を見せつ

けようとしています。

カジノ資本主義の成立

なぜ物づくりをやめて金づくりをやるようになったのか。これは長いタイムスパンの中で見ると、ある種、二一世紀情報革命の帰結なのです。

一八世紀末に産業革命が起こり、大英帝国が栄え、一九世紀末に第二の産業革命としての工業革命が起き、電気産業、自動車産業をつくり出した。そして大米帝国、パックス・アメリカーナ、つまりアメリカによるアメリカの力によるアメリカの平和をつくり、二〇世紀末に始まる情報革命を舞台に、第三の産業革命が生まれている。昨今「第四の産業革命」という言葉が流行っていますが、これは第三の産業革命、情報革命の第二段階だと捉えてよいでしょう。

この第三の産業革命としての情報革命は、二つのものを生み出しました。第一に、金づくり産業を生み出してしまった。一九九三〜九四年ごろからアメリカの経済の基軸が物づくりから証券化に代わるわけです。これは、「デリバティブ」という新しい金融手法ができたことと関係しています。すべての資産を証券に替えて、借金負債も売買取引可能な証券に替える。負債の負債もまた証券に替えていく。それを取引し売買することによってカネと儲けを生み出していく——というメカニズムがつくり出されたのです。

その情報革命をつくり出したのがコンピュータ技術です。ウォール街の銀行員たちの半分以上は理系出身で、彼らは瞬時にカネを儲ける仕組みをコンピュータ技術の中で編み出すわけです。そこで行われていることはコンピュータサイエンスに他なりません。〇・〇〇一秒差でパネルにタッチすることによって巨万の富をつくり出す。まさに文字どおり「カジノ資本主義」です。

手にしたその仕組みを産業の基軸にし、世界に冠たる金融帝国の座を築き上げようとしている。その帰結が今日のアメリカだと言えます。中心になっているのは、物づくりではなく、金づくりなのです。

石橋湛山先生が言っておられたように、資本主義というのは物づくりなのです。物をつくり、そしてそれを国民に渡し、国民生活が豊かになる。それが国を支え、地域を支え、世界を支えていく。この思想です。

そのためには「平和」という国際関係が最もふさわしい。このメッセージを今アメリカはまったく忘れてしまい、放棄してしまいました。

解き放たれたベトナムのトラウマ

情報革命はもう一つの怪物を生み出しました。どんな怪物かというと、戦争を巧みに戦うことのできるハイテクノロジーの怪物が作り出されてしまったのです。

アメリカは長い間、ベトナム戦争のトラウマにとらわれ続けました。少なくともベトコンが結成された一九六〇年から一九七五年まで、最後の一人がヘリコプターに乗ってホーチミン市から撤退するまでの一五年にわたり、アメリカは戦争を戦い続けました。ベトナム戦争のことを、彼らは「the longest war」と言います。英語で「Today was a long day.」という表現がありますが、それは「今日は嫌な日だったね」という意味です。「the longest war」というのは、「最も嫌な戦争」という意味です。一五年も戦争をし、しかもアメリカのＧＤＰの一〇〇〇分の一程度、人口も一〇〇分の一以下の小さな国に勝つことができなかった。敗退せざるを得なかった。まさに屈辱なのです。

アメリカの歴史家や戦略家たちはこの原因が何であったのか研究して、一つの結論を出します。国内の反戦世論戦争に敗れたことが、ベトナム敗戦の真因であったというのです。つまり、ベトナム戦争から手を引けという国内の反戦運動が真因で、戦争を戦うために必要な国内世論の支持がなくなったから敗れたのだと。それほど反戦運動はすごかったのです。

私が一九六九年にアメリカに行ったときは反戦運動の盛りで、とっても楽しかった（笑）。アメリカのデモクラシーが花咲き、カウンターカルチャーがあって、ウッドストックの音楽祭があって、非常に多彩なアメリカの市民社会と文化が花開いていた。私はそこで学生時代を過ごしました。

反ベトナム闘争によってアメリカが撤退せざるを得なくなったのは、確かです。そして、このトラウマにアメリカの軍事指導者たち、政治家たちはとらわれていた。けれども、情報革命はこのトラウマを解き放つことができたのです。

なぜでしょうか。アメリカは徴兵制をやめたからです。アメリカの若者たちを徴兵で引っ張っていって戦争を戦わせなくてもよくなりました。なぜなら、徴兵制なしに戦う方法があるからです。

一つはドローン兵器です。今は「ドローン」という言葉は普通名詞になってしまいました。高度四五〇〇メートルぐらいのところに飛行機を飛ばして、そしてバージニアのラングレーというところにあるＣＩＡの本拠とテキサスの空軍基地の間でメッセージをやりとりして、現地で空を飛んでいるドローンに命令を発し、ターゲットを爆撃することができる。しかも、相手方の顔まで判明できる偵察衛星を開発しました。それによってアメリカはたくさんの歩兵を使わなくて済むようになった。

しかも、今中東で戦っているアメリカ兵たちの姿をご覧になったらわかりますが、あれは四〇年前の姿ではない。頭から足の先端まで電子兵器です。手にはコンピュータを持って、コンピュータに誘導されながらミサイル兵器を撃つわけです。ミサイル兵器は、地上二〇メートルのところを、障害物を迂回しながら爆撃することができる兵器です。安倍首相は今度日本でも同じものを導入すると言っているのですが、日本政府がやっているのは

「愚の愚の外交」だと私は思います。

ともあれ私が申し上げたいのは、情報革命によってアメリカが情報兵器群を手にしたということです。

それからもう一つは、アメリカの若者たちは今、高額の大学の授業料を払うことができなくて、負債を背負って社会に出ざるを得ないということがあります。今、アメリカの学生ローンは、リーマンショックを引き起こした住宅ローンよりも多く、この二〇年間に伸び続けています。

私の教え子が今年の春、日本にやってきました。彼はミネソタでカーギルという超巨大企業の重役をしていて、年収は八〇〇〇万円です。娘さんはヒラリーさんが行っていたウェルズリー大学に入学しました。ウェルズリーではすばらしい授業が行われ、ジョセフ・ナイなどがセミナーに来ると言うのですが、年間授業料が日本円で約八〇〇万円だそうです。八〇〇万円を払える金持ちはごく一握りです。

では普通の中産階級の子弟たちはどうするのか。ローンを借りるわけです。巨額のローンを借りて大学に入り、志ある人間だったら大学院に行きたいと思います。ロースクールに行くと一〇〇〇万円以上の授業料を払わなければならない。その授業料を背負って社会に出ても職がないという状況があちこちにあるわけです。彼らに対して、人買い人が来る。「あなた、ローンがあるのだったら、今度アフガンに行きませんか」「シリアに行けばこういう職がありますよ。そこで二年間従軍すればローンは半分に減りますよ」と持ちかけてくる。

だから、今中東で戦っている若者たちの大半は、ローンで引っ張られた若者たちです。これを称して「経済徴兵制（economic conscription）」と言います。ベトナム戦争後、正規の徴兵制はなくなりました。その代わりに、今では経済徴兵制が制度化されている。

それから、戦っているのはアメリカのペンタゴンの軍隊、正規軍だけではありません。同時に民間会社が戦っている。日本でもさまざまな公共事業が民営化される方向で進んでいますけれども、アメリカでは軍隊も民営化されています。刑務所も自治体も、民営化です。そのほうが効率がいい、おカネが儲かるじゃないか。無駄がなくなるじゃないかという考え方を「ネオリベラリズム（略称ネオリベ）」と言うのですが、そのネオリベの罠に、アメリカも日本もヨーロッパもはまり込んでいると言っていい。

経済徴兵制の下で、民間運営会社が軍隊を経営し、そして巨大な基地をつくるわけです。たとえばバグダットの米軍基地の大きさは、国連本部の六倍あります。ありとあらゆるものがあって、潤沢な物にあふれた基地生活を送ることができる。しかし、そこから戦場に出掛けていって人を殺す。若者たちは二年間の兵役を終えて、帰国する。すると彼らが襲われるのは、戦時症候群です。夜中に突然起き上がって発砲したりガラスを割ったり、そのあげくに自殺する。帰還兵たちの自殺数が一日平均二三人です。これが病んだアメリカ帝国の終わりを刻みつけている根源の一つです。

情報革命が生み出したその鬼子が、一方で戦争を戦いやすくしながら、他方で帝国を終焉させていく。ローマ帝国の終焉と同じです。ローマ帝国は、ガリアやブリタニアまで行って版図を北へ西に広げ、東は今のイラクやイランにまで版図を広げ、そして二〇〇〇年の歴史の中で没落していく。同じ現象がアメリカ帝国の没落にあると見たほうがいい。

かつて、グラムシというイタリアの思想家が言った、「ヘゲモニー（覇権）」というコンセプトがあります。これは、強制ではなく集団の合意により覇権が生じるという考え方です。アメリカは、覇権を支える経済力がなくなり、軍事力がなくなり、そしてソフトパワーがなくなった。心ある学者は「民主主義が破壊されてしまった」とも言っている。アメリカのデモクラシーは機能しなくなり、その表れがトランプ大統領だと。

にもかかわらず、トランプさんを支え続ける層がある。トランプさんが大統領に当選したその日に飛行機で飛んでいって、五〇万円の金塗の本間ゴルフのドライバーを進呈する某国の総理大臣がいたということです。しかも、本間ゴルフは今、日本ではなく中国でつくられている。

ですから、日本にやってきたトランプさんはまず真っ先に、「わが最大の盟友シンゾーに会いに来た」と言って日本国民を喜ばせる。日本のメディアはよいしょします。日本人は私も含めて対米コンプレックスがあります。それも、「inferiority complex（劣等感）」も「superiority complex（優越コンプレックス）」も両方、です。

しかし、トランプさんが入国したのは横田空軍基地です。あれは日本の飛行機が飛んではいけないところです。東京都上空の半分、世田谷や杉並や八王子や立川など大部分の空域は日本の航空機の飛行禁止空域です。日本の空域のおよそ三分の一は、日本の航空機は飛ぶことができません。だから、関西から東京にやってくるとき、房総半島まで南東に迂回して羽田に戻ってきます。横田基地の上を通れないからです。その横田基地にトランプさんはお付きの者たちと一緒にやってきた。しかも、軍属も来ている。そして、そこから軍用ヘリコプター赤坂のアメリカ大使館に飛んでくる。

これは今までに日本を訪問したどの国の首脳もやったことのない暴挙です。その暴挙を日本政府は認めている。アイゼンハワーが日本へやってくるというとき、学生運動の反対で入れなかったことがありました。日本は今やアメリカ軍の一部であると考えたほうがいい。沖縄では好きなことをやっているし、日本はアメリカからオスプレイ一七機を購入しました。一七機全部で三七〇〇億円。これは、全国立大学一年間の授業料総収入に匹敵する額です。それをなぜ今買うのかと問えば、国難来たる。北朝鮮が攻めてくるという答えが返ってきます。今、先島には自衛隊が一万五〇〇〇人もの日本の海空軍を集結させています。中国が攻めてくるというのです。まったくの絵空事だと言っていい。

金権政治が民主主義を破壊

私は三つの衝撃を受けたと言いました。まず、デトロイト便の中がかつてのアメリカではなくなったということ。二つ目は、デトロイトは物づくりをやめ、物づくりが五％内外になり、金づくりが四五％になってしまったこと。その結果、アメリカは輸出競争力を失い、対中赤字が増え続けています。そのため、トランプさんは日本に来て、Ｆ－15の後継であるＦ－35やイージス艦など大量の兵器買い付けの約束を取り付け、韓国ではＴＨＡＡＤミサイルの配備を確約させようとする。そして中国に二九人の社長たちを連れて行って、二五三五億ドル（約二八兆八〇〇〇億円）の商談を成立させたと言っています。

かつて池田勇人さんという名宰相が日本におりました。彼がアメリカに行ったとき、ケネディ大統領が「トランジスタラジオのセールスマンがやってきた」と皮肉りましたが、今やアメリカ大統領自身が兵器のセールスマンです。サウジアラビアに一一〇〇億ドル（約一二兆円）の兵器を売りつけ、そのサウジアラビアに売りつけられた兵器が中東の戦争をますます激化させている。そして極めつけが、デモクラシーの喪失です。

この数年の世界政治の混乱の根源にはポピュリズムがあります。実は、ポピュリズムをつくり出しているのは、ネオリベがつくり出した貧富の格差の拡大とともに、テロリズムの横行なのです。

しかし、テロリズムをつくり出したものは何なのか。これは中東戦争なのです。中東でアメリカが仕掛けた戦争が長引き、次々に人を殺し、町を破壊し地域を壊していった。彼らは生きることも住むこともできない状況下でヨーロッパに逃げてくる。地中海をわたる最中に産気づいた母親が、ギリシャに着いて赤ちゃんを生む。そういった塗炭の苦しみの中でヨーロッパに逃げてくる。

難民としてヨーロッパに駆けつけてきた数が二〇〇九年から増え始め、二〇一一年、シリア内戦が始まり激増していく。その数は今や二百万以上に達しています。これは何を意味するかというと、アメリカがデモクラシーを世界に広めるためといって、アフガニスタンで戦争をしてタリバンを追い出し、イラクで戦争をしてサダム・フセインを殺しフセイン像を倒し、そしてリビアのカダフィを殺戮し、そしてシリアでアサド政権を倒そうとして泥沼に陥っている。二〇一七年には、金正恩に対する斬首作戦さえ準備されたのです。

レーニン像を倒し、フセイン像を倒し、カダフィ像を倒したと同じように、独裁政権を倒してデモクラシーをつくり上げていくというのが、冷戦後アメリカが終始一貫取ってきた戦略です。そのために経済制裁で締め付けていく。

ウクライナでは反ロシア派が倒される。反ロシア派というのは、日本流に言えば「リベラル派」なのです。ウクライナにはCIAが入り込み、NATOの東方拡大戦略、つまり冷戦終二〇年近くにわたって、中東欧からバルカンへと東ヨーロッパ全域に進めてきた戦略の延長としてそんなことが起こった。そのNATO作戦が、さらに中東、アフリカへと引き延ばされていっている。

ジョージ・ケナンは、「封じ込め政策」という言葉を編み出した名外交官でした。彼が二〇〇九年、死の数カ月前にこういう文書を残しています。「今私が最も憂いているのはNATOの東方拡大だ。NATOがウクライナまで行くことでロシアがどれだけ危機を感ずるか」と。その言葉を残して彼はあの世に行くわけです。実際にそれがヨーロッパの混乱を引き起こし、その返り血がアメリカン・デモクラシーを壊し続けている。

リビア紛争でカダフィが殺害される二日前（二〇一一年一〇月一八日）に乗り込んできたのが、当時の国務長官のヒラリー・クリントンさんでした。ヒラリーさんは、まさに「アメリカ・エスタブリッシュメント（アメリカの支配階級）」です。ウォール街とホワイトハウスが結びついていた、この「エスタブリッシュメント」を代表するエリート中のエリートです。これに反感を持つアメリカ国民が、アパラチア山脈の西側だけではなく、南部にも東部にも広がっていると捉えてもらえばいいと思います。

私は先ほどから、アメリカン・デモクラシーは終わった、ソフトパワーはもうない、世界をよき方向に導いていくという考え方は終わった、と申し上げてきました。日本のメディアも学者もほとんど触れようとしないのですが、それはアメリカの金権政治のためなのです。

私は一九九六年大統領選挙でクリントン政権の第二期目を取材しましたが、このときの選挙資金の総額は六億ドルでした。それが年々上がって、今は百億ドル近くになっている。私が二〇一五年にアメリカへ行ったときは大統領選挙の最中で、市民運動家たちが「Wild West is coming（西部劇の時代がやってきた）」と言っていました。西部劇の時代というのは、銃や槍の代わりに、権益と利権を求めてカネが飛び交っているという意味です。それが今や、アメリカ政治の主軸になり始めたというのです。

これが何を導くかと言えば、それは民衆の反乱です。オルテガ・イ・ガセットというスペインの思想家が『大衆の反逆』という本をかつて書きましたが（ちくま学芸文庫、一九九五年）、これから起こってくるのは、二つの「C（キャピタル）」に対する反逆です。一つは、先ほど申しましたウォール街を中心とした「キャピタリズム」、カジノ資本主義に対する反逆です。つまり、九九％による一％のCに対する反逆です。もう一つのCは、首都のC（キャピタル）を意味します。首都ワシントンを主軸にした政治のあり方――ホワイトハウスと連邦議会を軸にしたワシントン政治に対する反逆です。

二〇一六年の大統領選挙の年は、立候補者たちは罵詈雑言に終始していました。日本ではヒラリー・クリントンさんを支持する声が高かったようですけれども、アメリカでは東部のエスタブリッシュメントも含めてトランプさんを支持していた。しかもテレビを見る限り、ヒラリーさんの罵詈雑言がひどかった。

以前はネガティブキャンペーンに対して政治資金を寄付することはできなかったけれども、今やネガティブキャンペーンにたくさんの寄付を募ることができる仕組みをアメリカ政治はつくり上げました。日本の最高裁もおかしくなっているようですが、アメリカの最高裁は政治資金に対する規制を部分的に取り払いました。二〇一四年に外国からの政治献金も含めて一切の規制を取り払い、自由にしました。

ですから、まさに「plutocracy（金権政治）」が横行しているのです。アメリカ人は今や「plutocratic democracy」という言葉を使っています。金権民主主義です。日本のメディアはほとんど報道しませんが、日本の政治も同じようなところがあるのです。資本金ゼロで年収二〇〇〇万円、諸経費入れて年間五〇〇〇万円から八〇〇〇万円を稼げる商売は日本中どこにもありませんが、日本の国会議員はそれだけ稼げる。どこにこんない い商売がありますか。アメリカン・デモクラシーの金権政治の後を追っている。

「一帯一路」の四つの特質

結論に移ると、今こういった状況の中で世界は、確実にアメリカからアジアへとシフトし続けているということです。古い世界は歴史の彼方に追いやられ、新しい世界が歴史の主軸に登場している。

一五〇年にわたる「脱亜入欧」の時代は終わりました。福沢諭吉さんの時代は終わったのです。今登場しているのは、「脱米入亜」の時代です。言葉がきつければ「連欧連亜」と考えていただいたらいい。それを象徴しているのが、中国が提唱する「一帯一路」です。

「一帯一路」は、今までの国際関係とは違います。少なくとも四つの特質があります。

第一に、一帯一路は中国から西へ、世界人口の四四億人を包摂し、世界のＧＤＰの三〇％以上を包摂する巨大経済圏がつくられようとしているのです。これからの日本は、この経済圏の中に入っていくことを考えなければいけません。もうすでにＡＩＩＢ（アジアインフラ投資銀行）に加盟することに乗り遅れました。日本とアメリカだけです。それから、一帯一路に関しても、主軸はヨーロッパと中国です。ヨーロッパ資本の中国への協力関係はものすごい勢いで進んでいる。
それから二つ目ですが、面白いことに一帯一路構想には途上国が入っている。途上国が三分の二です。チベットとか、ウイグルも入っています。私は去年ウイグルに行き、すさまじい発展を目にしました。アメリカには「Deep West」という言葉があり「西部深奥部」と訳されますが、中国の深奥部（Deep West）が中国経済を支え続けている。

日本の中国専門家たちは、中国経済は減速したとか、中国は崩壊するとか言っていますが、いつまでたっても当たらない。だから「中国崩壊論の崩壊」論と皮肉られ始めている（笑）。思い込みで中国を見ているのです。中国崩壊期待論です。

しかし今、一帯一路が途上国世界を抱えているということは、そこにたくさんのビジネスチャンスがあり、たくさんの投資の機会があることを意味します。同時に、そこに巨大なマーケットがつくられていくことを意味します。人口が多いことが発展にとってマイナスであるという「人口オーナス」の時代から「人口ボーナス」の時代に変わりました。

今や中国の人口一三億九〇〇〇万人のうち、六～七億人が中産階級になっています。あと二〇年すると、これがアジア全域で四〇億から五〇億人規模に拡大すると算定されています。

そういう状況の中で、日本は一億の人口の中で縮小し続けている。なぜ縮小しているのかについては省きますが、簡単に言うと、ネオリベの罠に日本の経済、政治システムがはまっているということです。自由化すれば何でもいいという規制緩和、新自由主義の罠です。

同時に今、「空間オーナス」から「空間ボーナス」への変化もある。二〇一六年三月、日経の「経済教室」に私は、日本もＡＩＩＢ（アジアインフラ投資銀行）に参加すべきだ、これによって日本は空間ボーナスを享受できるからだと主張しました。同時に、日本企業が東アジアの経済発展に参画することによって、日本は中国の潜在的な膨張主義を食い止めることができる。中国は巨額の軍事予算を投じている。巨大な軍産複合体が萌芽的な形であれ、でき始めている。中国の海洋開発に日本が共同参画し、多国間開発をすることによって、中国の軍拡の動きを内在的に止めることができる——。こうした議論を私は展開しました。

二〇一七年、私がやっている「国際アジア共同体学会」に、福田康夫元総理と宮本元中国大使に来ていただきました。そのお二人が共通のことをおっしゃったのです。特に福田康夫先生が強調されたのは、「日本の新聞を見ると、『習近平独裁』だとか『毛沢東の再来』だとか書いているけれども、自分は非常に安心した。中国の括弧つきの『独裁制』の確立、習近平体制の確立によって、軍部を抑えることができるようになったからだ。人民解放軍の突出を抑えることができるようになった」ということでした。

また、「現在、日本はGDPで世界の二番目から三番目に落ち、間もなく七番目になるという読みがある中、日本人は『superiority complex（優越感）』から『inferiority complex（劣等感）』にとらわれて、中国嫌いになり、中国と一緒に生きていくことを拒んでいる。しかし四〇〇〇年、あるいは二〇〇〇年の歴史の中で、中国はいつも日本の先を行っていた。たかだか一五〇年、明治維新以来、日本がアジアのトップになっただけであって、その時代は終わったのです」ともおっしゃっていました。

朝日新聞『GLOBE』二〇一七年一二月号の特集を見てみると、二〇五〇年におけるGDPで描く世界地図は、インドを含めたアジアが三分の二を占めている。三分の一がヨーロッパとアメリカです。これは実は一五〇〇年の地図とそっくりだというのです。一五〇〇年の地図を見ると、やっぱりインドを含めたアジアが世界のGDPの三分の二以上を占め、ヨーロッパ、とりわけインディアンの時代だったアメリカは小さなベルトでしかなかった。したがって、今私どもが考えていかなければいけないのは、一帯一路の持っているポテンシャルな魅力です。途上国世界を含んでいると同時に、一帯一路には「サステナビリティ（持続可能）」のメッセージが秘められているのです。グリーン・エコノミーが重んじられているのです。

一帯一路には、いくつかの重点項目があります。インフラ重視によって投資の機会を生み出します。そしてFTA（自由貿易協定）も重点項目の一つです。しかもそれは、TPPのような難しいFTAではありません。中国商人のメンタリティというのは非常にプラグマティック（実利的）です。

それから一帯一路の特質の三つ目は、環境との共生です。サステナビリティの高い経済をつくり上げていくために、それぞれのベルトに先端拠点をつくり上げていくということなのです。

長岡技術科学大学の李志東先生によれば、中国の深圳の空がまったく青くなったのも、ディーゼル車を全部やめたからだと言います。中国では急激に電気自動車が普及して、次世代自動車産業の主軸になっていきます。立ち遅れているのは日本だというわけです。

だから、規制緩和ではなく、よき人民のため、よき政策のための規制をもっと強化しなければいけないというメッセージを、中国文明は投げかけているのです。

一帯一路の四つ目の特徴は、これは軍事同盟ではないということです。ヨーロッパ発の国家間関係は常に同盟です。日米同盟というのは今では普通名詞になりました。しかし、いまや日米同盟は通用しない。NATOも一緒です。NATOこそが、ヨーロッパの混乱を引き起こし、中東の戦争を引き出したではないですか。ロシアを制裁したではないですか。

制裁も実はいっさい効かないのです。ロバート・ペイプ（シカゴ大学教授）が、一九一四年から一九九〇年までの全経済制裁の事例一一五例をもとに経済制裁の効果を調べた結果、効いたのは五例（四・四％）しかないという数字を出しています。効果はほぼゼロということです。七九年以来イランに制裁をしたけれども、いっさい効かない。キューバには一九六〇年以来経済制裁をしたけれども、効かない。ロシアに二〇一四年以来制裁しているけれども、ロシアはしたたかに生き延びています。北朝鮮に経済制裁をしてもいっさい効かない。相互依存化された世界の中で、網の目は幾重にも張り巡らされているのです。

経済制裁は一切効かない

実は、私にもささやかな北朝鮮経験があります。私は一九八八年に初めて平壌に行きました。北朝鮮が飢餓のどん底のときでした。ひどかった。これは人間の住むところではないと思いました。もちろん車なんてない。自転車一台ない。ただ歩くだけです。夏でしたから、みんな文字通り泥まみれのシャツでした。車から見るアパートの電気は、夕方になると、五分の一ぐらい薄い電気がついているだけです。これが一九八八年です。翌年になると少しよくなりました。

しかし、今の平城は多くの車が行き交っています。『アジア版フォーリン・ポリシー』二〇一五年版の写真を見ると、これだけの消費社会が平壌にも生まれているとわかります。日本のあちこちに木造船が漂着していますが、あれは経済制裁のツケです。しかし、その狭間の中でしたたかに生き延び続けるでしょう。

金正恩が最も恐れていたのは、空爆によって自分たちの本拠が攻撃されることです。しかも、イラク戦争のときに「mother of all bombs」と呼ばれるアメリカの最強の兵器が開発され、それで北朝鮮の核基地を狙い撃ちしようとしています。しかし、ロシアも注目も決してオーケーは出さない。国連も乗り出しました。

トランプ政権の中には、北朝鮮を攻撃したいというグループがあって、そのグループが空爆を主張し、そして同時に、軍部の顔色をうかがいながら、アメリカの軍産複合体の利益を代弁する形であそこに空母三隻を展開し、海兵隊を展開する。そして、日本や韓国に兵器を買わせ、同時に基地を強化することができるといったシナリオを描いているわけです。

しかし現実には空襲はたぶん起きないでしょう。あまりにもリスクが大きいからです。エクソンモービルのCEOだったティラーソン国務長官（当時）も、「狂犬」というあだ名のマティス国防長官も反対している。軍人であればあるほど、戦争の行く末に慎重であると読み取ったほうがいい。

アメリカはすでに、リビアで失敗し、シリアで失敗し、イラク、アフガンで失敗している。それもまた「the longest war」なのです。一八年たってもまだ収束できずに、アメリカ経済が失墜し続けている。年間六〇〇〇億ドルの戦費を費やし続けている。二〇一七年、トランプ政権は軍事費を六兆円増やしました。しかし、それは麻薬のようなものであって、アメリカ経済の再生には決してつながらない。アメリカ帝国が終焉すると同時に、情報革命がつくり出したモジュラー（組み合わせ）化の波に乗った中国経済が伸長し続けている。

かつてはアメリカを巨大市場として、アジアと日本がアメリカの市場に輸出してカネを儲けていた。一九九〇年代の、日本が中国や韓国を部品生産地にし、ASEANを市場にしてたトライアングル構造から、今は新トライアングル構造へ、拡大アジア経済圏構想へと転換している。それが一方では、RCEPというまろやかな動きをつくり出しながら、同時に今、一帯一路という巨大なプロジェクトが動き始めた。

私どもは国際アジア共同体学会と連携して、一般社団法人アジア連合大学院機構の中に「一帯一路日本研究センター」を設立しました。中国人の学者にもたくさん参加協力いただいています。「一帯一路日本研究センター」で、いかにして日本の企業、日本社会が一帯一路に参画し、そしてアジア中国との共生の哲学を実践できるかをテーマにこれから日本再生に尽力させていただきたいと考えています。

2章　東アジア共同体と韓国
――「ミドルパワー外交」の視点から

李鍾元（早稲田大学教授）

「共同体」はなぜ必要か

この章のテーマは「東アジア共同体と韓国」です。東アジア共同体構想と韓国、ひいては朝鮮半島との関わりについて考えるという趣旨です。まず、予備的な考察として、用語の整理をしておきたいと思います。

「東アジア共同体」という言葉には、広義と狭義、二つの用語法があります。狭義では鳩山由紀夫総理が提唱した構想や、後述するように、ＡＳＥＡＮ＋３が掲げた目標など、特定の政策構想や提案を指します。他にも、研究者らによって様々な「東アジア共同体」構想が出され、議論されてきました。広義では、東アジアにおける地域協力の取組みを総称する概念として使われる場合があります。ここでは、公式性の高い構想に焦点を合わせつつ、東アジア地域協力の取組みを概観することにします。

共同体（community）は地域統合の一段階として位置づけられます。国々の集まりとして地域（region）が形成されるプロセスは、①地域化（regionalization）、②地域主義（regionalism）、③地域統合（regional integration）の三つの段階に分けるのが一般的です。地域化とは、近隣の国々の相互依存が進み、一つの地域としてのつながりが深まる現象を指します。つまり、社会、経済的な関係が深化し、地域としての一体性が表れてくる段階です。それに対して、地域主義とは、明確な政策的意思をもって、様々な地域枠組みを構築する動きを意味します。地域化と地域主義の違いは、「意思」の有無です。つまり、経済の取引や社会的交流で自然に関係が深まり、ある種の地域的な一体性が表れるのが地域化であるのに対して、地域主義とは、政治外交的な思惑や戦略によって地域協力が進められる状況です。さらに、地域協力の制度化が進むと、超国家的な機構が設立され、個別国家の主権が制限される地域統合の段階に入ります。

地域統合は制度化のレベルによって、大きく共同体と連合（union）の二つに分けられます。共同体が様々な超国家的な協力メカニズムの組み合わせであるのに対して、連合はある種の連邦制の段階に達した状態を指します。

共同体の明確な定義はありませんが、一定の超国家的な機構の存在が通常の基準となっています。このような用語法は基本的に戦後ヨーロッパにおける地域統合の経験に由来します。ヨーロッパでは、一九五一年の欧州石炭鉄鋼共同体（European Coal and Steel Community＝ＥＣＳＣ）を皮切りに、五七年の欧州経済共同体（European Economic Community＝ＥＥＣ）や欧州原子力共同体（European Atomic Energy Community＝ＥＵＲＡＴＯＭ）などの協力機構を立ち上げ、これらを包括する枠組みとして、六七年に欧州諸共同体（European Communities＝ＥＣ）を設立しました。その後、さらに統合を進め、九三年に欧州連合（European Union＝ＥＵ）が誕生しました。ヨーロッパの事例では、共同体は経済協力の分野に集中しましたが、近年はＡＳＥＡＮ共同体（二〇一五年一二月創設）のように、政治・安全保障分野にも拡大しています。

それでは、地域共同体はなぜ必要なのでしょうか。つまり、東アジア共同体を考える意味はどこにあるのでしょうか。ヨーロッパの経験を踏まえて考えると、その意義は三つに要約することができます。

第一に、政治・安全保障の面では、国家間の戦争をなくすための「不戦共同体」（non-war community）を創るということです。たしかに、戦後のヨーロッパ統合は、何よりも二度にわたる世界大戦への反省から、戦争をしない枠組みを作るという熱意に突き動かされたものでした。

第二に、市場統合による経済的な利益への期待です。戦争をなくすという理想とともに、戦後ヨーロッパを経済的に復興させるためには、国境によって寸断された狭隘《きょうあい》な市場を統合して、大きな経済圏をつくることが不可欠であるという、現実的な認識がヨーロッパ統合の大きな原動力になりました。

第三に、こうした経済統合と表裏の関係にありますが、社会的な価値を守るという側面です。市場統合による経済的な利益を享受しながらも、ヨーロッパ各国が大事に守ってきた価値を隣国同士が共同で確保する仕組みとしての意味があります。

戦後ヨーロッパでは、経済統合の進展と並行して、雇用や福祉、環境など基本的権利と価値を保障する社会的規制を通じて、「社会的ヨーロッパ」を築き上げてきました。一九五七年に欧州経済共同体が創設されると、早速六一年には社会権の保障を規定した欧州社会憲章を制定しました。その後、単一欧州議定書（一九八六年）により域内の単一市場化が進むと、八九年に労働者の社会的基本権に関する共同体憲章が制定され、現在のＥＵ基本権憲章の土台となりました。

現在グローバル化の潮流と並行して進行している地域主義の取組みには、こうした経済的利益と社会的価値とのバランスの側面がより際立っています。ヘトネら北欧の研究者たちが提唱する「新しい地域主義」が強調するように、地域統合には「グローバル化へのオルタナティブ」という機能があります（Hettne 1999:1-24）。グローバル化の経済的な利点を生かしながらも、その副作用を抑える枠組みとして、地域協力を位置づけるという発想です。マクロ歴史的にいうと、ナショナリズムとグローバリズムの中間項としてのリージョナリズムという図式になります。

東アジア共同体の意味を考える上でも、こうしたヨーロッパの経験や議論は参考になります。東アジアの地域協力を論じるときに、その経済的なメリットが強調されがちです。しかし、それと同時に、国家間の対立を緩和し、社会の価値を守る枠組みという側面にも注目する必要があると思います。

東アジア地域の現状——協調と対立のせめぎ合い

それでは、いま東アジアはどのような状況にあるのでしょうか。近年、東アジアについては、緊張や対立の高まりが指摘され、不安定な状況にあるのは事実です。しかし、その実態をよく見ると、状況はそれほど単純ではないことに気づきます。

まず、世界的に見ても、国家間の戦争はほとんど起こらず、紛争の大部分は内戦もしくは国境を跨いだものです。もはや国家間の戦争はあまりにもコストが高く、国家の政策的な選択肢にはなりにくい状況になっているといえます。ストックホルム国際平和研究所（ＳＩＰＲＩ）によれば、二〇〇四～一三年の一〇年間に国と国との間では被害の小さい紛争が三件起きただけで、一年間に一〇〇〇人を超えるような大規模紛争（戦争）はありません。一〇年間で合計三四〇件余りの紛争の大多数は内戦や内戦が国際化したものです（遠藤　二〇一六）。東アジアにおいても傾向は同じです。紛争研究で知られるシステミック平和センター（ＣＳＰ）の統計では、一九九一年以後、東アジアでは国家間の戦争は起きていません（五十嵐　二〇一六）。一九九一年というのは、カンボジア内戦の過程でのベトナムとの衝突をさすものと思われます。一般的には、一九七九年の中越戦争を最後に東アジアでは戦争、すなわち国家間の武力衝突は起きていないとされています。

しかし、その間、軍事費は増え続けています。長い間戦争は起きていないのに、各国は軍事力を増強している訳です。ＳＩＰＲＩは毎年世界の軍事費に関する統計を発表していますが、それによると、二〇一七年は一兆七三九〇億ドルに上り、前年比一・一％増となりました。これは世界のＧＤＰの二・二％に相当し、世界の人々が一人当たり二三〇ドルを負担していることになります。世界の軍事費は、一九八九年の米ソ冷戦終結後、低下しましたが、二〇〇〇年代に入り、対テロ戦争などで再び増加に転じ、ここ数年は一・七兆ドル前後で高止まりしています（SIPRI 2018）。

ＳＩＰＲＩの報告書が指摘するように、近年の軍事費増大はアジア大洋州と中東が牽引しています。ＳＩＰＲＩの区分では、アジア大洋州とは、中東を除いたアジア（中央アジア、南アジア、東南アジア、東アジア）にオセアニアを含めた地域を指します。ヨーロッパで一般的な用語法ですが、「東アジア」とは日中韓を中心とした北東アジアをさす名称です。昔は「極東」と呼ばれた地域です。二〇一七年のアジア大洋州の軍事費は、総額四七七〇億ドルですが、そのうち、東アジアが三二三〇億ドルで、全体の六七・七％を占めます。前年比の増加率でもアジア大洋州で三・六％、東アジアでは四・一％を記録し、世界全体の一・一％を大きく上回りました。正確な統計の欠如を理由に、北朝鮮は東アジアの統計から除外されています。

要するに、日中韓を中心とする東アジア地域で、ある種の軍拡競争が始まっているのです。二〇一七年、世界の軍事費支出のランキングでは、中国が二位、日本が八位、韓国が一〇位を占め、上位一〇か国に東アジアの三か国が入っています。

それでは、なぜ戦争の可能性は低下しているのに、軍事費は増えているのでしょうか。大きく二つの状況が背景にあります。その一つは、朝鮮半島と台湾海峡でいまだに続く戦争や冷戦の存在です。とりわけ、朝鮮半島が地域情勢に及ぼす影響には大きいものがあります。一九五〇年に起きた朝鮮戦争は五三年に休戦協定が結ばれただけで、正式に戦争は終結していません。韓国と北朝鮮はそれぞれ巨大な軍備を蓄え、一触触発の対立を続けてきました。北朝鮮が生き残り戦略として強行した核・ミサイル開発が状況をさらに緊迫したものにしました。しかし、二〇一八年に入り、南北首脳会談と米朝首脳会談で、危機から対話へと劇的な転換が生じ、非核化と引き換えに、朝鮮戦争の終結と平和体制の構築をめぐる交渉が続いています。

今後の展望は不透明ですが、古い冷戦体制に変化の可能性が出てきた半面、新しい冷戦の構図が浮上していることが問題です。中国の台頭に起因する「新冷戦」の懸念が高まっています。中国の経済成長が予想以上に早く、さらに経済力を土台に、国際政治への影響力拡大を図ることに対して、アメリカや日本を中心に警戒感が強まっていて、「新しい冷戦」とも言われるようになりました。二〇一〇年に日中のGDPが逆転され、中国が日本を抜いて、世界第二の経済大国になりました。また二〇二〇年代にはアメリカをも追い抜くのではないかとも言われています。もちろん中国の経済には問題が多く、今後も紆余曲折は予想されますが、これまで世界秩序をリードしてきたアメリカの地位が相対的に後退する傾向にあるのは事実です。地政学的な勢力転移（power transition）と言われる現象ですが、こうした転換期には国際政治情勢は不透明になり、ナショナリズムが刺激されやすくなります。これは構造的な変化であり、当面の間、不安定な状況が続くかも知れません。

しかし、その一方で、社会や経済に目を向けると、東アジアは一つの地域としての一体性を高めている別の現実があります。東アジアの経済的な相互依存と社会的な交流・接触は不可逆的に進行しているといえます。地域形成のレベルを図る基本的な指標に域内貿易の比率があります。貿易全体のうちに、域内諸国間の貿易が占める割合です。この比率が高いほど、その地域は経済的に結び付きが強いことになります。二〇一五年度の『通商白書』などの統計によると、東アジア（日本の定義では、ＡＳＥＡＮに日中韓やオセアニア（大洋州）、インドを加えた地域）の域内貿易率は五〇％台中盤で、ＥＵの六〇％台中盤よりは低いですが、四〇％台後半の北米自由貿易協定（ＮＡＦＴＡ）よりは高いレベルを示しています。つまり、まだ地域包括的な自由貿易協定をもっておらず、政治・外交的な摩擦が絶えないにもかかわらず、経済的には一つの地域として成立しつつあるのが現状です。こうした社会・経済的な結びつきを土台に、パワー関係の変化に伴う不安定さをいかに緩和し、協調の部分を増やせるかが、今後の課題といえます。東アジア各国の状況を考えるとき、紛争解決のための武力行使、ましてや戦争はあまりにもコストが高く、現実的な選択肢にはなりえないからです。歴史や領土問題など対立の争点は多々ありますが、それを抱えつつ、地域協力の枠組みを築き上げるしかないのであります。「東アジア共同体」はまさにそのためのビジョンであり、取り組みであるといえます。

「東アジア共同体」への道程

一九九〇年代以降、東アジアでも「共同体」を目指した試みが続いています。ここではその現状を概観し、課題について考えてみたいと思います。

「東アジア共同体」に向けた外交の取り組みでは、いわゆる「ミドルパワー」に属する国々が大きな役割を果たしました。「ミドルパワー」とは、直訳すると「中級国家」になりますが、必ずしも国力の大きさなど、量的な基準のみによる定義ではありません。伝統的な大国とは異なる外交を志向する側面を強調し、質的な特徴に着目する概念として提起されたものです。カナダやオーストラリア、北欧諸国などの外交を説明する用語として登場しましたが、東アジアのＡＳＥＡＮや韓国、さらには日本の外交のあり方にも適用できるものとして注目されています。

ミドルパワー外交は「非大国外交」ということができます。日本は経済大国ですが、戦後、「平和憲法」の下、軍事力の保有を制限し、戦争を対外政策の手段としては放棄するなど、伝統的な大国とは異なる状況にあるため、「非大国」として新しい外交のあり方を模索する必要がありました。ミドルパワー外交の特徴には大きく二つあります。その一つは、多国間主義の重視です。多国間主義（multilateralism）とは、多数の国々からなる国際機構などのメカニズムを創り、それを通じて様々な問題に対処しようとする考え方です。戦後日本が国連中心主義を掲げたり、東アジアで様々な地域機構の創設に積極的に関わったりしたのがその例です。それに対して、伝統的な大国は外交において、二国間主義（bilateralism）や単独主義（unilateralism）を好む傾向があります。その方が自らの力の優位を発揮できるからです。アメリカのトランプ政権の外交がまさにその好例といえます。

もう一つは、非軍事的手段の重視です。武力の行使や威嚇は伝統的に大国が多用してきた外交の手段ですが、ミドルパワー外交はそれに対する批判でもあります。日本でも、例えば、大平内閣のときに総合安全保障（comprehensive security）の概念を提唱しました。安全保障を軍事に限定せず、経済を含めた総合的な手段で確保しようとする試みであり、これがASEAN諸国にも受け入れられ、包括的安全保障とも訳されました。さらに、安全保障を国家の問題ではなく、国民や市民の安全の問題として考える人間の安全保障（human security）概念が提唱されていますが、日本はその取り組みにおいても積極的でした。

東アジアに様々な地域機構が誕生したのは、こうしたミドルパワー外交の成果といえます。その中心にあったのはASEAN諸国でした。東南アジア諸国は、個別の国としては中小国に分類され、歴史的に大国の支配に苦しんだ国々です。そこで、ASEANという協力機構を立ち上げ、集団の結束した力で、外交の影響力を発揮してきました。

東アジアを独自の地域として初めて国際政治の舞台に登場させたのは、一九九〇年、マレーシアのマハティール首相による東アジア経済グループ（East Asia Economic Group＝EAEG）の提案でした。ヨーロッパ統合やNAFTAの進展に対抗して、成長著しい東アジア諸国を経済圏としてまとめようとした構想です。対象としては、当時のASEAN六か国にインドシナ諸国と日中韓を想定し、東アジアの地理的な範囲の原型を示しました。しかし、この構想はアメリカの反対で挫折します。当時アメリカのジョージ・H・W・ブッシュ政権は、自らが排除された排他的な経済圏が作られることを警戒して、日本と韓国に外交的な圧力を加えて、参加を阻止しました。

その代わりに、アメリカはアジア太平洋経済協力会議（Asia-Pacific Economic Cooperation＝ＡＰＥＣ）を強化しました。ＡＰＥＣは、一九八九年、オーストラリアのホーク首相の提唱で閣僚級会合として創設されたものですが、クリントン政権は、一九九三年、これに首脳会議を新設しました。「東アジア」の台頭を牽制するため、「アジア太平洋」の枠組みの強化を図ったのです。アメリカを入れるかどうかをめぐって、「東アジア」と「アジア太平洋」という二つの枠組みが競合する構図は、現在にも続いています。

ＡＰＥＣは「開かれた地域主義」を掲げました。アメリカのアジア政策は地域主義、すなわち地域の枠組みづくりではなく、アジア各国の市場開放に重点を置くものでした。一九九七年のアジア通貨危機の際にも、アメリカやＡＰＥＣは何ら有効な対応を取ることができませんでした。その結果、東アジア諸の間で独自の地域協力の必要性が改めて認識されるようになりました。

「地域統合は危機の産物」とよく言われますが、東アジア共同体の場合もそうでした。一九九七年一二月、ＡＳＥＡＮは創設三〇周年の記念会議に日中韓の首脳を招請し、ＡＳＥＡＮ＋３首脳会議がクアラルンプールで開かれました。当初はシンボリックな単発の行事として企画されたものでしたが、その直前に発生したアジア通貨危機と重なり、東アジア地域の危機対応を協議する場と化しました。経済危機が続く中、翌九八年にもＡＳＥＡＮに日中韓を交えた首脳会議が開かれ、以後、ＡＳＥＡＮ＋３（ＡＰＴ）の会合が定例化することになりました。首脳会議の他に、外相、財務相など閣僚レベルの会合が設けられ、現在、東アジア地域協力の中心的な機構になっています。

ＡＰＴは当面の経済危機に対処しながら、中長期的なビジョンを描き、東アジア地域協力の制度化を進めました。その目標として掲げられたのが「東アジア共同体」です。一九九八年のＡＰＴ首脳会議で、韓国の金大中大統領の提案で、域内協力の長期政策を協議する有識者会合として、東アジアビジョングループ（East Asia Vision Group＝EAVG）が設置されました。約二年間の議論を経て、EAVGは二〇〇一年のAPT首脳会議に報告書を提出しましたが、そのタイトルが「東アジア共同体に向けて（Towards an East Asian Community）」でした。「東アジア共同体」という用語が明記された初の公式文書です。

民間の有識者によるEAVGの提案はさらに各国の政府代表で構成する東アジアスタディグループ（EASG）によって検討され、〇二年の首脳会議に最終報告書が提出されました。そこでは、東アジア共同体を実現するための具体的な行動計画として、一七の短期的課題と九つの中長期的課題が提案されました。その長期課題の一つが、APT首脳会議を東アジア首脳会議（East Asia Summit＝EAS）に改編することでした。

二〇〇五年に東アジア首脳会議が創設されました。東アジア各国の首脳が一堂に会することは地域協力の制度化としては高いレベルであり、本来、地域統合が完成段階に入ったことを意味するものです。しかし、皮肉にも首脳会議に至る過程で共同体創設への機運が失速することになります。〇五年の創設以来、毎年東アジア首脳会議が開かれていますが、メディア報道が少なく、一般的な認知度も低いことはその表れです。基本的には、中国が予想以上の勢いで台頭し、その対応をめぐって、域内国の利害が錯綜し、首脳会議の枠組みをめぐる外交的な角逐が激化したためでした。

東アジア首脳会議は本来長期目標の一つでした。しかし、二〇〇四年にASEAN次期議長国のマレーシアが中国と連携して、〇五年にクアラルンプールで第一回EASの開催を提案したことで動きがにわかに慌ただしくなりました。マレーシアや中国には、ASEAN＋3の枠組みを早期に固め、主導権を確保したいという思惑がありました。これに対して、日本やインドネシア、シンガポールなどはEASが中国主導になることを懸念し、枠組みの拡大を図りました。「東アジア」の範囲をめぐって、当初のASEAN＋3の維持を主張する「現状派」と、巨大な中国とバランスを取るため、オーストラリア、ニュージーランド、インドを加えようとする「拡大派」が対立しましたが、最終的には拡大路線が採択されました。その結果、〇五年、東アジア首脳会議はＡＳＥＡＮ＋３＋３の一六か国体制でスタートすることになりました。域内国の思惑が衝突した結果、「東アジア」が地理的範囲を超えて、大洋州と南アジアにまで拡大したのであります。

その後もＥＡＳは拡大を続け、一一年にはアメリカとロシアが正式加盟しました。ＥＡＳ発足後も中国の台頭が止まらず、さらなるバランスを求めたインドネシアなどの働きかけと、「アジア重視」を掲げたアメリカのオバマ政権の戦略が共鳴した結果でした。現在、ＥＡＳは一八か国体制で、アメリカとロシアまでが「東アジア」に入っている形です。毎年開かれるＥＡＳでは、当初期待された役割である東アジア共同体創設への取組みではなく、南シナ海問題など、中国の影響力拡大に伴う問題を批判する場となっています。それをめぐってＡＳＥＡＮ諸国の立場は分かれ、中国も当初の関心を失い、ＥＡＳは儀礼的な行事になっているのが現状です。

岐路に立つ東アジア

二〇〇〇年代前半は日本でも「東アジア共同体」創設への機運がもっとも高まった時期でした。小泉純一郎首相は、二〇〇二年一月、シンガポールで「東アジア拡大コミュニティ」構想を打ち出し、〇三年一二月、東京で開かれた日本・ＡＳＥＡＮ特別首脳会議では、「東アジア共同体」を明示的に提唱するなど、積極的な姿勢を示しました。

しかし、その後を継いだ安倍晋三首相は東アジア地域を包括する枠組みにはあまり熱意を示さず、中国の台頭に対抗するための体制づくりに力を入れることになりました。ある種の政権構想として刊行した著書『美しい国へ』（二〇〇六年）の中で、安倍首相は日米同盟を軸に、「アジア太平洋」の枠組みを強化する方向性を地域戦略として打ち出しました。同書の中で、安倍首相は、日本、オーストラリア、インドをアジア太平洋における民主主義のG3と呼び、これにアメリカを加えた四か国がアジア太平洋の地域秩序づくりを主導すべきと主張しました。

二〇〇九年九月、政権交代を果たした民主党の鳩山由紀夫首相が就任早々から、多様な政治体制の共存を説く「友愛外交」のビジョンとして、「東アジア共同体」の創設をかかげ、アジア共通通貨の導入などを提唱しました。東アジア共同体構想が再び活発化することが期待されましたが、民主党政権が短命に終わったため、政策の具体化には至りませんでした。

さらに、一二年一二月の総選挙で自民党が勝利し、第二期安倍政権が成立すると、「東アジア共同体」からの後退が加速します。二期政権のスタートに合わせて外国メディアに発表した論文で、安倍首相は、日米豪印の四か国が「インド洋から西太平洋に至る海洋コモンズ（共有地）を守る」ための連携戦略を提案し、これを「民主主義の安保ダイヤモンド」と名づけました。中国の海洋進出を牽制する体制づくりの構想であることはいうまでもありません。さらに、安倍政権は、「インド太平洋戦略」を日本の地域戦略の柱として打ち出し、一七年一一月のトランプ米大統領の来日に際して、「自由で開かれたインド太平洋」構想を日米の「共通戦略」とすることに合意しました。

一方で、中国も「東アジア」への関心を失い、近年は、巨大な経済力を基盤に、「一帯一路」構想を打ち出し、ユーラシア大陸を一つの経済圏としてまとめ、ヨーロッパやアフリカとも結びつける地域戦略を進めています。安全保障の面では、一四年から、アジア相互協力信頼醸成措置会議（Conference on Interaction and Confidence-Building Measures in Asia＝ＣＩＣＡ）の活性化に力を入れ、同年五月、上海で開かれた首脳会議で、習近平主席は「アジアの問題はアジア人が処理し、アジアの安全はアジア人が守る」と宣言し、アメリカを排除した地域秩序づくりをめざす姿勢を明らかにしました。超大国の米中が地域秩序をめぐって競合する中、「東アジア共同体」構想は岐路に立たされています。

これまで東アジア共同体づくりを支えてきたＡＳＥＡＮ諸国は台頭する中国に対する政策では利害が一致せず、歩調が乱れています。当面は域内の結束強化をめざして、ＡＳＥＡＮ共同体の創設に注力し、東アジア共同体への取り組みは低迷気味です。

ＡＳＥＡＮとともに、東アジア共同体構想を牽引した韓国は、金大中大統領が任期満了で退任した後は、北朝鮮の核問題への対応に追われ、関心が「北東アジア」に集中しています。昨年五月に成立した文在寅政権が「新南方政策」を標榜していますが、まだ北朝鮮との関係改善を通じた朝鮮半島の平和体制構築を優先せざるをえない状況にあります。

しかし、終戦宣言など朝鮮半島の緊張緩和の模索に対して、日米などで懸念が高まっている現状が示すように、古い冷戦体制を解体するためにも、新しい冷戦の対立構図を乗り越えなければなりません。韓国外交にとっても、東アジア共同体構想の再活性化は不可欠な課題です。

さらに、安全保障ではアメリカとの関係、経済や社会では中国との関係をともに重視せざるをえないという点では、日本と韓国、ＡＳＥＡＮなど多くの域内国の利害は基本的に一致します。米中の勢力競争で域内国が分断される状況を避け、東アジア地域の一体性を維持するために、日本が韓国、ＡＳＥＡＮ諸国とともに、「ミドルパワー外交」の発想に立ち返ることが必要ではないでしょうか。

参考文献

SIPRI, "Trends in World Military Expenditure, 2017," May, 2018 (https://www.sipri.org/publications/2018/sipri-fact-sheets/trends-world-military-expenditure-2017)

五十嵐誠一「東アジアの平和の再創造」『平和研究』第四六号、二〇一六年。

遠藤誠治「動き出す安保関連法（中）――〈非軍事〉重視の潮流に逆行」『日本経済新聞』二〇一六年三月一七日。

進藤榮一『アジア力の世紀――どう生き抜くのか』岩波書店、二〇一三年。

添谷芳秀『日本のミドルパワー外交――戦後日本の選択と構想』筑摩書房、二〇〇五年。

田中明彦『アジアのなかの日本』ＮＴＴ出版、二〇〇七年。

李鍾元「東アジア共同体と朝鮮半島」山本吉宣他編『国際政治から考える東アジア共同体』ミネルヴァ書房、二〇一二年。

李鍾元「冷戦後の国際秩序と日本――東アジアの地域形成と日本外交を中心に」『岩波講座・日本歴史』第一九巻（近現代五）岩波書店、二〇一五年。

李鍾元「東アジア共同体形成の現状と課題」広島市立大学広島平和研究所編『アジアの平和と核――国際関係の中の核開発とガバナンス』共同通信社、二〇一九年。

3章　沖縄アイデンティティの形成と変遷

林泉忠（武漢大学教授）

1　「国家」や「民族」に翻弄される沖縄社会[1]

「琉球処分」から一四〇年の歳月が経った。二〇一九年ではそのうち、戦前六六年、戦後七四年という区分となり、戦後の方はすでに戦前を上回っている。

二〇〇五年から二〇〇七年にかけて、筆者は学術振興会の科研費を受け、琉球大学法文学部の協力で「沖縄住民のアイデンティティ」調査を三年連続で行った。同調査の設問の一つは、「琉球処分」に関するもので、「『琉球処分』つまり琉球王国が解体され日本になってから、もうすぐ一三〇年になりますが、日本の一部になってよかったと思いますか？」だった。その結果、回答者の六三％は「よかった」と答えた。[2]

しかし、歴史はそう単純ではなかった。近現代の沖縄社会が背負った「国家」や「民族」の重荷はあまりにも重すぎると言えよう。これからの沖縄の進む方向性を考えるためにも、戦後沖縄社会の歩みの方向性と特徴とは何か、戦前のそれとどれほど相似し相異しているか、という課題を真剣に検討する重要性は強調するまでもない。

本章は、戦前から戦後、そして今日に至るまでの長い変貌の歳月の中で、沖縄民衆のアイデンティティがいかに沖縄社会の政治・社会環境の変遷と共に躍動していたかを考察してみることにする。

歴史の中で共存、競合

まず、マクロの視点から沖縄近現代史の連続性を考えてみたい。

周知の通り、戦後沖縄の政治的環境は大きく変貌した。アメリカの統治期においても、社会的自由化と政治的民主化をはじめ社会各方面の発展は、不十分ではあるが、復帰後の知事に当たる行政主席の公選や県議会に当たる立法院議員選挙の実現などより、戦前の沖縄と比較すれば大きく前進し、一九七二年の、平和憲法を享受し民主主義が定着した本土への復帰を経て以降、制度的にもいっそう保障されるようになった。したがって、自由・人権や自治・民主主義の視点から、戦前と戦後とは明白な断層が見られる。

一方、一八七九年の琉球併合（「琉球処分」）以降、民生関連の問題は別として、戦前のエリートたちと民衆が絶えずに抱えていた最大の課題は、「日本といかに付き合うべきか」ということであった。この課題は、戦後アメリカ統治の時代においても、またポスト復帰の時代においても、依然として沖縄社会に抱えられ、依然としてこれからの進むべき方向の避けて通れないテーマとして模索され続けている。

「日本とどう付き合うべきか」という永続的課題をめぐって、近代以降の沖縄社会はその長い葛藤史の中で、二つの新生ナショナリズムが沖縄の地で現出した。ウチナーンチュの主体性にこだわる「沖縄ナショナリズム」と、日本に溶け込もうとする「日本ナショナリズム」である。

戦前か戦後かを問わず、この二つのアイデンティティの間で、沖縄のエリートと民衆は絶えず悩んだり、躊躇したりした。沖縄民衆のアイデンティティ問題において、近現代沖縄社会の歴史的連続性が顕著に見られる。

歴史的連続性を有する沖縄アイデンティティ問題の最大の特徴は、これまで経験してきた数々の社会的激動の中で、波のように、時にはウチナーンチュ（沖縄の人）意識を前面に打ち出し、時には社会的エネルギーを総動員させるまで日本志向を表現してきたことである。

前者に関してアプローチ方法がそれぞれ異なる側面も存在するが、主に、琉球併合と「ヤマトンチュ（日本人）支配」に抵抗する復国運動と公同会運動、戦後初期沖縄社会の離日志向と諸土着政党・エリートの独立論、復帰直前からの「反復帰」の動き、復帰一〇年目前後の自立論、一九九〇年代半ばに再発した基地問題に絡んだ「独立の機運」、そして復帰三〇周年の二〇〇二年頃から動き出した沖縄自治研究会の活動などが挙げられる。[3]

また、日本志向の波には、「上から」の同化政策の強制や国民統合政策の遂行はともかく、日清戦争と公同会運動失敗後に太田朝敷（一八六五―一九三八年）や伊波普猷（一八七六―一九四七年）などの知識人にも提唱・賛同され社会運動まで発展した「下からの日本同化運動」、戦後一九五〇、六〇年代に高揚した復帰運動、民衆レベルに見られた復帰直後の日本との一体化への興奮と熱意に満ちた社会現象が挙げられる。

以上の動きに示されるように、方向性として全く異なった二つのアイデンティティ志向は、近代以降、それぞれ沖縄社会に根を下ろし、また共に歴史に流され消えることなく沖縄に確実に存在してきた。と同時に、二つのアイデンティティ志向は、時には平穏に共存し、また時には激しく競合し、互いに消長し続けてきた。

帰属の変更

沖縄ナショナリズムと日本ナショナリズムの消長を左右する最大の要因をマクロ的に考えれば、それは沖縄が経験した社会的激動であり、「世代わり」である。「世代わり」が近代以降の沖縄で具現化した形は、沖縄の地位・帰属の変更である。具体的には、琉球国→大日本帝国沖縄県→米国統治下の琉球→日本国沖縄県と、その地位の変更が何度も繰り返され、沖縄民衆の意思を反映したとは言い難いかたちで変化してきた。

このような帰属の変更は、単なる沖縄という領域の主権・施政権のフォーマルな移譲を意味するにとどまらず、その領域と共に帰属を変更することとなった沖縄住民が長期的に抱えざるを得ない、政治・経済・社会・文化から、民族・国家をめぐるアイデンティティの変遷といった問題までをも含むこととなる[4]。帰属の変更は歴史の断層を作ったが、帰属変更の繰り返し自体には歴史的連続性が見られる。この歴史的連続性がこれからも続くのであれば、沖縄の地位は今の状態のまま永久に落ち着いていくとは限らない。

これからの沖縄の方向性を探るためにも、戦前も戦後も「国家」や「民族」に翻弄されてきた沖縄社会の対応をもう一度検討する価値があるだろう。次節から、ミクロの視点より、常にアイデンティティの十字路に立ってきた戦前・戦後沖縄の姿を再認識してみたい。

2 「併合」機に帰属意識の萌芽

今日、沖縄住民の間に、社会的普遍性を有するアイデンティティが二つ存在している。「日本人」と「沖縄人《ウチナーンチュ》」である。両者の競合・共存の現状は、上述した二〇〇五年から筆者の調査チームが行ったアンケート調査の結果にも示されている。すなわち、「あくまでも日本人」と「あくまでも沖縄人」の割合はそれぞれ三割弱を占め、また四割強の住民は二つのアイデンティティを共に強く意識しているという状況である。二つのアイデンティティはいかなる環境でいかに形成されてきたか？　本節ではその源流を探る[5]。

人為的植え付け

「沖縄人《ウチナーンチュ》」に比べれば、「日本人」アイデンティティの形成史はより分かりやすい。大日本帝国の一員に組み込まれた琉球の民衆に、強制を伴った近代的行政・教育システムを通して「日本人」意識が植え付けられ、さらにまた沖縄エリートの日本への同化の提唱と一般民衆の努力という「上下合作」の形で、新しい文化的・国家的帰属意識としての「日本人」アイデンティティが戦前の沖縄社会で普遍化に成功し定着していったのである。

この沖縄の経験は、アイデンティティというものが、必ずしも長い歴史の中で自然に生まれるのではなく、人為的に植えつけたり、変更させられたりすることが可能であることを示している。

一方、「沖縄人《ウチナーンチュ》」アイデンティティは一体いつから形成されたのか?

一般に「沖縄人《ウチナーンチュ》」アイデンティティは、五〇〇年以上に及ぶ長い琉球史の中で琉球文化の発展と共に形成されたと考えられてきたが、筆者としては、社会的普遍性を有する帰属意識としての「ウチナーンチュ」も琉球併合と共に急速に凝集され定着してきたのではないかと考えている。

前近代の琉球社会は、首里を中心に円心状で南北沖縄（本島）、さらに宮古、八重山、奄美（一六〇九年まで）をカバーする一つの政治的・経済的・文化的ネットワークが形成されていった。しかし、それぞれの地域・島に独自の方言や文化が存在し、交通が未発達で交流も少なく、さらに周辺から見た首里は王様のいる城という特権的な他者のイメージが存在したと言える。[6] また、「ヨソ」と接触する中でアイデンティティが成立するという観点からは、首里王府の関係者や一部のエリート（士族）を除き、併合前の農民のレベルでは「ヤマトンチュ」との直接交流は極めて限られていたため、「ウチナーンチュ」という意識は持ち得なかっただろうと考えられる。

沖縄民衆の「ウチナーンチュ」という自己意識と「ヤマトンチュ」という他者意識が、やはり「大和世《ヤマトゥユ》」の到来とこの外的衝撃で生じた危機感による沖縄内部の結束、そして「新政」による沖縄の一体化が進んでいた過程で定着していったのであろう。

ただし、中国と薩摩との長い交流の中で、一部の琉球エリートたち（士族）の間には「我々」意識、すなわち「琉球（人）意識」が生まれたことは十分考えられる。実際、多くの史料、例えば「琉球三十六島」に関する数々の記述の中に、「琉球アイデンティティ」はすでに記述者・発言者の間に存在していたことが窺える。

ヤマト支配への抵抗——自治要求の幕開け

一方、文化的帰属意識である「沖縄人《ウチナーンチュ》」の政治化、すなわち政治的主体性の確立を目指す思想・運動により形成される沖縄ナショナリズムも、やはり沖縄最初の帰属変更である琉球併合という衝撃によって萌芽したのである。明治日本の一方的かつ暴力的な琉球国解体に刺激され、「ヤマトンチュ支配」に抵抗し、琉球エリートを中心とした救国・復国運動が二〇年間及んだ。低調に終わったとはいえ、今日に続く沖縄ナショナリズムの起点は、この運動に求めるべきであろう。

明白な沖縄独立を目指す思想・運動とは別に、必ずしも完全な政治的独立を求めないが、経済的自立や政治的自治の拡大を要求する動きは、一九九〇年代の大田県政以降、自治体（県庁）と民間が共に目指す方向になった。無論、こうした「自立」「自治」の動きも決して近年になって初出したものではない。戦後七〇年代や八〇年代にも、自治労や学者などの間で「特別県」「自治州」「自治県」の議論が展開されていた。

ところで、沖縄「自立」「自治」の源流は、一一〇年前の日清戦争終結の直後に現れた「公同会運動」までさかのぼることが出来る。

「公同会運動」は、「復国運動」というハードな反抗が失敗した後、抵抗派（「頑固党」）と容認派（「開化党」）が合作した形で沖縄社会の総意（人口の約三分の一近い七万三〇〇〇人の署名を集めた）として展開されたソフトな反抗であり、琉球併合後の最後の抵抗であった。表向きには琉球最後の国王・尚泰を世襲制の県知事にする特別制度の確立を目指す運動であったため、長い間「時代錯誤の愚行」として過小評価されてきた。

しかし、沖縄の特殊性を強調すると同時に、一元的国家システムを採る日本との一体化に異議を唱え、あくまで沖縄人による沖縄の自治を求める基本的性格は、今日も進行している戦後沖縄一連の「自立」「自治」の動きと一脈相通ずる。[7] 言いかえれば、沖縄「自立」「自治」の歴史は、琉球併合の一つの帰結である「公同会運動」

によって幕が開いた、と考えられるのである。

3　独立志向から復帰への転轍

一九四五年の終戦に伴って、沖縄は近代以来二度目の帰属変更（世がわり）を経験することになった。大日本帝国の沖縄県から事実上のアメリカ支配領域に変わったのである。

この激変の中、沖縄社会では突如に「日本離れ」「独立志向」の動きが現れた。近代以来二度目の沖縄ナショナリズムの表出である。ところが、この当時沖縄社会一種の主流的な動きは、一九五〇年代に入ると、二度目の日本ナショナリズム「日本復帰」という方向へと一八〇度変貌していった。

本節は、この相反する二つのナショナリズムはなぜ出現したのかを再検討してみる。

下からの同化運動

琉球併合「ヤマトンチュ支配」へのハードな抵抗である「復国運動」や、沖縄主体性の最低限の維持を目指すソフトな抵抗である「公同会運動」がいずれも失敗で終わった後、沖縄社会は新たな方向を目指すことになった。それが、「上から」の「同化政策」に符合する「下から」の「日本同化運動」であり、沖縄ナショナリズムから日本ナショナリズムへの最初の転轍である。

「下から」の「日本同化運動」のリーダー格的存在は、「くしゃみの仕方まで日本化」を提唱した太田朝敷であろう。[8] 太田は「公同会運動」の中心人物の一人であるため、本人のこのようなアイデンティティの「豹変」は、無力感が極致に達した中での苦渋な選択とも考えられる。太田にとどまらず、「日本同化運動」は多くの沖縄知識人に支持されていた。琉球併合を「一種の奴隷解放」と謳歌する大学者・伊波普猷《いはふゆう》もその一人と言えよう。[9]

時代は日本への同化へと流れていった。そのピークは一九三〇年代半ばからの「皇民化運動」であった。「皇民化運動」の結果、多くの沖縄住民が、天皇のためならば命を捨ててもよい、とする「立派な日本人」となった。そのため「沖縄人」意識は、本意にも不本意にも「日本人」になるプロセスの中で沈んでいく。

予想外の衝撃・沖縄戦

しかし、アイデンティティは静的側面と動的側面が存在する。完全に消えない限り、底流にあったアイデンティティは、ある外的要因によって刺激され前面に表出して主流化することがある。実際、アイデンティティ活性化の要因を探ってきた多くの研究の中に、「表出主義（expressivism）」と呼ばれる理論がある。このアプローチは、社会の急速な変容によって生まれてきた孤独感と空虚感を埋めるために、人々は社会の全構成員に共通の名称とアイデンティティを賦与することのできる集団的絆を求めることを説いている。[10]

戦後初期沖縄社会に突如現れた独立志向の動きは、この「表出主義」からも説明できよう。終戦直後の「社会の急速な変容」とは、大日本帝国の沖縄が消え、行政的に日本から完全に切り離させられたと同時に、「異民族」のアメリカの支配下に置かれたことである。

「沖縄戦」による空前の衝撃を受ける中で、これまで信仰してきた「祖国日本」が去っていった。と同時に、親しみのない「異民族」のアメリカ支配へと変わった。このまったく予想外の急変は、沖縄社会の「孤独感と空虚感」を一気に上昇させた。そして、社会的結束が期待される中で、かつて沈んでいた原初的アイデンティティである「沖縄・琉球」への絆は求められたのである。

この時期の沖縄ナショナリズムの動きは、おおむね二つに分けられる。一つは、沖縄会・民政府のメンバーや、新聞世論を中心とした非政党関係者の「離日風潮」、もう一つはやがて成立した諸政党の「独立論」である。前者に関しては、今日に残った記録として、諮詢会議長の志喜屋孝信（後に知事）や文化部長当山正堅、知事の秘書・通訳の比嘉義雄、『うるま新報』社長の池宮城秀意、のち琉球政府文教局長にも就いた中山興真などの離日・独立言動が挙げられる。[11]

政党の独立指向はより鮮明だ。「独立共和国の樹立」（「恒久政策」）を目指す沖縄民主同盟、「自主沖縄の再建を期す」（「綱領」）沖縄人民党、「米国支援の下民主主義新琉球の建設」（「綱領」）を唱える社会党である。[12]

民族意識の脆弱性

ところが、一九五〇年前後から沖縄社会は「祖国復帰」の方向に変わった。沖縄ナショナリズムから日本ナショナリズムへの二度目の「豹変」である。

独立志向から復帰への変容の要因に関しては様々な角度から検討することができる。東アジアにおける冷戦構造の急形成という国際情勢の変化、またそれに伴う米軍基地の建設というアメリカの沖縄統治政策の転換については、多くが語られてきた。後述する復帰運動を率いる革新勢力の「米帝国主義」とのイデオロギーの対立からも検討できる。

しかし、これまでアイデンティティ形成という視点からの検討は見落とされてきた。この視点からの検討において注目されるのは、戦後初期の独立志向を支える民族アイデンティティ基盤の脆弱性である。

この脆弱性は、ナショナリズム形成期である「近代」に入る前にタイミングよく「処分」された沖縄社会は独自の民族意識を育てる環境は与えられなかったこと、上下合作した日本への同化運動の結果、日本を「祖国」と見なし自ら「日本人」であるとする意識が見事に沖縄社会に根強く定着したことに由来する。

「日本人」と自覚する以上、「悪くも親だ」のように、「祖国日本」に帰る求心力が、戦後初期の独立志向を牽制する働きを有していたのである[13]。ただし、沖縄社会における「日本人」の創出はきわめて強力であったが、同時に不徹底な部分もまた残した。そのため、「底流」に置かれる沖縄ナショナリズムは生き残り、場合によっては社会の激動の際に現れるのである。

4 「復帰」と「反復帰」の性格

近代以降の沖縄ナショナリズムと日本ナショナリズムの長い競合史において、これまで三回以上のアイデンティティの反覆もしくは豹変現象が起きた。しかし、これら数々ナショナリズムの波の中に、今日の沖縄社会に依然として大きな影響を及ぼしているのは、一九五〇年代から六〇年代にかけた波乱万丈の日本への復帰運動にほかならないだろう。今日も続いている米軍基地への反対運動は、復帰運動の一種の延長線として持続されているものと捉えられる。

しかし、復帰運動の性格については検討が十分だと言えず、多くの課題が残されている。本節は復帰運動の持つイデオロギーを再吟味すると同時に、それを牽制しようとした「反復帰」の性格についても考察する。

必然だった「反体制性」

復帰運動の性格は多面性を有していた。五〇年代からおよそ二〇年の間、各時期に運動が掲げた闘争目標の変化によってその中核的性格も調整された。復帰運動の性格をイデオロギーの視点から交通整理してみれば、運動は、『革新』的反体制大衆運動」と「日本ナショナリズム運動」という二つの性格に集約することができよう[14]。

前者の規定は、運動は一貫して「革新性」「反体制性」「大衆性」を濃厚に帯びていたことに由来するもので、また後者は「日本」を「祖国」として前面に打ち出し、沖縄住民＝日本人に立脚していたからである。復帰運動の「革新性」「反体制性」「大衆性」のいずれも、運動を率いていた社大党、人民党、沖縄教職会といった革新ないし社会主義前衛団体のもつイデオロギーに深く関わっている。というのは、運動は革新勢力に終始率いられていた以上、「革新性」は無論のこと、沖縄は世界社会主義の最大の敵である「アメリカ帝国主義」に支配されていたため、運動の「反体制性」も必然なことである。

この点から、「祖国復帰」はアメリカの沖縄支配と闘う道具として利用される側面も有していたと言えよう。また、社会主義運動は常に大衆を動員するという特徴を持つため、復帰運動が「大衆性」を強く持つことも自然なことであろう。

内包する矛盾

復帰運動は沖縄住民の人権・平和意識の向上に積極的な役割を果たした一方、矛盾や歪みも抱えていた。まず、「労働者は祖国をもたない」というマルクスやレーニンの名言からも、そもそも社会主義とナショナリズムという復帰運動に内包する二つのイデオロギーの矛盾は自明である。この矛盾は、運動自体が六〇年代に入ってから次第にイデオロギー化していく過程の中で、運動の方向性を失わせた働きを有している。

加えて、イデオロギーの対立から、長い歳月をかけてアメリカの沖縄支配の正当性を全面に否定する復帰運動の影響で、今日の沖縄社会も依然としてアメリカの沖縄統治を客観的に評価するには至っていない。

琉球政府行政主席公選の遅延（一九六八年実施）など、アメリカによる沖縄統治期における民主主義の発展は決して沖縄民衆の満足できるレベルに届くことなく、土地収用の強行や革新的言動への弾圧も行われた。

しかし、自由許容度や自治の拡大から見ても、あるいは市町村長や各レベルの議会の公選の恒常化から見ても、アメリカ統治時期の沖縄民衆が享受していた自由・自治・民主主義は、戦前と比べて、飛躍的に発展したことは否定できないと言えよう。

復帰運動の反省促す

一本化・イデオロギー化していった復帰運動が、自己反省能力も運動の方向も失いつつある中で、運動の歪みを是正しようとする動きが現れた。その動きが、いわゆる「反復帰論」である。

「反復帰論」は新川明をはじめ、川満信一、岡本恵徳、仲宗根勇といった思想家・言論者から発信し展開されていた復帰運動への異議であり、思想である。これらの論者のいずれもかつて「日本復帰」に賛成したものであるから、「反復帰論」は「復帰反省論」とも捉えられよう。[15]

「反復帰論」の基本的理念は「反復帰」思想の「経典」とされる新川明の『反国家の兇区』の主旨から理解することができる。すなわち、日本国への同化志向を採る「復帰運動」の思想を「国家絶対主義」と見なし、この「国家絶対主義」は沖縄人の「自己卑下・事大主義」という産物を生み出したと認識した上、この「病巣」を「切除」するためには、沖縄アイデンティティの回復と反権力的自立精神を有した沖縄の確立が不可欠である、と説いているように読み取れる。[16]

沖縄の主体性と反権力的自立精神の確立の必要性を唱える一方で、当初の「反復帰論」は沖縄の政治的独立に関しては明白に唱えることを避けていた。

つまり、「反復帰論」は「復帰運動」の歪みを批判すると同時に、それに代わる方向指針をも提示していたが、具体的政治政策の提言まで必ずしも行かず、基本的に思想のレベルに留まったのである。なぜなら、「国家」という最大の権力装置にまで反対する以上、政治的主体性確立の最終的指標である沖縄での新たな「国家」の樹立に矛盾が生じるからである。

いずれにせよ、「反復帰」思想は、復帰運動の本格的な反省を促す役割を果たしたばかりか、ポスト復帰における沖縄社会の自立精神の醸成と定着に深遠な影響を与えていった。

5　官民自立運動と沖縄社会の自律性

一九七二年の「祖国復帰」以降の沖縄社会は、「本土との一体化」をいっそう追求するよりも、「本土からの自立」という方向へと変化してきた。この変化は一九九〇年代に入ると沖縄社会の一種の総意としてより鮮明になった。近代以来、沖縄アイデンティティの四度目の方向転換が静かに動いてきているのである。本節では、この転換の要因と性格を若干考察し、今日の課題を呈示してみたい。

「祖国復帰」の現実が、「核抜き・本土並み」とはほど遠かったため、復帰運動の内部では「裏切られた」敗北感と共に日本政府への不信感が高まった。そして、沖縄に集中する米軍基地の存続という不当性から、「基地撤廃運動」は、復帰後も継続された。復帰の実現と共に、復帰運動の最大の闘争相手はアメリカから日本政府に変わったが、運動の「反体制性」は維持されることとなった。

「反体制性」は引き継がれたが、なぜアイデンティティの方は「日本志向」から「沖縄自立」へと変わったのか。確かに、「反体制性」は復帰後の市民運動に引きずられる以上、体制側が要求してくる国民統合とは距離を置き、異なったアイデンティティを求めていく、というような説明は、論理的にも可能であるが、その他に、復帰運動の担い手側の内部変化からもアイデンティティの変容を考察することができる。

自立路線の展開と変遷

復帰の「敗北」と「反復帰論」の刺激を受けて、運動指導者も一般参加者もポスト復帰への移行につれ「反省期」に入った。「日本志向」から「沖縄自立」に転換した好例として、自治労沖縄県本部の動きが挙げられる。

自治労はかつて復帰運動を率いた多くのエリートと一般参加者を結集した、復帰後に存在する市民運動の代表的な拠点の一つである。かつての「沖縄県祖国復帰協議会」事務局長を務めた吉元政矩らを中心に、復帰後の自治労は一九八一年に「沖縄特別県構想」を発表し、復帰一〇年目に起きた「自立・自治論」において中心的な役割を果たした。[17] 基地問題の再燃を伴った一九九五年前後の「独立機運」を経て、自治労は一九九八年に新たな「琉球諸島の特別自治制に関する法律案要綱」を発表し、「沖縄自立」の方向を固めた。

そして、後に副知事となる吉元政矩を政策調整監として迎えた一九九〇年の「大田自立県政」の誕生は、官民一致の「沖縄自立」推進の幕開けを意味する。実際、大田県政は「平和」と「共生」と並んで「自立」を躊躇なく前面に打ち出したと同時に、沖縄の自立化を念頭に置いた「国際都市形成構想」の研究に着手し、九六年に素案を発表した。またこの構想を具現化する手段として「自由貿易地域の全県化」も公表した。[18] また、「内向け」の自立化にとどまらず、県海外事務所を次々と設立させ、沖縄・福建省サミットの開催や台湾との関係強化という「外向け」の自立化姿勢も目立った。

しかし、基地問題をめぐる県と政府との摩擦によって、政府からの支援姿勢が動揺してしまったと同時に、県内経済界の一貫したサポートも得られなくなった。一九九八年稲嶺県政の発足によって、県の自立路線は大幅な後退を余儀なくされた。

主流エネルギーの結集

官民一致の自立運動は挫折した後、民間の一方的模索に戻った。以降の民間による様々な試みの中で、復帰三〇周年の二〇〇二年に設立された「沖縄自治研究会」(沖縄自治研)は重要な存在として注目されている。[19]

沖縄自治研の最大の特徴は、「居酒屋独立論」や自治労のような特定のイデオロギーをもった組織による「異端的発想」というようなイメージを持たず、むしろ琉球大学など沖縄第一線の政治・法学者を中心に自治体の職員や民間有志が加わるという社会の主流的エネルギーを結集する「正統派」の姿勢を見せている。

無論、「地方自治」と「沖縄アイデンティティ」を巧妙に結合した沖縄自治研は、単なる学術的研究ではなく「自治基本条例」の制定および実施を目指している。[20]ただし、目標を達成するまで、沖縄自治研が克服すべき課題は少なくない。県庁の自立推進案ではないため、直ちに県内経済界の全面的支持を得ることを必ずしも必要としないが、「自治基本条例」を具現化にするためには、やはり県庁の協力、政府の積極的対応、そして沖縄社会の合意は不可欠であろう。

とりわけ、沖縄住民の合意を得ることは簡単な作業ではない。一九九八年大田知事の三選と二〇〇二年吉元政矩の知事選での敗北にも示されているように、「沖縄のこころ」を強調するだけでは、リアルな一面も有している沖縄住民の心を掴めない。そもそも、二つのナショナリズムに分裂してきた沖縄社会は複雑なアイデンティティ構造を持つことを忘れてはならないだろう。

確かに、仲井真弘多二期の保守県政が続いた後、二〇一四年より沖縄社会は沖縄アイデンティティをコアバリューとする「オール沖縄」の翁長雄志県政と玉城デニー県政が続いて誕生した。[21]

また、本章の原稿が仕上がった日、すなわち二〇一九年二月二四日に、米軍普天間飛行場の移設計画をめぐり、日本政府が進めている名護市辺野古沿岸部の埋め立ての是非を問う県民投票が投開票され、「反対」が七二・一五%の四三万四二七三票となった。民意を無視する国家権力へのノーを、沖縄県民がもう一度勇敢に示した。

しかし、この県民投票の結果に対し、安倍政権もトランプ政権も「普天間の継続的使用を回避する唯一の解決策として、引き続き辺野古への移設計画を推進する」と国家利益および同盟関係を優先する姿勢には変わりがない。「辺境」の沖縄が「中心」の日米政府に抵抗するパワーは果たして十分あるのだろうか。

濃厚な沖縄社会の他律性

これまでの琉球・沖縄の歴史を振りかえれば、本意にも不本意にも、中国の属国、薩摩の附庸国、大日本帝国の「内国植民地」、そしてアメリカの支配を経験し、沖縄社会が濃厚な他律性を有してきたことを確認することができる。そればかりか、今日のアイデンティティの混乱・複雑化に直接な影響を与えていた、近現代における帰属変更の繰り返しの経験と「日本人」の創出過程に見られる帰属意識の植え付け現象も他律的側面が強い。

確かに、本章において考察してきた二つのナショナリズムの数々の波には、沖縄民衆は自律性の歴史を自ら作ろうとする動きが見られた。しかし、いずれも「裏切られた」結果となったか、あるいは自らの方向転換によって反覆された。

「国家」や「民族」に翻弄され、常にアイデンティティの十字路で徘徊してきた沖縄が、この永続的な課題を解消するには、徹底した自律性のある歴史を一度経験する必要があるのではなかろうか。

文末脚注

1　本章の一部の内容は、次の文献に基づいている。林泉忠「徘徊する沖縄アイデンティティー」(1)~(5)『琉球新報』二〇〇五年五月一〇~一二日、一四日、一六日。

2　同調査において「どちらかというとよかった」のは八・四％、「どちらとも言えない」のは一三・五％、「どちらかというとよくなかった」のは二・八％、そして「よくなかった」のは四・八％となった。林泉忠「沖縄住民のアイデンティティ調査（２００５年～２００７年）」琉球大学法文学部『政策科学・国際関係論集』第一一号、二〇〇九年三月、一〇五―一四七ページ。

3　「復国運動」は「脱清運動」や「復旧運動」なども称す。次の文献を参照されたい。喜舎場朝賢『琉球見聞録』（東京、至言社、一九七七年）、赤嶺守「琉球復旧運動の一考察」（地方史研究評議会『琉球・沖縄――その歴史と日本史像』東京、雄山閣出版、一九八七年）、林泉忠「『琉球抗日復国運動』再考――時期区分と歴史的位置付けを中心に」（『政策科学・国際関係論集』第六号、琉球大学法文学部、二〇〇三年、五九―一一五頁）、林泉忠「琉球復国運動の反日的性格――琉球復国請願書を中心に」（『沖縄法政学会会報』第一五号、二〇〇三年、二四―三二頁）。

4　「帰属変更」などの共通点を有している台湾や香港との比較について、林泉忠『「辺境東アジア」のアイデンティティ・ポリティクス――沖縄・台湾・香港』（明石書店、二〇〇五年）を参照されたい。

5　林泉忠、前掲論文、二〇〇九年。

6　社会的普遍性をもつアイデンティティやナショナリズムの形成は近代社会の成立以降出来上がったという現代主義の代表的論者とその著作を参照されたい。Gellner, Ernest, 1983, *Nations and Nationalism*, Ithaca: Cornell University Press.

7　沖縄「自治」運動の歴史的展開については、林泉忠「近現代における沖縄の自治運動」（松島泰勝編著『島嶼経済とコモンズ』東京、晃洋書房、二〇一五年、七一―九四頁）、を参照されたい。

8　太田朝敷「女子教育と沖縄県」『琉球教育』第五五号、一九〇〇年一〇月、第六巻。

9　伊波普猷は「日琉同祖論」の代表的提唱者でもある。

10　表出的アプローチは、古典的の方法論の一つではあるが、一九九〇年代以降のエスニックな動きの活発化によって再度注目を浴びるようになっている。このアプローチの先駆者は、J・M・インガーであり、主な論文は、Yinger, M. J., "Ethnicity in complex societies", in L. A. Coser & L. O. Larsen (eds.), *The Uses of Controversy in Sociology*, New York: Free Press, 1976. などが挙げられる。

11　戦後初期沖縄社会の「離日志向」についての考察は、鳥山淳「揺らぐ『日本人』――敗戦から日本復帰運動の始動までを中心に」『沖縄関係学研究論集』第三号、一九九七年六月一日。

12　詳細は、林泉忠「戦後初期沖縄諸政党の独立論――失敗した民族主体性回復の試み」『沖縄関係学研究論集』第四号、一九九八年八月、六三―七六頁。

13　沖縄独立志向で、戦後最初の土着政党沖縄民主連盟を設立した仲宗根源和のような「頑固な独立理論家」すら、日本人と沖縄人は「親子関係」であるとの考えを否定しながらも、「共同の祖先を持つ兄弟の間柄ともいうべき関係」だと述べている。仲宗根源和「沖縄独立論」『琉球経済』第一〇号、一九五一年。

14　林泉忠「沖縄アイデンティティの十字路――「祖国復帰」と「反復帰」のイデオロギー的特徴を中心に」『政策科学・国際関係論集』第六号、琉球大学法文学部、二〇〇四年b、三五―六六頁。

15　川満信一『沖縄・自立と共生の思想――「未来の縄文」への架ける橋』（海風社、一九八七年）、仲宗根勇『沖縄少数派――その思想的遺言』（三一書房、一九八一年）、岡本恵徳『「沖縄」に生きる思想――岡本恵徳批評集』（未來社、二〇〇七年）など。

16　新川明『反国家の兇区』（新版）東京、社会評論社、一九九六年（旧版一九七一年）。

17　自治労沖縄県本部「沖縄の自治に関する一つの視点――特別県構想」一九八一年六月、ほかに比嘉幹郎「沖縄自治州構想論」『中央公論』一九七一年一二月号、江上能義「復帰前後の沖縄自治州（特別自治体）構想」（仲地博編著『沖縄の自治の新たな構想――研究論文・研究録・構想案』（「自治基本条例の比較的・理論的・実践的総

合研究」最終報告書）西原：沖縄沖治研究会、二〇〇五年三月、三五―五〇頁）、林泉忠、前掲書、二〇一五年、など。

18 「自由貿易地域の全県化」の主要提唱者は宮城弘岩氏（現在、（株）沖縄物産企業連合取締役会長）、その思想を凝集したのは、宮城弘岩『沖縄自由貿易論』（琉球出版社、一九九八年）であろう。

19 「沖縄自治研究会」は、琉球大学の教授で法文学部部長を勤めた仲地博教授を代表とした研究グループ、二〇〇二年度から二〇〇五年度学術振興会の科学研究費に基づき、支えられた組織である。三年間の研究・議論を継続させるために、新たな研究費が申請されたが不採用となった。その後、研究者個人の研究費などで二〇一三年まで活動は断続的に行われていたが、二〇一三年以降また低迷を余儀なくされた。

20 沖縄自治研究会の科学研究費による研究のテーマは「自治基本条例の比較的・理論的・実践的総合研究――沖縄の自治経験と新たな展望をもとに」であった。研究成果として『沖縄自治州基本法』を作成するほかに、報告書№1～6がまとめられた。仲地博『沖縄の自治の新たな構想――研究論文・研究録・構想案』（「自治基本条例の比較的・理論的・実践的総合研究」最終報告書）西原：沖縄沖治研究会、二〇〇五年。

21 その一年前の二〇一三年五月一五日に龍谷大学・松島泰勝教授（石垣島出身）や沖縄国際大学の友知政樹准教授らを中心に「琉球民族独立総合研究学会」を設立した。自立よりも独立を模索する動きである。創立者の思想については、松島泰勝『琉球独立論』（バジリコ、二〇一四年）等を参照されたい。

4章　東アジア文化の世界的地位
——日中韓における共通点の一考察

康上賢淑（鹿児島国際大学教授）

「東アジア」の概念はさまざまであるが、本章では主に日本・中国・韓国の漢字圏を中心にその考察対象として設定する。

一九九三年、世界銀行が『東アジアの奇跡——経済成長と政府の役割（EAST ASIA MIRACLE: Economic Growth and Public Policy)』という報告書を発表して以来、世界の視線は西洋から東洋に移るようになった。経済分野においては世界の富を生産する中心地ともなり、二一世紀は『アジア力の世紀』となりつつある。[1] 二一世紀には、二〇世紀の基軸を作った米国主導から、中国主導へ移行すると推測されている。[2]

二〇一二年六月、日中両国は米ドルを介さずに直接取引決済できる仕組みを東京と上海に作ることに合意した。これは両国間の直接取引コストを減らし、金融機関の決済リスクを下げる二重メリットがあるとされ、さらに両国間の貿易・投資額も膨大な規模に拡大すると言われていた。[3] しかし、実際にこの仕組みはその後の日中関係を良い方向へ導くのではなく、むしろ悪化させる「種」の一つとなり、対立状態が続いていた。また、日本と中国、韓国・北朝鮮との間では、たびたび歴史問題や「慰安婦」をめぐる賠償金問題、拉致問題などをめぐる対立が生じ、経済や外交に支障が生まれている。

本章では、どうすれば、この三か国の政府や国民はこれらの歴史問題を直視し、明るい未来を創るために正常な友好関係に戻れるかを最大の問題意識にしている。また、筆者の経験を交えながら、東アジア地域の人種形成から文化・教育・経済の現状までを幅広く触れながら、同地域での生き残る精神的「糧食」である文化の共通点を検討する。

1　東アジアの人種と食文化

東アジア人のＤＮＡ

私は二〇一一年九月から一年間、イギリスで生活した。ヨーロッパなど二〇か国を旅した際に、よく「あなたは日本人ですか?」、「中国人ですか?」、それとも「韓国人ですか?」と聞かれていた。そのたびに「当ててごらんなさい」というと、回答は上記の三つの通りであった。ヨーロッパ人が、私の民族や国籍をはっきり区別できないということは、東アジアのＤＮＡが共通している証であると思わず感激し、さらに興味を持つようになった。

図1　縄文人（左）と弥生人（右）

二〇一〇年、分子人類学者の篠田謙一先生（国立科学博物館人類史研究グループ）と会った時、「私はいったい何人ですか?」と尋ねた。その時、篠田先生はただちに「弥生人です」と回答してくれた。「弥生人」……とても響きのある言葉である。大学生時代、日本の歴史を学んだときにはじめて知った。

篠田先生との出会いを契機として、自分自身はどこから来ており、何者なのかを真剣に考えるようになった。その時、図1の写真を得たが、同分野では日本一の専門家である彼の主張は、「紀元前三世紀早期朝鮮半島から移住し始め、……アジア大陸の移民はこの時期日本人のDNAに重要な影響を与え、彼らはその後縄文人と混血して弥生人を誕生させた」(二〇一〇年篠田謙一先生と会った時に得た資料による)。

共通のルーツを持つ東アジア人は、ヨーロッパ人の目から見ると、同じく見えたわけである。

東アジア人の主食「米」と稲作

中国テレビ局CCTVの番組『稲の道』の日本での撮影の窓口を担当することになり、二〇一七年上旬、吉野ヶ里遺跡の撮影を手伝うことになった。

同遺跡は一九八六年発掘され、「五〇ヘクタールにわたって残る弥生時代の大規模な環濠集落跡」である。その権力構造の形[4]は、九州北部をはじめとした日本各地のものと共通・類似した特徴が見られるほか、「中国大陸、朝鮮半島、南西諸島ともさまざまな面で共通性・類似性が見られる」。[5]

人は食を求めて遊動から定住へと生活様式を変えてきたが、佐賀の吉野ヶ里丘陵の前期には、ところどころに分散して「ムラ(村)」ができはじめ、南のほうの集落に環濠(周囲にめぐらせた堀)が現われている。[6]

稲作による富の形成は階層社会を生み出し、その階層はまた住居だけではなく、死後も墳丘墓や甕棺《かめかん》の大きさによって差別化されていたことが明らかになっていた。[7]さらに、吉野ヶ里が最盛期を迎えた頃、王やリーダー層の人々が住んでいた場所の周囲は、稲の倉や住んでいる人々を守るために環壕と城柵で囲み、敵を見張ると同時に吉野ヶ里集落の権威を示すシンボル的役割も果たした建物跡なども見つかっている。[8]吉野ヶ里集落で最も重要な場所のひとつは、「米を蓄蔵する倉であった。田植えや稲刈りなどの生産は彼らの生きる糧食の上、それによって儀礼、祖先への祀り、最高司祭者の声に従って決定していく儀式は、その後の日本の田植えの神様祭り文化につながった」のではないかとみられている。[9]

その後、環壕がさらに拡大し二重になるとともに、建物も巨大化し、三世紀ごろには集落は最盛期を迎えたようである。「北内郭と南内郭の二つの内郭ができ、文化の発展が見られる。甕棺の数などから推測しておよそ一二〇〇人、吉野ヶ里を中心とするクニ全体では五四〇〇人くらいの人々が住んでいたと推測される。当時の社会条件からからみると大居住」とも言える。[10]

稲の起源については様々な説があるが、考古学者の研究によれば、人の手による栽培は一万二〇〇〇年前に中国長江流域で栽培されており、[11]その後朝鮮半島を経由して日本に渡ってきた。[12]世界三大穀物の一つである稲は、この三か国をベルトのように繋がらせ、さらに現在はこの地域の主食だけではなく、世界の七割の人々が主食のひとつとして大切に愛用されている。[13]

2　漢字文化

二〇一七年三月、奈良県明日香村では飛鳥時代最大級の古墳（小山田古墳）が発見された。被葬者は蘇我蝦夷《えみし》ではないかとも考えられている。

奈良と朝鮮半島との歴史には密接な関係があった。例えば図2に示すように、「蘇我高麗、蘇我稲目、蘇我馬子、蘇我蝦夷、蘇我入鹿」の歴史人物の名前の面白さである。高麗、稲、馬などは大陸と朝鮮半島との関わりのシンボルでもある。

大陸の漢字と技術・文化が朝鮮半島を経由して日本に伝わり、文明の延長ベルトを形成していた。現在、中国には朝鮮族約二〇〇万人、日本には在日朝鮮人は一〇〇万人もいる。[14]

私自身、これらの三か国を往来しながら強く感じたことは、その共通している生活様式である。すなわちその

図２　奈良と朝鮮半島

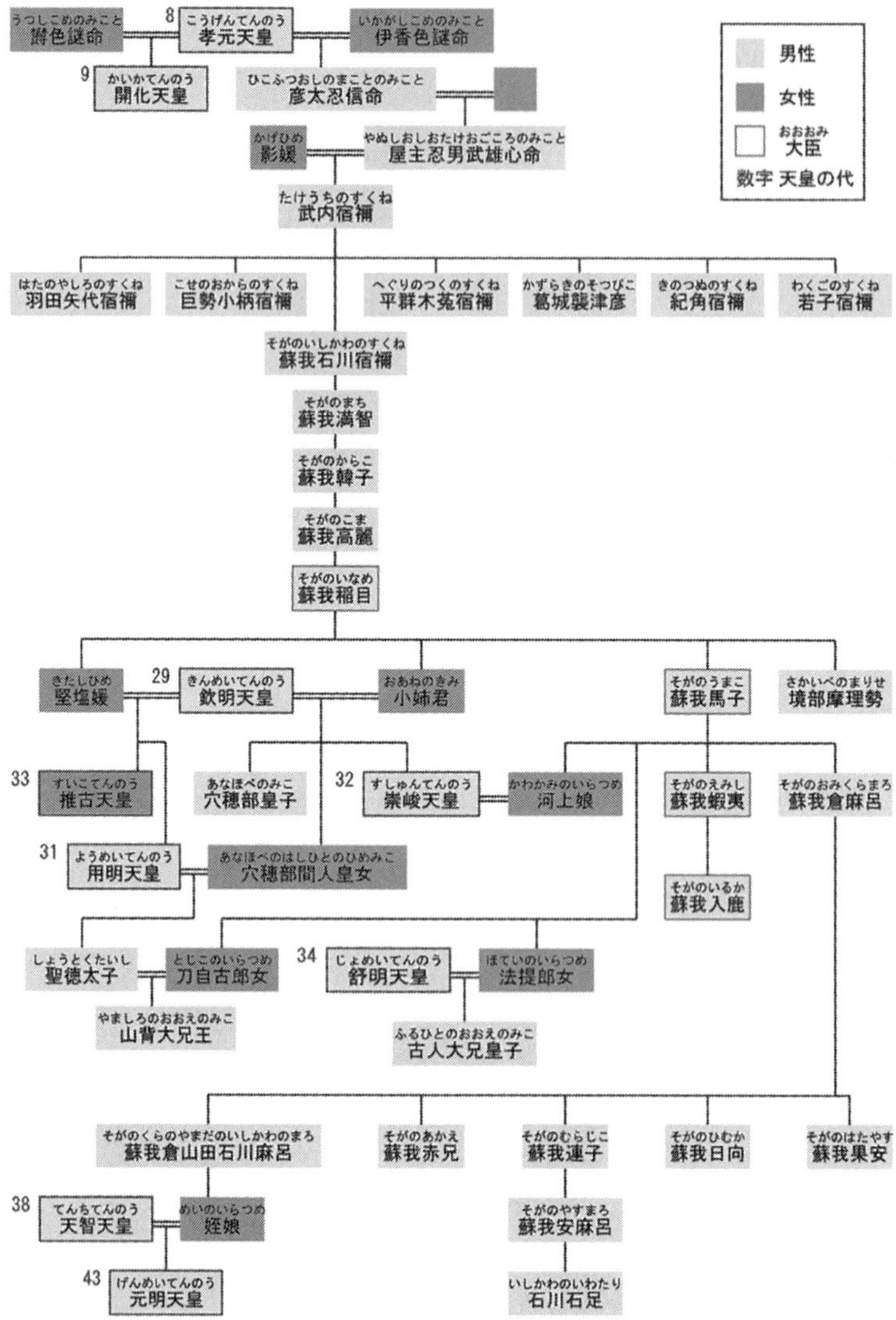

出所）「蘇我氏の略系図」（Michey.M）クリエイティブ・コモンズ・ライセンス（表示２.５一般）https://creativecommons.org/licenses/by/2.5/

三か国には医学・建築、仏教・儒教、食・稲・服、茶・磁器等の共通する文化の要素があった。佐賀の有田町、有田焼、鹿児島の薩摩焼などの作品からも、「唐」の文字や文化の香りを見ることができる。

さらにこの三か国に共通する漢字として、太陽・月・水・山・川・空気・稲、金・経済・銀行・貿易、病・手術・病院、警察・国家・県、業務・通信・宣伝・変化などが挙げられる。これらの漢字は中国の漢字をそのまま使用している。ただし、中国で使用されている約三割の漢字は、日本の明治維新後に日本で作られ、それが逆に朝鮮半島と中国に伝わったものであり、[15] 同地域の近代化に大きな役割を果たしている。

漢字には、その他の変化も見られている。「國」の文字は「囗＋戈＋口」で戈《ほこ》から人々を守るという意味から、「囗＋玉」玉で守る「国」の漢字へと変化している。また、もともと中国の漢字単語を真逆に使用する例があり、中国の「和平」を、韓国と日本では「平和」と言っている。

3　服・磁器の文化

服

中国、日本、朝鮮半島の服について調べてみると、男子の貴族の服だけではなく、女性の服にも元来の作り方には同じ方法が見られる。共通するのは漢服をルーツにしているからであり、特に襟には共通点が見られる。つまりスーツと異なり、三か国の民族服はすべて同じく左襟が上になっている。長い時間の推移により、朝鮮半島と日本は各自の発展が見られ、それぞれの特徴を持つようになっている。特に女性の伝統的な服では、袖やスカートの裾がかなり異なっている。

二〇二〇年東京のオリンピックを目指して、[16] 数千年の歴史を持つ和服産業が、世界一九六か国をイメージし

図3　漢・韓・和服

出所）https://kknews.cc/history/lrp8lz2.html

た着物や帯を作成する「KIMONO PROJECT」が始まっている。各国の国旗や文化の特徴を持つ色、柄、旗などの象徴を和服に表現する試みである。完成には数年かかる大型のプロジェクトであり、日本の多くの専門家だけではなく、市民の寄付も動員して現在も製造過程にあり、素晴らしい企画である。このように、共通文化である「服」を生かして、相手の文化に対する尊敬を示す取り組みは、平和への賢いアプローチであると言える。

戦後、日本の服のファッションはアジアへの影響力が大きい。服だけではなく、化粧品に関しても影響力を持っていた。二〇〇〇年代に入ってから日本の男性用化粧品が韓国や中国へ普及し、「草食男子」のためのメンズコスメが広がっている。すでにメークは女性の特権ではなく、男性もするものになったのである。

陶磁器

陶器は、天然の材質を生かした生活道具であるほか、人類において化学変化を利用した最初の発明であり、また人類社会の旧石器時代から新石器時代へ転換したシンボルでもある。陶器も磁器ももともと人類の失敗から生まれた作品であり、現在は東西文明を結ぶ傑作でもある。

中国の陶磁器技術は、数千年前から朝鮮半島にわたった。高麗の青磁、李朝の白磁などは、中国の手法によって独自の焼き物に変身していった。朝鮮半島の焼き物技術はまた、豊臣秀吉の「戦略」によって「拉致」され、朝鮮陶工は日本にわたり、有田焼、伊万里焼[17]、薩摩焼などを日本に誕生させた。とりわけ、現在はブランドともなっている薩摩焼をはじめ、多くの陶磁器は、明治維新の資本資源の一つにもなった。

薩摩焼は鹿児島の日置市にある苗代川が主な産地のひとつであり、その独特の白薩摩焼で有名になった巨匠は沈寿官一二代である。彼の作品は一八七八年パリの万博で受賞し、その後は続々と万博に出展され、世界的に好評を得ていた。初代からその後の一四代、一五代も陶磁器の貿易・技術文化の伝承の道に尽くしてきたのである。その伝承の道は決して平坦なものではなかった。最初は島津藩主の保護もあったが、その後の現地の住民との融和の過程では、波瀾万丈の歴史を辿ったのである[18]。

4　文化の共通認識

文化

「文化」の概念は人類学者によって規定されているが[19]、その理解が多様であるために、現在は二六〇種類以上もあると言われている。企業文化概念も同様に多様であり、企業によって異なっている。

エドワード・タイラー（英・人類学者）の文化・文明の定義には共感を持つ。彼は、広い民族誌的な意味において知識・信仰・芸術・法律・慣習・その他及び人間が社会の成員として獲得した能力（capability）や習性(habit）を含む複合的全体である知的、特に芸術的な活動の実践やそこで生出される作品・音楽・文学・絵画や演劇等芸術や哲学・学問・歴史等は、ある地域、ある集団、ある時代の人々が共有する生活スタイルや暮らし方、ものの考え方だと見る。

産業革命はイギリスを太陽の落ちない国に押し上げた。最初に東アジアで西洋文明を確立したのは、薩長による明治維新が起こった日本である。しかし、日本の江戸時代は鎖国政策をとっていたために、ペリー黒船が最初に日本に近づいた時は大騒ぎであった。薩英戦争も、生麦事件も、日本の文化や価値観への外部からの衝撃であった。西郷隆盛が言ったように「西洋は野蛮じゃ！　西洋が本当に文明の国ならば、未開の国に対しては慈愛の心を持って接し開明に導くはずであろう！」と抵抗していた。

周知のように、日本は西洋文明を受け入れると同時に、最初から多くの矛盾を抱えていた。その矛盾を絶えない努力によって解決していなかったら、東西の文化交流や理解、融合はなかっただろう。また、「和魂洋才」の精神に基づき、「脱亜入欧」の方向転換はあったが、中国から伝わってきた多くの技術や文化は現在においても維持されている。さらに、シルクの制作技術だけではなく、陶磁器の生産技術、漢方医学についても発祥地の中国のレベルを超え、さらなる技術発展を達成している。二一世紀の初期、日本の「観光立国」政策によって、日本に訪れた多くの中国の観光客は、今や中国では見られない唐の時代の文化や技術の一部を日本で見かけ、親しみと驚きを抱いたに間違いない。

一九八〇年初期から改革開放を実行して以来、今日の中国は「愚者は経験に学び、賢者は歴史に学ぶ」というスローガンのもとに、隣国との文化交流や人的交流を通して、自分たちのルーツを再確認しながら共通認識を築こうとしている。

日本をはじめ、ITによる情報革命は、東アジアの文化、すなわち漢字・食文化・人材などを、世界の至るところで活躍できる「主役」へと変えつつある。

教育

中国・韓国・日本の教育制度はそれぞれの国で異なるが、そろばん、書道の教育は共通している。また、小学校、大学への進学率もそれほど変わらない。他に、近代になってから特徴として、親による子どもの教育への投資額は増加する一方である。

孔子を始祖とする「儒教」はアジアに根強く普及し、それを背景として漢字圏の教育も各国で発展し、二一世紀に入ってからも生き残っている。儒教的な教育に共通している哲学のアイデンティティは、欧米とは対照的で、家族の連帯感も比較的強い。現在、中国では毎年約八〇〇万人もの世界一の大学卒業生数を抱え、国際競争力を高めるために世界の一流水準を目指して各プロジェクトを進めている。中国の大学教育も活発にグローバル化され、世界でも有数の急スピードで成長している。[20]

韓国の高等教育進学率は一九九八年の時点ですでに六〇％を超え、アジアで最初にユニバーサル・アクセス型（誰でも学ぶことができる）高等教育に到達したとされる。九〇年代に入って「卓越性」と「品質保証」を合言葉に高等教育機関の内外評価が行われ、大学は生き残りをかけて情報化・世界化への対応を進めている。

表1に示すように、日本と中国、韓国の大学生が尊敬する職業ランキングは、人間の精神と肉体を救う教師と医師である。昔から先生は「両袖清風（両袖を振っても風しか残らない）」と言われてきたが、収入より社会的地位や人の魂を育てるという側面から、人々に尊敬される職業として認められているのだろう。

5　まとめ

東アジアの範囲規定はさまざまであるが、本稿では漢字圏である中国、朝鮮半島・韓国この三つの文化、主に言葉や衣食・道具や教育などを中心に検討した。[21]世界で中華文明のみが生き残った原因は、稲・茶・陶器の道、漢字の道、儒教の道、貿易の道にあるだろう。

表１　東アジアの大学生による尊敬する職業ランキング

順位	日本		北京		韓国		台湾	
Sample	7870	%	1053	%		%		%
1	医者	9.9	教師	33.0	教師	13.5	教師	9.0
2	教師	3.9	医者	13.8	医者	9.9	医者	7.1
3	農業	2.8	科学者	5.0	公務員	7.1	義工	2.6
4	看護師	1.7	弁護士	3.2	経営者	3.8	警察	1.9
5	公務員	1.3	軍人	1.8	宗教人	3.3	看護師	1.8

出所）三好美浩・吉野諒三「東アジアの職業観」行動計量学第32巻第2号（通巻63号）2005年、177～189ページ。

稲の貢献は甚大なものである。世界の七〇％の食を供給している。シルク、茶、陶磁器の貢献は漢字による貢献と同じく大きい。特に稲・シルク・陶器は中国発であり、朝鮮半島を経て日本に伝わってきた。今も天皇は稲作、皇后はシルクを作っており、その文化は皇室に引き継がれている。

東アジアの人種と食文化、漢字、服・陶磁器の文化を通して明らかになったのは、その道は長い間、数千年かつ数十代における伝承を通じて実現されているということだ。二度の世界大戦を含めて、多くの人災は相互の憎しみしか生まなかった。今もその憎しみを解消するための作業は行われているが、心に残る傷は簡単に消えない。数代にわたり、その傷による痛みを超えるために、文化への共通認知を通じて友好交流を促進する必要がある。ただし、欧米への依存や、地域文化に関する認知が消極的であることなどのジレンマが依然として存在する。二一世紀になった現在も、各国の価値や指向が異なっていることや、政治信頼度の低さ、発展段階や経済水準の相違などは、東アジア地域の共通認識が築かれる際の大きな障壁となっている。

中国の漢字と文化が朝鮮半島を経由して日本にまで伝わり、三国それぞれで独特の地域文化を形成したことは、上述したように決して簡単なことではなかった。ただ単に時間が経って出来上がったわけではなく、原住民との融合、天災との戦いなど、多くの試練や壁を乗り越えて今の国家があり、隣人関係も築かれた。しかし、東アジアは同じ漢字圏で同じＤＮＡや生活様式を持ち、しかも隣国でありながら、お互いに理解できない若者が増えている。そのことに対する危機感から本章では基礎知識を浅く幅広く扱い、もう一度未来の安定した平和な社会を持続するために、自分自身の土台を再度見つめ、原点に戻り、社会の光の一員になることを期待する。

東アジアの文化を肯定的に判断することは、自国内外の新文化や異文化の価値を認め、寛容度と幸福度を高めることにもつながる。多民族や異国の隣人に寛容であればあるほど、幸せの感度は高くなるだろう。人間は誰でも精神面でも物質面でも共同の原則と価値を求めている。中華文明は朝鮮半島や日本などの東アジアに伝わったことで世界中のどの文明も代替できないものになっているが、その文化をこれからも世界で持続させるためには、東アジアの人々がその文化を自分のものであると認識する必要がある。

今日、世界で最も大きな二〇の港のうち、一七個は東アジアにあり、その中の七個は中国にある。かつて日本の神戸港、横浜港、大阪港、韓国の釜山港は世界でも上位にあり、国際貿易による物の運びだけではなく、人の交流のための運びにも大きな役割を果たしてきた。物と人の交流は、文化と価値観の交流にも繋がる。グローバル化の中、東アジアは地域として生き残り、南北の問題は少しずつ解決される兆しがある。しかし、近代国家の誕生による資源の争奪戦、国家間の紛争、経済格差、民族や宗教による差別は人類の課題として依然として残っている。戦争は人災である。戦争の残した民族や国家間の障害を乗り越え、良好な関係性へ転換するために、国家間だけではなく、民間や個人の間にも連鎖する知の構築が必要だ。

人間は生まれた時からみんな異なっており、その当たり前の違いを理解すると同時に、同じ生き者としての人間の共通点を認識し、文化や価値観を共感しながら共に明日へ一歩踏むことに大きな意義があると私は考える。差別したり、排除したりするより、心の通い合う友人になって助けあったり、幸せを分かち合ったりしたほうがはるかに良いであろう。

欧米のように「資本」を原理にしている社会より、これからは「人間」を主体にする社会の創出が急務である。なぜならば、人々は対等な立場になってから初めて相互に真の学び合いができ、相互理解も進められ、お互いに強い絆が構築されるからである。

謝辞

筆者は、寄付講演のチャンスをくださった木村朗教授およびワンアジア財団の佐藤洋治理事長に厚く感謝し、アシスタントで毎回の事務作業に頑張ってきた江山、名嘉一心、真面目に最初から最後まで出席していた私の院生袁駿にも謝意を表明する。

文末脚注

1 進藤榮一『アジア力の世紀——どう生き抜くか』岩波書店、二〇一三年。

2 世界のマネーもアジア、中国に流れていく中、その社会は巨大な変化をもたらすとともに、様々な社会問題も避けられていないのが現実である。

3 進藤前掲書、一七二頁。

4 「吉野ヶ里遺跡の紹介」を参照のこと。http://www.yoshinogari.jp/contents3/?categoryId=10

5 https://ja.wikipedia.org/wiki/ 吉野ヶ里遺跡

6 それに対して、中期には、吉野ヶ里の丘陵地帯を一周する環濠が出現する。集落が発展していくとともに防御が厳重になっている（Wikipedia「吉野ヶ里遺跡」より）。

7 大きな憤丘墓になると南北約四六メートル、東西約二七メートルの長方形に近い憤丘で、高さは四・五メートル以上あったと推定されている。頂上から墓壙を掘って一四基以上の甕棺を埋葬しているものもあり、本州の他の地域でも見当たらない（Wikipedia「吉野ヶ里遺跡」より）。

8　人々が住む竪穴住居が中心であること、当時としては極めて貴重な一部の有力者しか持つことができなかったと言われている鉄製品が数多く見つかっていることなどから、大陸からの繋がりが考えられる（Wikipedia「吉野ヶ里遺跡」より）。

9　http://www.yoshinogari.jp/contents 3/?categoryId=10

10　同右。

11　日本作物学会編『作物学用語事典』農山漁村文化協会』二〇一〇年、二一八頁。

12　水田は地方病の土壌として発した「ミヤイリガイ」による「血吸虫病」は日中協力においても有名な話がある。キーワード「地方病」（出典：フリー百科事典『ウィキペディア（Wikipedia）』）。

13　稲は綺麗な水でなければ美味しく作れないので、水の管理がとても重要である。清水を作るためには森林や環境の保護も重要になっているので、実は地球にとっても人類にとっても優しい穀物である。

14　筆者の中国にいる親戚の中でも朝鮮族が漢民族と結婚している者は多いし、日本の朝鮮半島の方と結婚したり、帰化したりした者は少なくない。

15　中国では日本から入った漢字は約三割といわれている。

16　二〇二〇年オリンピック・パラリンピックに向けて世界各国をイメージした和服を作ったのが、福岡県久留米市の一般社団法人「イマジン・ワンワールド」である。日本の伝統文化を介して「世界は一つ」というメッセージを伝える取り組み。「ＫＩＭＯＮＯ」で平和に貢献するプロジェクトである。

17　有田焼と伊万里焼の生み親は李三平であり、日本名は金ヶ江三兵衛であり、直系の一四代の子孫が作陶活動を続いている。

18　司馬遼太郎『故郷忘じがたく候』文春文庫、二〇〇四年。

19　文化は基本的に人と自然との区別のためのものであり、ラテン語の「colere（耕す）」、英語の「culture（耕作、栽培）」から教育・洗練に展開している。文化の語源からみると、紋身から紋化・文化への変化を指すが、紋は「糸」と「人」という文字の結合であり、ファッションの起源でもある。紋身の現代用語は刺青とも言うが、文化の優劣がないにも関わらず、国によって受け入れない制度もある。では、文化とはいったい何なのかについては歴史的にもさまざまな解釈がある。

20　中国は世界から優秀な人材を集めており、現在六〇万人の留学生がすでに帰国している。近年はハイテクパークの税金優遇政策も実施している。国家の科学予算は教育とリンクし、財政措置は西側がかなえないものになり、東アジアではすでに中国がトップで年間一〇二兆円である。シンクタンクは世界一、アメリカはその次の二位、日本は三位となっている。自主開発、大学の技術力、民間の技術力も強くなり、現在一部の科学レベルは実質的アメリカを抜いている。

21　韓国の企業文化定義動的集団主義の要因は、⑴文化的遺産の儒教思想（忠・仁・孝）、⑵社会的風土の濃い血縁関係、⑶企業のリーダーシップの財閥・大企業であるとされる（Yung-ho Cho and Jeongkoo Yoon 2002）。例えば、韓国社訓からは、⑴仁和・団結・共同（四六・四％）、⑵誠実・勤勉、⑶創意・創造・開発などのみる企業文化が読み取れる。韓国企業文化の特徴は、利益と情のバランス、縁故主義が強い、日本より見栄を張るとも言える。

中国消費者は、日本製品は「高品質」であると見なし、韓国の製品は「カッコイイ」と評価している。企業文化の問題は、①企業内の意思疎通、②保守的企業管理、③創造的経済にあう文化欠如、④情報共有の欠如である（Yung-ho Cho and Jeongkoo Yoon 2002）。

5章　国家と戦争：近代日本の戦争と中国の位置
――アジア共同体論構築と歴史認識の乖離を埋めるために

纐纈　厚（明治大学特任教授）

1　はじめに

本講義では、以下の六点について順次指摘していきたいと思います。

第一に、台湾出兵で始まる日本の戦争は、最後まで日中戦争を基本軸として展開されたこと。ところが、戦後アジア太平洋戦争を「対米戦争」と矮小化し、「対米敗北論」が戦後の「対米従属論」に収斂《しゅうれん》され、対アジア戦争の総括を怠ったことが戦後日本人の対アジア観念を歪なものにしたこと。第二に、戦前権力は聖断を通して戦後権力にスライドされ、その過程で昭和天皇の戦争責任が不問に付され、近代の戦争総体への責任問題をも棚上げにされてしまったこと。第三に、戦後日本は表向き自省を装いながら、民主主義・平和主義・立憲主義の体裁を整えつつ、連合国を中心とする戦後国際秩序に従属する恰好で、高度経済成長による経済大国の地位を確保したこと。第四に、その反動期を迎えている今日、「敗戦国日本」のネガティブなイメージから脱却し、日本ナショナリズムを再興し、日本独自の立ち位置を模索することで、あらためて自立した国際国家日本への脱却を志向していること（安倍首相「戦後政治からの脱却」の真意）。第五に、こうした自立志向が生み出される背景として、対中国脅威論の再生と過剰な意識化が進行していること。第六に、近代日本は戦争国家化（帝国化）一辺倒ではなく、帝国に対する立憲の運動も一貫して続いたこと。帝国と対抗する立憲の歴史を同時的に取りあげ、最後はなぜ立憲が帝国に敗北したのかを問うべきこと。それが今日的な護憲の課題にも直結していること。[1]

　もちろん、以上の課題は相互に深く絡み合ったものです。その絡み合ったものを、一つ一つ読み解くことで、本講義のテーマである「国家と戦争」の関連について考えてみます。とても大きなテーマですが、簡単に言えば、近代日本国家とは、常に戦争を発動することで、はじめて国家としての体裁や正統性を獲得する存在であったことです。逆に言えば、戦争不在の近代国家が、本当にあり得るのかという問いです。戦争を肯定しているのではありません。むしろ、私たちは戦争を不可避とする体質を持つ国家を「国民国家」の名前で容認してきてしまった、その歴史を問う必要があるのではないか、ということです。そうした問題意識をふまえて、講義を進めていきます。

　より具体的に日本の場合、とりわけ中国との戦争を近代日本は一貫して追求してきた背景には、一体どのような課題が内在しているのかを日中戦争の本質に迫ることで考察してみます。歴史認識や歴史和解の問題が議論として頻繁に登場しますが、それは近代国家が生み出す矛盾でもあるわけです。歴史認識の乖離《かいり》から戦争が生起する可能性を指摘していくと、ならば戦争を回避するためには歴史和解が不可欠であることは言うまでもありません。そのうえで、さらに重要な問題は近代国家とは、歴史認識の乖離や歴史和解の困難性を背景にして成立しているものではないか、とする私自身の考えがあります。時間の制約もあり、全てについて細かくお話することはできませんが、そうした点に注意しながらお話を進めていきます。

2　戦前日本国家とは何だったのか

最初に戦前の日本国家において連綿として続けられた戦争の事実に触れてみます。歴史年表を紐解いて戦争の事実を追っていくと、明治近代国家が成立してわずか六年後に最初の対外戦争として台湾出兵（一八七四年）があり、その二〇年後に日清戦争（一八九四―九五年）、さらにその一〇年後に日露戦争（一九〇四―〇五年）、その一〇年後に第一次世界大戦（一九一四―一五年）が起こりました。その後もシベリア干渉戦争（一九一八―二五年）、山東出兵（一九二七―二八年）、そして、アジア太平洋戦争の起点となった満州事変（一九三一年）が起き、それが日中全面戦争（一九三七年）を結果し、その日中戦争の延長として対英米蘭戦争（一九四一―四五年）が引き起こされました。

そこでは、一つの戦争が次の戦争を産み出してしまう歴史事実が明らかとなります。それで、これらの戦争に大きな特徴があります。第一には、ほとんどの戦争の戦場が中国であり、日露戦争や第一次世界大戦などを除けば、戦争相手国が中国であったことです。近代日本の生成・発展・展開の総過程のなかで、基本的には中国という存在を制圧によって克服すべき課題として設定し、交渉・軋轢《あつれき》・妥協の対象としてきました。そうした課題克服のために引き起こされたのが、長きにわたる日中戦争だったのです。しかも、最終的には侵略戦争として総決算された実態が、近代日本の国家の本質を示しています。

例えば、日露戦争（中国東北部）、第一次世界大戦（遼東半島）なども主戦場は中国及び朝鮮半島であったことから、戦争相手国と戦場は中国と朝鮮であり、対中国戦争の延長として対英米蘭戦争が生起したことを考えれば、戦前国家の「戦争」とは、事実上「日中戦争」（一八七四―一九四五年）を示し、言うならば〝日中七〇年戦争〟であったのではないか、と思います。しかし、その歴史事実が厳然とありながら、戦後日本人の多くが抱いた戦争観や歴史認識は、アジア太平洋戦争を「対米戦争」（戦後、「太平洋戦争」の用語で）と矮小化《わいしょう》することで、戦前日本国家が行った侵略戦争の性格と対象とを完全に見誤ってしまったのです。そこにおいまさに〝日米歴史認識同盟〟が成立していくことになりました。

少し時間軸を戦後にスライドさせて言えば、その〝日米歴史認識同盟〟が、日米安保体制によって固着していく戦後社会のあり様も、大変な問題を含むことになります。日米安保体制は、単に軍事同盟というだけでなく、多くの戦後日本人の歴史観をも規定する、まさに歴史認識同盟としてあります。それゆえに、例えば韓国やフィリピン、ベトナムなどで生起した反米ナショナリズムなど脱米志向が浮上しない原因となっているのではないか、と思うのです。つまり、戦保守政治を支えてきた歴史認識（植民地責任問題・靖国問題・従軍慰安婦問題など歴史修正主義・歴史否定主義等）は、まさに戦前の戦争をいかに捉えるのか、という出発点から大きく歪《いびつ》化されてしまった経緯があるのです。

もう一つ問題を指摘しておきたいと思います。それは、戦争名称に示された歴史把握の誤りについてです。良く言われる〝先の戦争〟とは、いかなる戦争を言うのか、ということです。近代日本の政治と戦争は、ほとんどの場合対中国問題であったと先に述べたのですが、日米歴史認識同盟によって担保された、先の戦争をアメリカは「太平洋戦争」と集約させたがゆえに、戦後歴史学界が到達した「アジア太平洋戦争」（日中一五年戦争＋対英米蘭戦争）論への関心が深まりませんでした。また、「アジア太平洋戦争」を「アジア・太平洋戦争」とする表記が依然として幅を利かしている現実があります。

私は二つの戦争を「・」（中ぽつ）で同格扱いとするのは間違いだと考えています。単に戦場域の違いに留まらず、日中戦争の延長として対英米蘭戦争が生起したという意味を考えるならば、それでは対アジア戦争（対中国戦争）の位置について十分な把握が出来ていないのではないか、と考えるのです。[2] つまり、戦場域が異なるからといって、「・」で同格にするのではなく、中国を中心とする対アジア戦争が対英米蘭戦争を招来させてしまった訳ですから、対英米蘭戦争は日中戦争の延長として生起したと捉えています。逆に言えば、対中国戦争が生起していなければ、対英米蘭戦争は生起しなかったということです。歴史に仮定は禁物かも知れませんが、そう推測することは可能に思います。まさに一つの戦争として捉える視点が必要なのです。

さらに言えば、日中戦争は満州事変から始まった訳ではなく、日本の台湾出兵を起点していると考えています。それで、台湾出兵から対英米蘭戦争の素因が形成・蓄積されてきたのではないか。その意味で「日中七〇年戦争」という括りによって、戦前日本が行った戦争の本質に肉迫できるのではないか、ということなのです。

今年は「明治一五〇年」という話が喧伝されていますが、敗戦の一九四五年を境にすると、一八六八年から一九四五年を「明治前期」（＝戦前）、一九四六年から現在までを「明治後期」（＝戦後）と表現することができます。そうすると、ここでいう「明治前期」とは、これまで述べてきたように戦争一色と言った印象を強く抱きます。別の表現をすると、この「明治前期」とは、まさに帝国の支配した時代であり、その先導者が軍部であった、とする総括が優先しています。そして思想傾向で言えばファシズムや全体主義、あるいは軍国主義が跋扈《ばっこ》した時代だと。

確かに、そのような側面は極めて濃厚であったことは間違いありません。しかし、この帝国の時代にも立憲主義や大正デモクラシーの時代と言われた時があったように、立憲の時代と指摘できる動きも確実に存在したことを忘れてはなりません。つまり、「明治前期」の時代にも、帝国に対抗する立憲が存在し、そこには帝国対立憲という対立の構図が繰り返し出現したことを確りと記憶すべきだということです。そのことを強調されたのが坂野潤治先生の『帝国と立憲——日中戦争はなぜ妨げなかったのか』（筑摩書房、二〇一七年）と題する書物です。

そこには帝国と立憲の抗争の時代を教訓化するためにも、戦前期デモクラシーの読み解きが不可欠とする、極めて注目すべき論点が俎上に挙げられています。

坂野先生は、立憲化の指標として、立憲政体樹立の詔勅（一八七五年）、国会開設運動（一八八〇年代）、第一次憲政擁護運動（一九一三年）、男子普通選挙法成立（一九二五年）、二大政党制時代（一九二五―三二年）、合法社会主義政党の躍進（一九三六―三七年）等を挙げられています。著作のなかで、「「立憲」化が進んだ時には「帝国」化が後退する、という事実をふまえ、「立憲」化の盛んな時には、「帝国」化が抑えられていたことは確かです」[3]と結論づけられています。立憲と帝国の対立過程から日本近代史を紐解くことで、必ずしも戦争一色ではなかったこと、帝国と立憲のせめぎ合いの過程で帝国に収斂されていく立憲の歴史総体を分析することによって、帝国の勝利と立憲の敗北という事実を確認しておく必要があります。まさしく、一九四五年の敗北が結果された近代史を総括する視点の共有が求められているのです。

帝国と立憲を対立概念としたうえで、「明治前期」の時代に一体何故に立憲が帝国に敗北したのかの読み解きが、戦後日本である「明治後期」の時代における表向き立憲優位、しかし実態としては確実に帝国の勢いが増している現状の問題を切開していくためにも大切な論点になり得ます。繰り返しますが戦前は、つまり「明治前期」は暗くて軍国主義が跋扈した時代だと断定してしまうのではなく、帝国に抵抗した立憲と、そこに集った、たくさんの有志たちが存在したことを記憶化し教訓化することが、ますます必要となってきているということなのです。

3　日中戦争の位置——清算されない対中国認識の果てに

国家と戦争を考える素材としても日中戦争は、極めて重要な分析対象です。日本の近現代史研究は、戦後において多くの優れた日中戦争研究を産み出してきました。日本がなぜ中国と戦争に及んだのかと言えば、やや教科書的な言い方をすれば、中国が市場と資源の収奪対象地域としてあったからです。総力戦段階にあって、日本が自給自足国家として成立するためには、中国支配が必要でありました。中国の内政の混乱もあって、その隙間を衝くような恰好で、最初は中国東北地方（満州）を皮切りに、最終的には中国全土を制圧して、日本の統制下に置こうとしたのです。市場と資源の収奪対象地域という意味での、経済的要因が第一であったことは言うまでもありません。

しかし、ここで強調しておきたいことは、戦争の主導者が日本軍部や日本資本であったとしても、総力戦段階に入っている当該期にあって、何よりも国民・世論の戦争肯定感情や戦争支持が不在では、総力戦は戦えません。そこには、積極的であれ消極的であれ、戦争を支持した日本人総体の意識や感情が存在したことは否めません。そして、その根底には、日本人の対中国認識において、近代日本成立以来連綿と続いた歪な中国認識が根底に存在したことも、繰り返し指摘する必要があります。

当時、昭和天皇や政治戦争指導部の中国認識は、どのようなものであったのか。一例として、ここに昭和天皇の発言を紹介してみましょう。昭和天皇は長引く日中戦争に嫌気がさしたのか、側近に「日本は支那をみくびりたり、早く戦争を止めて、十年ばかり国力の充実を図るが尤も懸命なるべき」[4]とか、「自分は支那事変はやり度《た》くなかった。それはソヴィエトがこわいからである。且つ、自分の得て居る情報では、始めれば支那は容易のことでは行かぬ。満州事変の時のようには行かぬ」[5]とする本音を吐露しています。日中全面戦争開始後、三年余にして勝敗の帰趨を予測していたのです。対ソ連戦争に向け資源確保地あるいはソ連攻撃の軍事拠点としての中国を制圧する計画が破綻した状況に、落胆の感情を露わにしつつ、その一方では中国戦線での局面打開の方策として対英米蘭戦に踏み切ることになりました。まさに、日中戦争の延長としての対英米蘭戦争へと突き進んだのです。昭和天皇は、当該期において最も中国情報を入手し得る立場にあった人物です。それでも中国の抗戦能力を低位に見積もっていたのです。

それでは一般の民衆の対中国感情や戦争への反応は、どうだったのでしょうか。戦後、映画評論家として有名になった佐藤忠男（一九三〇年生まれ）は、「大東亜共栄圏とは、日本の主導の下でアジアがひとつの経済ブロックとしてまとまって、その城内の貿易だけで繁栄してゆけるようにしよう、という考えた方です。『資源も少なく人口の多すぎる』この国としては、その大東亜共栄圏というのがないと移民も寒い満州ぐらいにしか出来ないから、南方進出も必要だろうな。そうか、そのためにはやっぱり、アメリカ、イギリスとは戦わなければならないのか。そんな気分が、日中戦争の泥沼化していつ終るとも分からなくなってきた頃から徐々にたちこめはじめていたのです。」[6]と回想しています。

「大東亜共栄圏」というと言葉は綺麗だが、何となく侵略の本音を美しい言葉で隠している偽善なのではないか、それがいかに空虚な言葉だと想像し得ても、そこに理想やある種の期待感を抱いてしまった当時の空気が強く漂っていたことは間違いありません。それが現在にも転写されていないか、と思います。

ここで少し強調しておきたいのは、その歴史の実像が当時の時代状況と現在の時代状況との、ある種の類似性が指摘可能ではないか、ということです。それゆえにこそ、アジア論に内在する侵略思想の抽出と解体の論理構築の必要性を認識し、これをどう構築していくかについて繰り返し問題としなければならないと思います。そうでない限り、今日至る所で噴出している侵略思想や、新たな形態をともなって立ち現れるファシズムあるいは国家主義への対抗の論理を生み出していくのは困難ではないか、と思います。

依然として払拭されない「大国意識」や「帝国意識」が、新国家主義的要素を孕んだ国益主義に結びつくとき、かつてのような排外ナショナリズムの色彩を帯びた、あらたな侵略思想に行き着く可能性は多分にあるように思われてなりません。経済発展著しい中国という、あらたな「大国」を「脅威」とみなし、これへの対抗措置として、アメリカへの依存を図りながら、再び軍事主義や国家主義の流れに身を任せようとする、危うい時代となっているのではないか。このような時にこそ、歴史を読み返す不断の努力が求められているように思われます。

4　日本人は中国・中国人をどう捉えていたのか

少し横道に逸れてしまいましたが、あらためて、戦前において戦争相手国であった中国や中国人に日本人は概してどのような認識を抱いていたのか検討しみましょう。現在まで続く日本人の中国認識や感情に触れる場合、紹介したいと思ったのは、社会派作家として著名な五味川純平氏の発言です。

それは、「よくいわれるように、対中国戦争はズルズルとはじまり、拡大し、ついに敗北した。その敗北も、国民の意識では、米英ソに負けたかもしれぬが、中国には絶対に負けなかったという信仰を失わせはしなかったと思う」[7]という部分です。中国人には「敵」意識さえ不在であったとする指摘です。つまり、後進国中国への長年にわたって培われた蔑視感情あるいは差別意識や、中国と中国人への憎しみの前に、中国への憐れみの感情が、「敵」意識すら派生させなかったのではないか。「敵」意識の不在性が南京事件や「三光作戦」（焼き尽くす、奪い尽くし、犯し尽くす）という残虐な事件や作戦を生み出したのではないか、との思いに繋がっていきます。

さらに、五味川純平氏は、「もし、日本は中国にこそ負けたのであり、中国大陸で負けたからこそ太平洋でも負けたのだということを、事実と実感をもって、全国民的規模で確認していたら、戦後のわれわれの政治・思想運動の状況はいまと非常に違うものになったに相違ないのである」[8]と述べています。「中国に敗北した」という歴史事実をかたくなに受け入れようとしてこなかったことは、日本と日本人の戦後における対中国認識や対アジア認識を決定づけているのです。

「日本は誰に負けたのか」の問いに、「アメリカに負けた」とする安直な解答で、それ以上に深く問うことを回避してきたことは、私たちが歴史から何も学ばなかったに等しい行為として見られることになります。それは歴史を封印する行為という他ありません。その封印を解き、そこに埋もれたままの歴史事実から、あらためて歴史の教訓を引き出す行為のなかで、歴史を活かす努力が求められていると思います。

戦後日本は「アメリカに敗北」したと総括し、そのアメリカから先の戦争を「太平洋戦争」と呼称することを命ぜられた経緯があります。そこでは中国を筆頭とするアジアとの戦争（＝対アジア侵略戦争）の歴史事実が歴史認識として希薄化・忘却化されていきました。そこから戦後日本は二度と敗戦の憂き目に遭遇しないために、世界最強の軍事国家アメリカに従属する道を選んだ（あるいは選ばされた）と言えます。

日本が中国に敗北した理由は客観的な数字で示すことができます。配布したレジュメに具体的な数字を記しておきましたが、中国本土に展開した日本軍兵力数[9]について言えば、年を経るごとに日本陸軍総兵力数が増大していますので、数が増えても比率が下がる結果となります。重要なことは、一九四四年段階で中国戦線と南方戦線とで投入兵力数の逆転が起きます。一九四五年には中国戦線が南方戦線より三四万人も多いことに注目して下さい。すなわち、日本は長期戦となった中国戦線で戦力及び国力の消耗を強いられ、それを弱体化していったことです。最後的にはアメリカ軍の戦力及び原爆投下によって最終的な敗北を結果しますが、その敗北を原因は中国戦線で形成・蓄積された歴史事実をふまえる必要があります。

兵力数の問題だけではなく、中国戦線に投入した軍事費も重要です。一九三一年の陸海軍省費と徴兵費の合計は、四億六一二九万八〇〇〇円（国家予算一四億七六八七万五〇〇〇円の三一・二％）、一九三七年には三二億七七九三万七〇〇〇円（国家予算の六九・二％）、一九四一年には一二五億三四二万四〇〇〇円（国家予算の七五・七％）[10]でした。それで、一九四一〜四五年までに中国戦線に投入された軍事費総額は、四一五億四一〇〇万円（同期間に占める軍事費支出の五七％）、その一方で南方戦線での合計は、一八四億二六〇〇万円（同二五％）でした。軍事費支出の面からみても、対中国戦争に事実上の対米戦争であった南方戦線に投入された軍事費の二倍強を投入していたことになります。いかに中国戦線の比重が大きかったかが知れるのです。

こうした数字からみてもアジア太平洋戦争と敗戦の総括の恣意的な誤りが、戦後日本の進路をも歪なものにしてきたのです。その歪さは平和憲法によって表面化することを封ぜられてきましたが、今日その歪さが憲法改悪論議のなかで露呈する状態にあります。私は、これを〝平和憲法綴蓋《とじぶた》論〟として説明しています。現在、憲法「改正」の動きのなかで、この綴蓋が取り外されようとしており、同時に日中戦争を中心とするアジア太平洋戦争の歴史事実が、今後一段と歪曲化（歴史修正・歴史否定）される可能性が出てきたことに注意を払う必要があります。それゆえに、現在的な視点に立って、日中戦争の意味を問い直す必要があるのではないかと思います。[11]

5　アジア太平洋戦争の評価

最後にアジア太平洋戦争の評価について述べておきます。

「日中一五年戦争＋太平洋戦争（対英米蘭戦争）」を、私は「アジア太平洋戦争」と呼称すべきではないかと主張してきました。「アジア太平洋戦争」の呼称は、「日中一五年戦争」や、「アジア・太平洋戦争」などと異なり、日本の対アジア侵略戦争と帝国主義諸国間の戦争である対英米戦争との接合性を重視した視点を強調しています。ただし、「太平洋戦争」の呼称は、日本敗戦後にGHQの通達によってそれまでの「大東亜戦争」に代わり、使用が義務づけられたものであり、その結果、特に先の戦争が「対米戦争」であるという矮小化を招くことになったのです。[12] また、「侵略戦争」として認識する青年層の存在と国内メディアの過剰なまでの侵略戦争否定論（歴史修正主義・歴史否定主義）の存在は本当に深刻な問題です。[13]

アジア太平洋戦争と最終的には植民地獲得のための戦争であり、近代日本の戦争自体が植民地獲得戦争（台湾出兵＝台湾植民地化の先鞭、日清戦争＝朝鮮半島、日露戦争＝中国東北部、第一次世界大戦＝中国東北部・遼東半島進駐、第二次世界大戦＝東南アジア・南太平洋諸島など）でありました。特に、対英米蘭戦争については、「南方経済施策要綱」（一九四〇年八月一六日 閣議決定）の「基本方針」には、「一、南方経済施策ノ目標ハ支那事変処理上並ニ現下世界ニ生成発展ヲ見ツツアルブロック態勢ニ対応スル国防国家建設ノタメ皇国ヲ中心トスル経済的大東亜圏ノ完成ニアリ」と明確に示したうえで、その施策の目的はより具体的には「皇国ノ軍事的資源的要求ヲ基礎トシ」としています。[14] また、「南方占領地行政実施要領」（一九四一年一一月二〇日、大本営政府連絡会議決定）において、日本の戦争目的は、「大東亜共栄圏」あるいは「大東亜新秩序」の建設及び「自存自衛」に置かれましたが、それは表向きの戦争目的であり、事実上の戦争目的は、「占領地ニ対シテハ差シ当タリ軍政ヲ実施シ治安ノ恢復、重要国策資源ノ急速獲得及作戦軍ノ自活確保ニ資ス」[15]とし、ボーキサイト・錫・石油・ゴム・タングステン等重要戦略資源を獲得にあることを明確にしています。

そうした事実をふまえて今回の講義を今一度整理すれば、以下のようになろうかと思います。

第一に、アジア太平洋戦争の総括の誤りです。日本政府及び国民の多くが、アジア太平洋戦争における日本の敗北原因を英米との兵站能力や工業能力の格差に求め、アジア民衆の抵抗運動や反日ナショナリズムが実際上の敗北の原因であったことに無自覚であったこと。第二に、台湾・朝鮮の植民地支配責任の不在性です。冷戦構造を背景に台湾では蒋介石による国民党支配が長年続き、韓国では一九六一年五月一六日、朴正煕少将の率いる軍事クーデターから始まる三〇年近い軍事政権により、台湾や韓国の人々は開発独裁型の政治体制下にあって、日本の植民地責任を問う声が事実上封殺され続けたことも背景にあります。第三に、天皇と軍部主導による戦争、国民不在の戦争であったことです。〝天皇による天皇のための戦争〟とは正木ひろし弁護士の証言ですが、正木は「実は朕の身の安全のために宣戦し、朕の身の安全のために降伏したと見るできである」[16]と指摘しています。

帝国敗戦を〝終戦〟とする読み替えの真意について言えば、敗戦の総括を回避し、価値中立的な用語である〝終戦〟と表現することで戦争責任の曖昧化を意図しています。「八月一五日」を「終戦」、戦死者を「戦没者」とする表現も同様の〝効果〟を発揮しています。私は、「『敗戦』の言葉から発する屈辱感を忌み嫌う心情からか、また、『敗戦』は歴史事実に正確ではなく、大日本帝国が目指したアジア解放の理想が頓挫したに過ぎない、という思いからか」[17]と書いています。

〝終戦〟という昭和天皇の聖断を美化し、戦後の平和創造の功労者として確定していく作業が企画され、国民意識への刷り込みに成功していきます。具体的に言えば、「大元帥の天皇」から「背広の天皇」への変身、すなわち天皇制の再創造・再生のための法的表現としての「象徴天皇制」の登場です。

帝国日本の戦争を〝聖断〟によって浄化することによって、アジア太平洋戦争が「天皇の　天皇による　天皇のための戦争」（正木ひろし）という本質を隠蔽し、天皇の戦争責任を封印したこと、戦前の天皇制権力の戦後への温存と復権を果たしたこと、戦後天皇制の存続と正統性の確保に成功したこと、天皇制に内在する反民主主義・反人権主義を覆う外皮としての役割期待が今日まで継続されていること、など戦後の政治秩序まで規定し続けている聖断の役割にも関心を持って欲しいと思います。現在においても天皇制賛美論・受容論を醸成する根源の一つとしての政治的機能を発揮し、同時的に戦前と戦後の連続性を担保する結果になっているのです。

文末脚注

1　帝国と立憲の対抗関係については、坂野潤治『帝国と立憲――日中戦争はなぜ妨げなかったのか』（筑摩書房、二〇一七年）を参照。
2　呼称の問題については、纐纈「日中戦争八〇年から考える」『週刊金曜日』第一一四七号、二〇一七・八・四、三六―三九頁を参照されたい。なお、纐纈がこの呼称を最初に論文で使用したのは、「アジア太平洋戦争」（由井正臣編『近代日本の戦争五　太平洋戦争』吉川弘文館、一九九五年）であった。
3　坂野潤治前掲書、八頁。
4　「小倉庫次侍従日記　一九四一年一月九日の項」『文藝春秋』二〇〇七年四月号。
5　同右「小倉庫次侍従日記　一九四二年一二月一一日の項」。
6　「大東亜共栄圏のまぼろし」『草の根の軍国主義』平凡社、二〇〇七年。
7　五味川純平「Ⅱ　精神の癌――日本人と対中国戦争」『極限状況における人間』三一書房、一九七三年。
8　同右。
9　第一復員局編『一五年戦争極秘資料　支那事変大東亜戦争間動員外史』復刻版、不二出版、一九八八年。
10　大蔵省財政史室編『昭和財政史』東洋経済新報社、一九五五年。
11　本章は、纐纈厚『「日本は支那をみくびりたり」日中戦争とは何だったのか』（同時代社、二〇〇九年）をベースにしている。なお、本拙著は、中国で《何为中日战争》（商务印书馆、二〇一二年）と題して翻訳出版されている。この他にも纐纈は『領土問題と歴史認識』（スペース伽耶、二〇〇九年、中国では『领土问题和历史认识』として三聯出版社から二〇一四年に出版）などを出版し、また戦後における日中歴史認識問題については、遼寧師範大学での講演「中日外交正常化后两国间历史问题的现状与课题～通过〝融和、共生、相互合作〟克服过去与展望未来～」（二〇一五年一二月三日）など中国各地の二〇大学以上で講演・議論を深めている。

12　呼称は、纐纈厚「アジア太平洋戦争」『十五年戦争史三　太平洋戦争』（青木書店、一九九〇年）を参照。

13　これに関連してジョン・W・ダワーは、日本人の多くは先のアジア太平洋戦争は侵略戦争だと認識していると指摘する。「いまのほとんどの日本人もまた、この一五年戦争は侵略戦争だったとみとめている。外国メディアがくりかえし、日本人右翼の見解を強調する結果、日本には戦争にたいする真摯で批判的民衆意識があると想像する余地もなくなってしまうために、このことは日本人以外の人にとっては、驚きと思えるかもしれない。」（外岡秀俊訳）「第三章　愛されない能力」『忘却のしかた、記憶のしかた』（岩波書店、二〇一三年、一一三頁）。

14　「南方経済施策要綱」には、この他に「二、南方各地帯、地域ノ経済施策ノ軽重緩急ハ左記ニヨル。イ、仏領印度支那、泰国、緬甸、蘭領印度、比律賓、英領馬来、英領ボルネオ、葡領チモール等ノ内圏地帯ノ施策ニ重心ヲ置キ、英領印度、濠洲、新西蘭等ノ外圏地帯ハ第二段トス。ロ、各地域ノ施策ハ皇国ノ軍事的資源的要求ヲ基礎トシ内外ノ情勢ヲ顧慮シテ緩急ソノ序ニヨリ適宜之ヲ行フ。三、南方経済施策ニ当リテハ之等地域ニ皇国政治勢力ノ扶植ニ努ム。」など日本の南方攻略作戦の目的が赤裸々に記されていた。同史料は、国立公文書館所蔵『公文別録八七』（ゆまに書房、一九九七年、二五九―二六五頁）に収載されている。

15　参謀本部編『杉山メモ』（上巻、原書房、一九六七年、五二六頁）。

16　正木ひろし『近きより――戦争政策へのたたかいの記録』（弘文堂、一九四六年、四〇二頁）、昭和二一年一月再刊第一号。

17　纐纈厚『日本降伏　迷走する戦争指導の果てに』（日本評論社、二〇一三年、六頁）。

6章　沖縄戦の教訓と東アジアの平和

石原昌家（沖縄国際大学名誉教授）

1　はじめに

沖縄住民は、一九三一年の「満州事変」を起点とした十五年戦争における沖縄戦においては、被害者としての側面からその体験が語られてきた。しかし、帝国日本の「大東亜共栄圏」というアジア全体からその歴史体験を見ていくと、アジア・太平洋（ミクロネシアなど）の民衆に対しては、沖縄の人も皇軍兵士として加害者としての立場も浮き彫りになって見えてくる。しかし、琉球沖縄人としての歴史体験をふまえると、日本本土民衆とは異なった側面も見えてくる。それらの点を見ていく。

そして、沖縄戦の教訓については長年の聞き取り調査や旧日本軍の関係資料等をふまえて、その核心部分について述べていく。

最後に、本講義のテーマの「東アジアの平和」については、尖閣諸島をめぐる緊張関係が生じているので、その具体的解決に向けて「沖縄の平和創造と人間の尊厳回復をめざす一〇〇人委員会」の準備会で作成した緊急アピールは、私たち（比屋根照夫、石原昌家、上里賢一、高良鉄美）が原案作成して、四人の賛同者を得て世界に発信したアピール文なので、それを紹介することによって、本講座主催者の意図に応えたい。

2　旧浦添村（現浦添市）の軍人・軍属の戦死状況（戦死地）

『浦添市史第五巻　戦争体験記録』（浦添市役所、一九八四年）の執筆にあたり、浦添市の援護課が保存している個人データで、軍人・軍属の戦死者数と戦死地を地図に記していったところ、結果的に、日本のアジア・太平洋諸島の侵略図といっても過言ではない地図になった。

沖縄住民も帝国日本のアジア進出・侵略とは無縁でなかった地図である。

旧浦添村（現在市）の軍人・軍属一一五五人（うち不明一〇人）中での沖縄を含む日本以外での戦死地と人数は、中国大陸六一人、海南島三人、台湾五人、バシー海峡四人、インド一人、ビルマ五人、インドシナ三人、マレー半島二人、インドネシア三人、ボルネオ三人、フィリピン八八人、パラオ一五人、ペリリュー八人、ハワイ・オアフ一人、サイパン四八人、テニアン一〇人、グアム二人、トラック一人、ヤルート一人、タラワ三人、ラバウル三人、ブーゲンビル四九人、ニュージョージア一人、ニューギニア一二人、その他の南洋諸島九人、ハバロフスク一人、その他の海上七人である。日本本土・その近海や沖縄・南西諸島以外の戦死地とその人数をみていると、皇軍兵士などとして各地に派兵されていたことが判明した。

3　沖縄出身兵士のアジア体験

中国の影響下にあった琉球に、一六〇九年に薩摩が侵攻以降「日支両属」の下におかれた琉球王府が、一八七九（明治一二）年に明治国家によって「琉球併合（廃藩置県）」された。以後、日本への同化・皇民化政策が、琉球沖縄人へとられていった。

石原昌家「沖縄出身兵士のアジア体験」（『朝日百科　日本の歴史一一九号』一九八八年七月）では、琉球沖縄人が皇軍兵士としてアジアでの戦場体験について述べている。その中から特徴的な個所をピックアップする。

沖縄独自な中国人への思い

「支那（シナ）に行っても、（沖縄県人だけの場合）みんなウチナーグチ（沖縄語）でした。支那人は、わたしたち県人に対して、琉球ということで、ある親しみをもって接してきましたね。ウチナーグチを教えたりして仲良しになったものです。作戦の場合には、同胞とケンカしているようで、戦闘意欲がにぶったものでした」（『那覇市史』）

だから、皇軍の南京大虐殺に象徴される、数々の筆舌に尽くし難い残酷な行為に加担させられたり見守ったりすることは、沖縄出身兵士にとって、とりわけ身を切られるような体験であることが少なくなかった。

皇軍兵士となった中国人子孫の苦悩

それは、筆者が聞き取りした次の証言でも明らかである。

「中国で作戦中、私の部隊の兵士が一人便衣隊（ゲリラ）にやられたので、その掃討作戦だということで附近を捜索したら、山中に約六十名の老幼男女が住んでいる集落を発見しました。かれらがそれを手引きしたはずだと判断して、沖縄出身兵士を含む約三十人の小隊は、住民を皆殺しにすることにしたのである。しかも銃で殺したら、弾が惜しいので全員手斧で殺害することにしました。」

そこで筆者が沖縄出身兵士とその虐殺行為との係わりを尋ねたところ、

「私達沖縄人は、あんな恐ろしいことを、とみんなそこから逃げましたよ。戦友に久米村（クニンダムラ）出身がいたので、沖縄方言で、『あんたがたの父祖の地でこのようなことをしているが、どう思うのか』と囁くと、『（自分が中国人の子孫だと知られたら大変だと思い）しっ、そんなことを聞くな！』と顔をしかめました」

ということだった。

加害者の立場の沖縄人

ところで、南方における体験は、中国大陸におけるとそれとは若干異なっている。

昭和一二年からパラオ諸島のペリリュー島で海軍省の飛行場建設に従事していた体験者が次のような証言をした。

「当時、島民は人間のうちに入っていないから、日本人が島民を殺しても五円納めたら無罪になると言われていました。それをわかっているから、沖縄県人はケンカして島民を殺しても五円納めればいいということでした。」

この証言で明らかなように、沖縄戦では沖縄県民の被害の側面が浮き彫りになるが、南方ではその県民も加害の側に立っている。この証言者も昭和一九年（一九四四）五月に沖縄に引揚げて沖縄戦に巻き込まれていった（被害住民の立場になった）のである。

海外でも沖縄人スパイのうわさ

東南アジア各地で転戦中の日本軍に沖縄戦の情報が伝わったとき、沖縄出身兵士には他府県出身兵士と異なった反応が現れた。

「沖縄出身の兵士達の中で、近親者の安否を気遣う者がいて半狂乱に暴れたり、上官に発砲しようとしたり、帯剣を抜いてわめくなど、鎮めるのにてこずった。沖縄はどうなるのだ！」「俺達を早く沖縄に返せ！」わめくそのかげでよくぞ言ってくれたと、と思ったりした」（『那覇市史』）。

ところが、他府県出身兵士の中には、沖縄人がだらしないから敵を上陸させたのだとか、沖縄人がスパイしているといった風評をたてる者もいたのである。

被害者から加害者の立場に立たされた沖縄人

サイパン島で日本軍の飛行場建設に従事していた沖縄県人軍属の証言は、受難の島沖縄を象徴するものであった。彼は、昭和一九年六月にサイパンで米軍の捕虜になるや、自分たちが建設した飛行場で（米軍の）爆弾積み込み作業をさせられた。

「収容所では、二世が戦況の模様をずっと放送していたし、毎晩戦争のニュース映画をみせられました。米軍の硫黄島爆撃、特になつかしい我が郷土の島が浮かんできたと思うとそこに爆弾の雨を降らせる場面を、身を切られる思いでみせられました。昼、自分たちが積み込んだ爆弾が、ウヤファーフジ（親兄弟）の国をたたくのだと知りながらも、その仕事をせざるを得ない捕虜生活は、本当につらくて毎晩泣いたものです。」

戦後、米軍は嘉手納飛行場から朝鮮、ベトナムに投下する爆弾の積み込み作業に（沖縄）住民を使った。彼らの中には軍作業員として再度その仕事に（サイパンでの爆弾積み込み作業同様に）従事した者もいたかもしれない。

4　フィリピン移民と海南島での軍属生活

あまりにも生々しい証言なので、とくに中国の方、同胞が殺された方にとっては、目を背けたくなる、残酷すぎる内容である。

この証言は、複数証言であり、証言者の顔写真付きで、しかも、その息子さん（大学での同僚で高宮城繁英文学科教授）が「親父の体験をぜひ記録してほしい」と言って紹介されたものである。

ここでは、沖縄人軍属としては、直接、中国人を殺害していないが、虐殺の場を「見学」していたという点では、「同罪」の気持ちがあり、証言することによって、「罪滅ぼし」の気持ちがあったように思えた。

また、沖縄人の中にも中国人を殺害した人物が存在していたことも証言している。

その赤裸々な証言に目を背けずに向き合うことが思い出したくない体験を語った証言者と殺された人たちの存在を記憶に止めていくことになろう。

海南島における日本軍の中国人虐殺事件については、聞き手の石原と高宮城実盛さん、屋良朝松さんの証言をそのまま記述していく。（　）内は聞き手の石原が補った。

凄惨な虐殺現場を目撃した沖縄人軍属

（高宮城実盛さんは、昭和一四年、フィリピンのダバオに移住しているとき、沖縄から母危篤の電報が届き、沖縄へ引き揚げてきた。そのとき、中国の海南島への移民の大募集があったので、それに応募することにした。屋良朝松さんは、大東島へ出稼ぎにでていたが、そこから帰郷してまもなく、海南島への軍属移民に応募した。海南島では、防波堤の建設作業や燐鉱を掘って船積みする作業であった。全国から約二〇〇〇名の作業員が軍属として働いていた。島内には、陸軍・海軍・設営隊の兵士・軍属の男性のために「連合慰安所」が設置されていた。）

高宮城　海南島も事件はありましたよ。便衣隊（民間服で偽装したゲリラ兵の意味）が、支那の本国から（海南島へ）牛を捕りにきたのです。日本軍は、かれらの行動を始めから密かにみているけれども、船一杯に積んで、沖合に出た所を船も牛も人も諸共に全部捕まえて引っ張ってくるのです。見張り人が双眼鏡でちゃんと見張っていて、無線で連絡をとって捕まえるのです。

――船は出て行ったのに、それを引っ張ってくるというのは、どんなふうにですか。

高宮城　船を出させておいてから、沖合で日本軍が周囲を取り巻いて、銃を突きつけた形で誘導してくるわけ。三〇名あまりでした。

屋良　その時が一番多く殺されたね。

高宮城　三〇名余りの便衣隊をトラックから運んできて、穴掘って、一人一人そこに座らして、銃剣でやるのもいるし。しかし、男の人ももう、その穴の前に引っ張ってこられたら、歩けなくて、足もガタガタ手もガタガタしておる人もおればね。また、すぐ海は近いから、海の方に二人を（わざと）逃がしてね。海に入ったところで一斉射撃するのです。それは遠く離れても海が血で赤く染まるので、当たったのはすぐ分かりますよ。

――これは、だいたい何名の人が目撃していますか。

屋良　たくさんいるよ。

高宮城　兵隊が、軍属も首斬りがあるから皆行ってみなさい、というんだからね。それで沢山の人がみにいって、ぎっしり詰まっていたよ。
屋良　しかし、見に行ったら、穴の手前で斬るから、穴の向かい側で座ってみていたら、返り血を浴びるんですよ。水鉄砲のように（血が）跳ねるんです。こっちで斬ったら。
高宮城　首斬ったらね、大きい血管から血が砂に穴を開けるんですよ。穴開けるくらい血は出るからね。
屋良　向かい側には座れませんよ。（死体が入る位の）穴を掘ってあるでしょう。その前にひざまづかせて、そして首斬ると、すぐにスットンと穴に落ちるんです。
高宮城　穴に落ちる時、血がすぐ飛び出るからね。
――みんながそれを取り巻いて見物しているわけですね。
高宮城　向かい側では、血が飛んでくる恐れがあるので、一方で見ることができるんです。
――中国人は、悲鳴をあげるんですか。
高宮城　誰も悲鳴をあげないね。しかし、女がね、こうしてそこに座らされたら、自分で後れ毛をこう持ち上げてね、首をこうして斬らす女もいましたよ。（便衣隊に）女も混じっていたよ。
屋良　うちは、女がいる時は見ていないですね。
高宮城　男は度胸なかったね。女が度胸は上だった。いざという時は。こうして、後れ毛を持ち上げて、首を長くしてこうして（ひざまずいて）座っているからね。斬りやすいよ。
屋良　昔、首斬りの時、刀に水をかけるでしょう。あれとまったく同じですよ。斬りにくくなると、水を軍刀にかけ、それで斬ってからまた水をかけて、手では全然触れないのです。
高宮城　人数が多いもんだから、軍属も希望者は刀を貸すから斬りなさい、というのでひとり出ていって斬ったけれども、斬り損なったね。こっち（喉頭部）から斬ってね。それでも穴に落ちたからね。しかし、まだ死んでいないから兵隊が、上から銃剣でブスブス（刺して、息の根を止めた）。

屋良　兵隊が、君たちは大根も切れないかといいよったよ。

高宮城　また、（座っている）後ろから突くから、ちょうどこっち（心臓）に剣先が出ているひともおればね。また、こっち（背中）の骨に当たってね。突き落としておる人もおったけれどもね。二、三間離れて勢いをつけて飛んできて突き刺すから。

屋良　陸戦隊の兵隊がね。僕たちにも斬れ、斬れ、という。

――この場合、みんな目隠しをしてやっているのですか。

高宮城　目隠しはやっています。

――ほんとうに悲鳴ひとつあげないのですか。

屋良　悲鳴は全然あげないよ。

――覚悟を決めているからですか。

虐殺を目撃した時の心

高宮城　しかし、その時は可哀そうという気持ちはなかったですね。戦争だから。

――何か動物でも殺すみたいな感じでみているのですかね。みんなは。

屋良　僕は、最初の時に（兵隊が中国人を）連れて、やれ！と言って斬る恰好をするもんだから、もう怖くなってすぐ逃げました。

高宮城　私は最後まで見た。
屋良　しかし、どうしても一度は見ておかないと、と思って高宮城さんに一緒に行ってくれと頼みこんで、二回目は全部終わりまでみたんですが、最初は見れんかったですよ。二回目は、一二、三人を斬りましたが、二、三日飯が喉を通らなくて、二度と見る気はしませんでした。

戦の時は、人間が変わってしまい、普通ならかわいそうに見えることでもまったく少しも同情しません。それはもう戦のせいだよ。

――一回ではなくて、何度もそのようなことがあったんですか。

屋良　何回もあったよ。
高宮城　二、三名、四、五名ずつ（首斬るのは）たくさんあったね。
屋良　こっちに穴掘って、また次はこっちに穴掘ってという具合に。
高宮城　二、三名斬るときは、行ってみなさいとは言わなかったからね。かれらの場合は、スパイということでした。
屋良　ちょっとしたことでも、簡単に首を斬りましたよ。兵隊は。

「良民証」と沖縄人の中国人殺害事件

日本軍は、中国の占領地で「平定」地域の住民に対して「良民証」を発行していた。海南島でも、それを持っていない中国人が捕まえられたのである。

海南島での防波堤工事では、常に軍隊が警戒しながら作業を続けていた。毎朝、作業員がトラックで出発する時、先頭には運転台に機関銃を据えつけた陸戦隊のトラックが誘導し、一〇〇名以上の作業員が作業を続けている間は、危険だからということで、七名程の兵士が一日中見張り台で警戒していた。そして中国人の車が通過するたびに武装兵が、その中身を点検していた。また、認識票と同じ「良民証」を持っていない中国人は、有無を言わさないで、スパイとして捕まえて首斬りをしていった。平定された地域では、各部落に「村長」がおり、その村長が同じ中国人でも「良民証」を持っていない場合は、日本兵に引き渡すほどであった。引き渡されたら、どんな言い訳も聞かないで、スパイとして首斬りをしていった。

だから、「良民証」を貰ったら、仕事も探せるし、大手をふって道を歩けるので、喉から手が出るほど欲しがっていた。それを持っていない人は、貰えない理由があるから持っていないということになるのである。

ところで、「良民証」を所持していても中国人はまったく安全だったわけではない。老女が、沖縄人軍属に殺害された事件が発生している。

沖縄人軍属の中国人殺害事件

高宮城　海南島民の人の命は安かったですよ。お婆さんが、軍属にたんぼに突き飛ばされて、死んでしまったのですが、五円だったかを支払ったら、それっきりです。

しかも、村長の母親だったんですがね。いい村長でした。

屋良　いや、三〇円だった。それだけでそのままです。しかし、軍が三〇円払って不良召喚されました。（殺害者は）うちの野砲あがりの班長で、しかも読谷村出身の沖縄人だったんです。部落に行って酒飲んで、酔っぱらって帰る時に、そのお婆さんと出会って、多分、（お婆さんが）怖いから避けようとしたので、いきなり殴りかかったのではないですかね。具志川出身の自分の部下も靴をはいたまま、足で顔を殴っているのをみたことがあるくらい乱暴者でした。

高宮城　戦中、読谷村で石運搬しているのを一度みかけたことがあるが、あの人は酒を飲んでいなくてもおっかない人でしたから、良い体格の頑強な奴だったので、（お婆さんは）逃げないと大変と思ったんでしょう。

（高宮城さんは、昭和一六（一九四一）年後半、屋良さんは一七年四月に帰国することになった。）

以上の体験証言で見てきたとおり、十五年戦争において、アジアの民衆に対して沖縄の人も加害者としての立場にいたことは明白である。

5　沖縄戦の教訓

沖縄戦とは、帝国日本の皇軍（天皇の軍隊）による「国体護持（天皇制を守る）」の戦闘だった。それは、日米最後の地上戦の沖縄戦に突入する前一九四五年、昭和二〇年二月一四日に昭和天皇の側近、近衛文麿元首相、天皇に直接進言していることで明らかである。その「上奏文」では、すみやかに、終戦工作をするにようにと「上奏」している。その理由は、ロシア（ソ連）が次々と東ヨーロッパの共産化を進めており、日本の敗戦に伴って起きる、共産革命が恐ろしい。共産革命が起きたら天皇制が廃止される（天皇は戦争責任を取らされて極刑にされる恐れがある）。今であれば天皇制は、連合国はどうやら維持してくれそうだ。だから、一刻も早く終戦工作をして、天皇制をそのまま存続させましょう――というような意味の進言をしている。ところが、昭和天皇は、「もう一度戦果を挙げてからではないとこの話は難しいと思う」と受け入れなかった。その翌月、一九四五年三月二三日から米軍の沖縄上陸前空襲が始まった。

沖縄の日本軍（皇軍）は、アメリカ軍の本土上陸を遅らせるために「出血持久・捨石作戦」をとった。そして沖縄全島陣地化、住民の戦場動員を強いたので、地上戦闘に巻き込まれた住民には、一家全滅など多くの戦争死没者が出た。

住民の沖縄戦から得た教訓は、軍隊は住民を守る存在ではない。それどころか、軍隊は軍事作戦とか軍隊自身の保身のため、自国民を直接殺害したり、死に追い込んだりする、ということであった。それは日本軍が、一九四四年夏、兵舎を準備しないままに沖縄に移駐してきたために、軍自ら信用できないと断言している沖縄住民と雑居せざるを得なくなり、国家の最高機密である軍事機密を、その住民に知られてしまったことに原因があった。

住民は自然に部隊の編制、動向などを知ってしまっただけでなく、陣地構築にも駆り出されたので、兵士同様に軍事機密をことごとく住民は知ってしまったのである。それによって、沖縄の日本軍は兵士同様に住民にも敵に投降を絶対に許さないという方針をとっていった。その結果、日本軍は住民をスパイ視、非国民視して直接殺害したり、死に追い込むという情況が形成されてしまったのである。

6　東アジアの平和のために

沖縄戦で北緯三〇度以南の琉球列島で展開した南西諸島防衛を担った第三二軍が、本土防衛の最前線として展開していった。そして宮古八重山の先島守備軍、沖縄（本島）守備軍、奄美諸島の奄美守備軍が、それぞれ全島陣地化することによって戦闘態勢がとられていった。当初は、第三二軍は、特攻基地として位置づけられていた。帝国日本が大東亜共栄圏構想のもとアジア各地を占領していったが、米英軍の反撃にあい、戦線が日本本土へ迫っていくのを防衛するための軍事基地として、琉球列島は「捨て石」にされたということである。

戦後、一九七二年「日本復帰」、旧日本軍にかわる自衛隊が、まずは沖縄本島に配備され、安倍自公政権のもと、与那国、八重山、宮古へ、戦前同様、琉球列島の軍事化が推進されている。このような状況のもとで、次の資料は、尖閣諸島問題が発生したとき、四人で共同討議して賛同者を得て、緊急アピールとして、発信した内容である。それは、鳩山友紀夫元総理大臣の「東アジア不戦共同体」論と連動する内容といえよう。

沖縄を中心とする琉球列島が東アジアの平和にとって、具体的な方策について、研究仲間（上里賢一琉球大学名誉教授、比屋根照夫琉球大学名誉教授、石原昌家沖縄国際大学名誉教授、高良鉄美琉球大学教授）と二〇一三年一月に以下のような、共同討論した結果をまとめた。

尖閣諸島（中国名：釣魚島、台湾名：釣魚台）を日本・中国・台湾の共存・共生の生活圏にするために

提言：

一．尖閣諸島問題を決して日中の軍事的緊張の火種にしないこと。日本国憲法の精神に基づいて、話し合いで解決するという原則に立ち、ねばり強い対応をすること。軍事基地の重圧を跳ね返そうと闘っている沖縄住民は尖閣諸島の軍事化を望みません。非武装化して日本・中国・台湾の共存・共生の生活の場、友好のシンボルとすること。

二．尖閣諸島問題は、日本の過去の中国侵略、アジア植民地化の歴史と深く結びついている。日本がその歴史を深く反省し、再び中国・アジアと軍事的緊張を作らない決意を示すことが大切である。「歴史認識」問題をめぐる日本・中国・台湾三者間の真摯な学術的討議をすること。

三．「領土問題は存在しない」（日本政府の見解）と突き放すのではなく、日本・中国・台湾でそれぞれの主張の根拠を出し合い、広く国際的に開かれた場で議論すること。尖閣諸島海域における突発的事件を防止するため、日本・中国・台湾三者の協議機関を設置すること。

四．日本・中国・台湾のいずれも、「固有の領土」論に固執しないこと。排外的で非妥協的なこの概念を持ち出すと、その途端に対話の道は閉ざされる。尖閣諸島の日本の領有宣言以前と以後の歴史的経緯を踏まえ、冷静で客観的な対話のできる環境の創出に努めること。

五．領土問題については、日本・中国・台湾の間には意見の違いがあるが、これを対立の火種にはしないこと。アセアンの教訓にならって、意見の相違は残したまま、話し合いで解決していくことを日本と中国・台湾で確認すること。

六．漁業資源、海底資源の共同開発・共同利用について、中国、台湾と話し会う機会がもてるよう働きかけること。台湾の馬英九総統が、日本と話し合う用意のあることを表明しているが（二〇一二年九月一六日　朝日新聞）、これも現在の閉塞状況を打開する契機にすること。

七．尖閣諸島問題について、日本、中国、台湾の研究者による共同研究を進め、学術交流を活発にすること。そのためにも、まず国内において歴史・政治・法律・安全保障・地理・海洋・生物・資源開発・国際法等幅広い分野の学際的な研究の場を構築すること。

7　おわりに

一九七二年の「日本復帰」後、米軍基地のうえに、自衛隊基地が加わり、軍事基地沖縄は、ますます「こどもたちの未来」を暗澹《あんたん》たるものにしている。とくに、安倍自民党・公明党政権の下で、自衛隊の「南西シフト」とやらで、与那国島、石垣島、そして宮古島や奄美諸島への新たな自衛隊の配備は、一九四四年三月二二日に創設された、南西諸島防衛軍と称してもよい「第三十二軍」を彷彿《ほうふつ》させる。まさに、沖縄戦の再来を予感させている。その当時と異なるのは、日米で軍事基地沖縄を強固な砦化しようとしていることである。

辺野古での新基地建設のため自衛艦・海保・機動隊がさまざまな場面で姿を現して、新基地建設阻止の住民を弾圧している。本土民衆の大きな支えを受けながら、沖縄戦の生存者や米軍基地の沖縄を体験してきた子どもたちがいまや定年退職して、子や孫たちに二度と苦難の道を歩まさないようにと、「辺野古ゲート前」で工事車両をストップさせるために座り込みを継続している。それが原因で多くの高齢者が命を落としている。

それこそ命をかけた闘いが、いま自民党・公明党政権にむけて粘り強く続いている。それはひとえに「子どもたちの未来」を、明るく輝かしいものにするためである。

折しも、沖縄の地元テレビは、北中城村の川柳愛好家がつくる「北中城三水会」の天賞は、那覇市の大兼久公枝さんが辺野古での座り込み活動をもとに平和への思いを詠んだ句のが選ばれたことを伝えている。

「子を思う　命削って　座り込み」

が、その句である。

7章　沖縄の自己決定権と東アジア共同体

新垣　毅（琉球新報記者）

1　はじめに

「沖縄」と言いますと、いろいろな観光地、沖縄の料理とか海水浴を楽しみにされる方も多いと思うのですが、その明るい側面の反面、基地問題とか戦争の歴史などもあって明暗があります。明るいところばかりに目を向けて、果たして暗いところ——住民の奥深い精神性や生活の部分——に眼差しがちゃんと差し向けられているのかというのが、東京にいる間、ずっと私は関心ごととして見ていました。

沖縄の暗い部分には政治家でも目がいかない。非常に閉塞状況にあると思いますが、今日は、前半に沖縄の非常に暗い話をしまして、それを打開し、明るい展望を開くためになぜ自己決定権が必要かと、少し前向きな話を、後半にできればと思っております。

私は今、沖縄に関して風当たりの強い部分があると思います。沖縄の方たちの認識では、二重の差別というものが沖縄に降り注いでいます。一つは国土面積のわずか〇・六％の面積しかない沖縄に、七割の米軍専用施設が集中している。これはあまりにも不平等ではないか。そういう数字に表れるような、基地集中、基地負担、基地押し付けという物理的な差別が沖縄にはあるということです。

もう一つは、近年の話ですが、排外主義あるいは人種差別というような沖縄へのヘイトスピーチ、あるいはヘイトクライムが起きています。辺野古のテントが壊されたりするなど、認識論的な差別が物理的差別に加わって襲いかかっているというのが、沖縄では非常に大きな風当たりとして感じられているのです。

2　沖縄が抱える負担

「沖縄問題の本質」は基地の機能強化と永久固定化

まずは沖縄で何が起きているかについてお話します。

物理的な部分から入っていくと、高江のヘリパッド建設や、辺野古の海上埋め立てと基地建設に対して、沖縄県民が反対しているという現状があります。

なぜ反対をしているのでしょうか。

理由の一つに、日本政府が認識している「負担」と、沖縄における「負担」の認識があまりにもかけ離れていることが挙げられます。沖縄県の主張では「沖縄には日本の国土の〇・六％に七割もの米軍基地がある」という風に数字を用いるものですから、政府は普天間飛行場（四八〇ヘクタール）から辺野古基地（二〇五ヘクタールを予定）というように面積的な縮小を主張し、安倍首相が好きな印象操作、国民に対して負担軽減をしているような見せかけを一生懸命にやっています。

二〇一六年一二月には、ヤンバルの自然豊かな、北部訓練場のジャングル訓練場の北半分（四〇〇〇ヘクタール）を返還しました。確かに沖縄本島に占める米軍基地の二割くらいの大きな地域ですので、沖縄の本土復帰以来最大の返還だと大々的なセレモニーが行われ、日本政府は負担軽減に貢献していますとＰＲするわけです。本土のメディアも政府の発表をそのまま流して、反対住民の声を拾ってそれで終わりという報じ方をしています。沖縄の人たちが問題や負担だと考えている本質的なことが、ほとんど議論されず、発信もされないということが今の首都圏、本土全体のメディアの問題としてある。

結論から申しますと、「沖縄問題の本質」は基地の機能強化と永久固定化であると思います。負担軽減という政府の美名の名の下で、実は新たな基地が開発されているということです。沖縄で基地を返還すると政府が言った場合、必ず二つの条件が付きます。一つは代替施設を沖縄県内に造ること。もう一つは最新鋭の兵器に対応した施設を造るということです。代替施設を沖縄に造り、それが最新鋭であるということは耐久年数が長くなるので、沖縄を主眼で見た場合、半永久的に沖縄は基地の島になるという宿命性を負わされてしまうという側面があるといえます。

ではその負担の本質を除去するのが政府の策だろうと思われるのですが、基地返還に際しては、必ず県内に代替施設を作ることを条件にしています。例えば高江のヘリパッドに関して言いましょう。北部訓練場の半分を返すと日米が合意したのは一九九六年の話です。なぜ合意できたのでしょうか？

実は、北部訓練場はベトナム戦争を想定した訓練場です。要するにジャングル戦争です。今のテロ戦争含めて、ジャングルにおいて海兵隊が戦争で活躍するなんてほとんどありません。どちらかというと都市型です。恩納村では都市型訓練施設があり、そこでは活発に訓練をやっていますが、北部訓練場はもう必要ないということでアメリカ側は返還に合意するわけです。

二〇一三年にアメリカの報告書が発見されて、そこには北部訓練場の北半分は使用不可能地域だと書いてありました。もし日本政府が本当に沖縄の負担軽減と言うなら、米軍が「使用不可能」と言った時点で返還させるべきではないかと思うのです。でもずっと塩漬けにしてきた。なぜならこの南半分にヘリパッドを造らないと北半分を返還しないという条件がある。これが高江におけるヘリパッド建設問題です。

高江の村には住民一五〇人ほどが住んでいます。この集落を囲むように六つのヘリパッドが造られました。しかも最新鋭のオスプレイが離着陸できる仕様だったということも後で判明しました。これが北部訓練場北半分返還の条件でした。高江にヘリパッドができるまでは返さないというのが政府のやり方だったわけです。ずっと日本政府はそれを隠し続けてきましたが、アメリカに対する情報公開請求で明らかになりました。このようにアメリカは、沖縄県内に代替施設ができるまでは基地を返さないわけです。

二〇一三年のアメリカの報告書には、新しいヘリポート基地を開発するとも書いてあります。考えてみれば、辺野古に普天間の基地が移設されれば、ここもオスプレイ基地になるわけです。普天間飛行場には二〇一七年現在二四機のオスプレイが配備されていますので、その機体も含んだ一大ヘリポート開発地域を辺野古につくりたいという思惑がアメリカにはあることが分かったのです。

高江には六つのヘリパッドができました。二〇一六年六月の時点では、二つのヘリパッドができていました。現地のオスプレイの離着陸の訓練によって学校の児童生徒が睡眠不足に陥りました。沖縄県の教育委員会の調べでは、二〇一六年六月から七月の二か月間で睡眠不足が理由で休んだ生徒は八人、最大九日間学校を休む児童もいました。そのくらい激しい訓練が行われています。

オスプレイ

今日沖縄が抱える負担はたくさんありますが、象徴的なものとしてオスプレイと女性に対する米兵のわいせつ事件、この二つに特化した話をいたします。

普天間飛行場には二四機のオスプレイが配備されています。普天間飛行場の周囲には住宅があって市街地があって、アメリカのラムズフェルド国務長官が「世界一危険な飛行場だ」と言ったために、日本政府もこの普天間の危険を除去することが最優先だと言っています。

オスプレイは他のヘリコプターとどこか違いますよね。どこが違うか分かりますか？　――プロペラが二つあります。そのプロペラを前に傾けると飛行機になるのです。だから早く遠くへ飛べるというのが軍事上の利点とされている輸送機です。

ところがこのプロペラが二つあることが、大きな構造的欠陥と言われています。プロペラが二つあるということはエンジンも二つあるということで機体全体が非常に重い。さらに普通のヘリコプターは、エンジンが停止したとしても、自然の風圧でプロペラが回ってなるべく軟着陸する機能（オートローテーション機能）が付いています。しかし、これがオスプレイには付いていない。ということはオスプレイは機体が重いうえにオートローテーション機能が付いていないので、エンジンが停止したり、トラブルになった場合にはコントロールが効かず、ストーンと真下へすぐに落ちるわけです。それがもし住宅地の上空だったらどうなるのでしょうか。

名護市で二〇一六年一二月にオスプレイが墜落しました。それを日本のメディアは「不時着」といまだに伝えています。それは、米軍が不時着と発表したからです。それを防衛省は鵜呑みにして、しかも鵜呑みにする以外ない。なぜなら検証できないからです。したがってメディアも発表を鵜呑みに、横並びになっている状態です。

ところが『琉球新報』と『沖縄タイムス』は「墜落」と書きました。米軍側はなるべく事故を矮小化したい。「不時着」と発表しても、我々は今までの取材の蓄積で分かるわけです。だから現場を見て自分たちで判断して書くんです。事故は「墜落」です。ＣＮＮを敵視しているトランプさんが唯一信望しているアメリカの保守系メディア「ＦＯＸ」も「クラッシュ（墜落）」という表現を使いました。

一九五九年、沖縄県の宮森小学校に米軍機が墜落し、一八人の児童らが亡くなりました。そういう事故がまた起きないとは限らないのです。言ってみれば沖縄に七割以上の米軍基地が集中しているということは、それだけ日本の主権が及ばない治外法権の矛盾が沖縄に集中しているということです。物理的な差別と言われているのは面積の話ではなくて、住民の命や人権に関わるような、事故が起きたらいつどういうふうに被害が広がっていくか、それを国が政治や行政の責任者としてただせないという問題があるわけです。

女性に対する暴力

今の普天間・辺野古移設問題の発端は、一九九五年の少女乱暴事件でした。沖縄本島中部に住んでいる小学校六年生の女の子が、近所の文房具店に文房具を買いに行く途中に海兵隊員ら三人にさらわれて輪姦されるという痛ましい事件でした。これを機に沖縄では八万五〇〇〇人の県民集会が開かれ、大田知事が少女に詫びるのですね。行政の長として少女の人権を守れなかった責任は私にありますと表明します。

それが普天間飛行場移設問題の発端です。沖縄の不満が爆発しそうなのでガス抜きしないといけないといい、日米が普天間飛行場の返還に合意した。ところがふたを開けてみると県内移設が条件として含まれていた。今辺野古に着工している県内移設も、阻止行動によって遅れているわけです。辺野古の基地ができなければ普天間を固定化しますよという声も政府内部にある、そういう構造の中で何も状況が変わっていない。

二〇一六年四月、二〇歳の女性が元海兵隊員にレイプされて殺害されました。事件がまた起きてしまった。やるせない気持ちになるのですが、米兵による性被害を調べている団体があります。一九四五年の沖縄戦当時から六七年間に発生した沖縄で起きた米兵がらみのわいせつ事件を調べている団体がありまして、合計三五〇件くらいあります。これは親告罪ですので恐らく氷山の一角だと思われますが、とりあえずこの三五〇件を手掛かりに発生場所ごとに私が地図に落としたのがこの円グラフがある地図です。

第3部 課題と展望

軍隊、犯罪の温床

未来築く 自己決定権 戦後70年 差別を断つ ○○1

戦後70年間、生活脅かす

危険の所在

1995年11月、米兵3人による少女乱暴事件に抗議して活動を始めた「基地・軍隊を許さない行動する女たちの会」のメンバーを、一人の男性が訪れ、証言した。「小学生の娘が米兵に強姦された。長年、家族だけの秘密にしていた」。85年秋ごろの話という。県内の米兵による性犯罪の多くは闇に葬られたままだ。把握されている件数もごく一部。復帰前は統計すらない。メンバーは米兵による性犯罪の調査に乗り出した。

新聞や書籍、琉球政府文書、証言などを基に1945年4月以降、米兵による性犯罪を調べ、冊子にまとめた。最新の2012年までの67年間で確認できたのは約350件。それでも「氷山の一角」とメンバーは推測する。

発生市町村が確認できた310件のうち、最も多かったのが那覇市の63件、次いで沖縄市55件、うるま市46件、宜野湾市22件などと続く。これらの統計から、ある傾向が見えてくる。

発生地は広範に及び、特に人口密集地で多く起きている。基地の有無に関係なく米兵が動き回り、事件を起こしている。近年は那覇でも住居侵入や強盗致傷事件などが相次ぐ。事件は、いわば住民と〝同居状態〟といえる。復帰前の暴行・暴行未遂のほとんどは加害米兵の処罰の有無が不明で、迷宮入りも多い。

戦後70年間、沖縄の住民は、朝鮮戦争、ベトナム戦争、湾岸戦争など米軍の戦場と隣り合わせの生活が続いてきた。そのたびに米兵犯罪が多発、凶悪化し、米軍関係事故も増え、住民の命や人権が侵害されてきた。「基地のない平和な島」という住民の切実な願いがないがしろにされてきた結果だ。沖縄の自己決定権の否定によって個々人の生活が脅かされてきたといえる。

95年の少女乱暴事件に抗議する10・21県民大会で、8万5千人（主催者発表）が基地の整理縮小や日米地位協定改定などを訴えた。戦後連綿と続いてきた米軍による人権侵害と決別したいとの意思表示、いわば〝自己決定〟への叫びだ。

あれから20年。県民の要求はいまだ実現にはほど遠い。県警によると、復帰後、2013年までに米軍人・軍属・家族の刑法犯は5833件に上る。殺人・強盗・放火・暴行の凶悪犯は570件にも上り、人権侵害は続く。「軍隊がいる限り事件はどこでも起こり得る。基地移設ではなく、軍隊の撤退を要求すべきだ」。女たちの会の高里鈴代共同代表はこう断言する。（3面に続く）

（編集委員・新垣毅）

◇　◇

辺野古新基地問題の原点に立ち返って沖縄の自己決定権の視点から展望するとともに、自己決定権行使のシナリオを考える。

図1　戦中・戦後の米兵による強姦・強姦未遂事件の傾向『琉球新報』より

那覇市では、米兵による住居侵入などもすごく相次いでいます。那覇市は今、オートロック式の高層マンションがいっぱい建っていますが、そういうところによじ登って入ってくるのです。日頃から人殺しの訓練を激しく受けている、サイボーグみたいな身体を持った人たちなので、オートロック式だろうと何だろうとよじ登って入ってくるわけです。そういう意味では、怖い。ちなみに沖縄の基地に駐在している約七割が海兵隊です。兵力でいうと六割です。後で少し述べますが、海兵隊が多いというのも沖縄の基地の特徴であり、負担が大きい原因の一つなのです。

つまり、沖縄県内に新しい基地を建設して移設している間はずっと事件は繰り返されるということです。抜本的に基地を減らすか、あるいは抜本的に兵力を減らさない限り、また事件が起こります。ところがいつも県内移設を条件に基地を押し付けてくるので事件は無くならない。今後もおそらく続くでしょう。

3　日本政府が欲する米軍基地

軍属の明確化よりも地位協定の抜本的改定

二〇一六年の四月に沖縄県うるま市で二〇歳の女性が殺されたとき、政府の関係者は「最悪のタイミングだ」と言いました。なぜならその後に日本での日米首脳会談、サミットが控えていたからです。安倍首相に対して翁長知事は二つの要求をしました。一つは日米地位協定の抜本的改定、もう一つはオバマ大統領に直訴させてくれと。ところが最終的にはゼロ回答でした。

急遽安倍首相はオバマ大統領との首脳会談の最初に一五分の時間をとってこの事件の話をし、一応抗議したというポーズをとります。オバマさんは抗議されたという意識はあまりなかったようです。表情ひとつ変えずにポカーンとしていました。謝罪の言葉もありませんでした。なぜ安倍首相がそのようなことをしたかというと、翌日からオバマさんが広島を訪問するという歴史的なニュースが全国的に流れることが分かっていて、これで沖縄問題は終わらせたいという印象操作、そのための段取りでした。案の定、ほとんどのメディアは広島の話ばかりを報道し、沖縄の話をしませんでした。

その後、日本政府は日米地位協定の運用の見直しのようなことをやっています。うるま市の事件では犯人が元海兵隊の「軍属」だったので、日米地位協定で保護される対象となる「軍属」の明確化の作業をしているのです。この作業について、官房長官が「非常に画期的だ」と発表するので、それをメディアがそのまま流したわけですが、実際には、いまだに軍属の数を正確に把握できていませんし、どの範囲まで日米地位協定を適応するかという議論は確定されていません。

そもそも軍属の明確化というのは沖縄から求めた話ではありません。沖縄が求めたのは地位協定の抜本改定です。なぜなら事件を起こして米兵が基地のフェンスの中に逃げ込んだらアメリカ本国まで逃げ通せるという言説が米兵の間で流布していて、彼らは地位協定で守られていることをよく知っている。フェンスの中に入ってしまえば、日本の警察は第一次逮捕権がない。アメリカの海兵隊は、「ハワイのようなエキゾチックな沖縄で楽しい徴兵生活を送りませんか」というような募集広告を見て沖縄にやって来ます。米兵の中には「本国でできないことを沖縄でやるんだ」と言っている人もいます。

厳しい訓練を受け、イラク戦争やアフガン戦争などに赴くわけですから半分精神状態も厄介な状態で沖縄に来て、そのストレス発散の場を沖縄の女性に求めていくというところがあるわけです。地位協定で自分たちが守られている特権なのだという意識を無くしていかなければいけない。それが沖縄の要求であるにもかかわらず、軍属の明確化という、非常に枝葉みたいな議論を日本政府はやっている。

海兵隊を沖縄に集中させている理由

日本政府は沖縄の負担軽減について、このように面積さえ減れば負担軽減しているかのように見せかけていますが、辺野古への基地移設の内実は、基地を新しくリニューアルするということなのです。つまり、老朽化した基地を今の最新鋭の兵器を使える戦争形態に合わせていく。沖縄の基地をそういうふうに半永久的に使っていくという姿勢が見え隠れするのです。それが本質的な負担の問題の一部としてあると思います。

北朝鮮が怖いから、中国が怖いから、沖縄は我慢しなければいけない。それが日本の安全保障だ、しかも沖縄は地理的に優位性があるとかそんなことを言っていますが、果たして本当でしょうか。言ってみれば、何か中国との間で起きた時に米軍というウルトラマンが日本を助けてくれる、そのウルトラマンの住居が沖縄だと日本国民の大半が考えているかもしれません。

ベトナム戦争では枯葉剤が使われ、爆撃が行われました。そして「テレビゲームウォー」と言われた湾岸戦争の時には、空爆が花火やテレビゲームのように見えた。空爆でほとんど戦争の情勢が決する。生き残りを掃討するために、後から海兵隊が殺しに入っていく。しかし今の時代はミサイル戦争の時代で海兵隊は後退しました。だから北朝鮮の核ミサイル実験にこれだけ神経を尖らせている。日本にはすでにパトリオット・ミサイル（ＰＡＣ３）がありますけれども、もっと高性能のミサイルを配備するために、民・官・軍が一緒になって開発するという方向性がにわかに注目されています。あるいはアメリカからミサイルを購入するかもと言われています。トランプさんは営業がうまいですからね。韓国はＴＨＡＡＤミサイルを高額で購入する話になっています。

日本政府には、海兵隊を沖縄に集中させている他の理由があるはずです。これは二つあると思います。

一つは人質です。政府は「尖閣有事」を安全保障環境の発火の一つとして宣伝しています。だからこそトランプさんが当選した時に安倍首相が五〇万円のゴルフのバッグをプレゼントして、何とか日米安保第五条（「日本国の施政の下にある領域における、いずれか一方に対する武力攻撃」に「共通の危険に対処するよう行動する」）を適用してくださいよと言う。何度も言ってアメリカに確約させるわけです。尖閣有事の際にまず対応するのは、軍事的なガイドライン上では自衛隊になっています。まず自衛隊が戦わなければいけない。その後米軍が参戦することになっています。日本政府としては米兵に血を流させることを考えていると思います。しかしアメリカ国民は自国民の血が流れることに非常に敏感です。あの太平洋戦争の始まりとされた真珠湾攻撃が起こるまでは、アメリカは日本との開戦に消極的でした。ところが自国民の血が流れたパールハーバーを機に一挙に戦争へと雪崩れていく。そしてご存知のように「９・11」同時多発テロ事件でも同じことが起きました。イラクに生物破壊兵器があるかないかは関係ないのです。自国民の死に報復をするわけです。そういう国ですから、米兵に血を流させるということが参戦の、要するにアメリカを日本の戦争に引き込むアイテムだということを日本政府はよく知っています。

ちなみにアメリカは日本に安保五条の適用を約束する一方で、中国にもいい顔をして「領土問題には干渉しません」と言っています。尖閣問題について、日本政府は領土問題が存在しないという立場ですが、中国は存在するという立場です。それを尊重しているアメリカは領土問題に干渉しないと言っている。そういう話を日本のメディアは報道しない。両方にいい顔をすることによってアメリカは東アジアに介入し、プレゼンスを高め、自国の国益を高めているわけです。この状況をもう少し冷徹に見ないと、本当の脅威を見誤る可能性があるわけです。米軍の保守層、右寄りの人たちから安倍政権が非常に評価されているのは、米軍をつなぎとめているからです。米軍の血を流させるというのが、沖縄に海兵隊をとどめる理由の一つだと思います。

もう一つは、海兵隊が自衛隊への家庭教師としての役割を果たすからだと思います。

憲法九条を変えようという動きも、あるいは二〇一五年に成立した安保法制が目指すのも、要するに日米の軍事的一体化です。これを成し遂げるためには、自衛隊をアメリカ兵と一緒に海外で戦争できる兵士に育て上げなければならない。

沖縄の米軍基地の特徴の一つは海兵隊が多いことと言いました。もう一つの特徴は、海域も含めて訓練地域が膨大にあるということです。アメリカ本国では環境基準などをクリアーできない訓練を、わざわざ沖縄に来てやるわけです。二〇一六年九月には、海兵隊のハリアー戦闘機が沖縄の米軍訓練水域で墜落したように、沖縄の海域ではたくさんの米軍機が墜落しています。日本復帰以降、二〇一八年一一月までの沖縄県内での墜落事故は五〇件にも上り、復帰後、年に一機以上墜落している計算になります。それほどに沖縄は訓練基地としても利用されている。これも大きな負担です。

4　沖縄の自己決定権

経済は基地に依存していない

日本のメディアや政治を貫いているのは日米関係至上主義だと思います。日米同盟日米関係こそが最大の国益でありそれに背くような沖縄県、基地反対運動をする人たちはノイズ（邪魔者）だとみなす。インターネットを見ると、「反日」「国賊」などのレッテルを貼っていく状況が見られます。

日本を船にたとえると、日本丸の船底に二つの穴が開いている。一つは歴史認識、もう一つは世界観です。この二つが欠けているからこそ、こうしたヘイトが蔓延してしまう。それを市民の力で止められない、そこが今の日本丸の弱さだと思います。

例えば、高江で機動隊員が沖縄の人を「土人」と呼びました。沖縄に関しては、誤解と偏見がものすごく暴走しています。典型的なのは「沖縄は基地で食っているから基地がないとやっていけない」という偏見です。確かに沖縄は、米国の統治下にあるときは基地への経済的依存は三〇％くらいあったと言われています。総県民所得に占める基地収入の割合は、一九七二年の本土復帰の時点では一五％くらいでした。二〇一二年度の最新の数字では五％まで減っています。

一方で北谷町美浜というところや、那覇市の新都心は、元々米軍施設だったのが返還されて、今ではものすごく発展しています。米軍基地があった時と比べて、経済効果が二八倍、雇用が七二倍、税収は三五倍に増えました。この二〇年間ほどで、基地があった方が経済効果が上がらないということを、県民は自分たちの生活の中でまざまざと見せつけられたわけです。

二〇一四年の県知事選では、翁長雄志さんが相手候補に約一〇万票の大差をつけて当選しました。相手の仲井眞弘多元沖縄県知事は、沖縄では経済界のドンです。翁長さんはそれに対し、基地は経済発展の最大の阻害要因だと言って、県民の支持を得て当選したわけです。沖縄が基地に依存していたのは、もう三〇年、四〇年前の話です。

国際人権法による自己決定権

そういう暗い状況ですが、打開する考え方の一つとして「自己決定権」という国際法に定められた概念があります。それをキーワードにしたキャンペーン報道を、二〇一四年五月から二年くらいやりました。

自己決定権とは、国際人権規約のＡ規約（社会権規約）、Ｂ規約（自由権規約）で定められている人権です。国際人権規約は一九六六年に採択されましたので、当時は冷戦下でした。社会主義諸国の人権の価値観を反映したのがＡ規約で、Ｂ規約は自由主義諸国のそれです。

ところが自己決定権というのは、Ａ規約もＢ規約も第一条に位置付けられます。人権で一番大事な権利として位置付けられている。自由主義諸国であれ社会主義諸国であれイデオロギーなど関係ない、これこそが人権で一番大事な権利なのだと位置付けられています。なぜそれが一番に位置付けられているかというと、集団の自己決定権が侵害されるとその集団を構成するメンバー、たとえば地域の住民や個人の人権が侵害される可能性が極めて高いと考えられるからです。

沖縄にたとえてみましょう。沖縄は米軍の基地の整理縮小、あるいは撤去を訴えています。沖縄の集団としての自己決定権が無視されているからこそ、女性がレイプされたり個人の人権が侵害されている事態が起きている。これはまかりならない。これだけ政府が強硬な姿勢を見せ、本土の世論は沖縄に関して冷たい。「これではどうしようもない」と考えた翁長知事は、沖縄の県知事として初めて二〇一五年九月に国連の人権理事会に参加してこう訴えます。沖縄の自己決定権と人権が侵害されている、と。

これだけ政治やメディアが劣化し、沖縄の本質が伝えられない状態で、国際世論あるいは国連の外圧を利用しないとなかなか打開できないという認識にまで沖縄は達している。逆に言うとそれくらい追い詰められている。国際的な連帯を通して沖縄問題をとらえ直していこうという動きの一つのキーワードとして、「自己決定権」というのが出てきたということです。

この国際人権規約第一条の「自己決定権」を通してアフリカや東南アジアの国々が独立していったという歴史はあります。ところがこれは独立ありきの条項ではありません。国際法学上は二つの意味合いがあると言われています。一つは「内的自決権」。つまり、国家の中でマイノリティの人たちの自己決定権を尊重するような政策を国が保証しなさいということです。ところがこの内的自決権を政府が保証せず、どんどんマイノリティを痛めつけ、内的自決権も侵害されまくった。その場合にはしかたないから、もう一つの解釈である「外的自決権」を行使してもいいということになります。つまり、独立です。これが現行の国際法で考えられている自己決定権の考え方です。

内的自決権は考えてみれば自治権に近いかもしれません。今の日本を見てください。地方分権などと言いながらいまだにそれが進まない。「超中央集権社会」――それどころか官邸が金も人事も握っているという極度のピラミッドの先の尖った中央集権になって、一時期、全国の知事の八～九割を自治省（現総務省）出身者が占めたりしたのです。今はそこまではありませんが、それでも官僚出身が七割くらいを占めるわけです。そうすると地方自治体は政府の外郭団体になってしまいます。原発問題にしても、政府にたてつく自治体があまりいないのです。沖縄は米軍統治下で「世界一」と言われる米軍と闘ってきた特殊な歴史を経てきた。そういう背景があって政府にきちんとものを言う政治風土が培《つちか》われたのかもしれないなと思います。

沖縄の植民地化されてきた歴史を告発

言ってみれば、沖縄は国防の道具にされてきた歴史があります。一八七九年に「琉球処分」という日本からの併合を受けた後も、日本帝国の南の関門として防波堤政策の下、軍備が進められます。山縣有朋氏が進めていきますが、防波堤にされた結果が沖縄戦ですね。あれは本土決戦の時間稼ぎのための捨て石と言われたように沖縄が陥落したことに対して中央は騒ぐわけですが、結局、広島・長崎まで大きな被害を受けます。戦後、沖縄は米軍の統治下に置かれるわけですが、その時は反共防衛の要石にされました。共産主義諸国に対抗するための軍事基地として利用され、防波堤になった。

そして冷戦が終わります。冷戦が終わったら、中国や北朝鮮が脅威だと、あるいは中東まで、沖縄に駐在する米軍基地の戦略は世界まで広がっていく。世界の基地全部が無くなったり、核が無くなったりするまで、半永久的に沖縄に基地が存在する戦略が続けられているわけです。

一方で、植民地主義からの解放のために「自己決定権」が行使されてきた歴史があります。この概念で世界的に自己決定権が尊重されてきたという国際的な潮流があるのです。この潮流に乗ろうという新しい動きがあって、翁長さんも国連にも行ったわけです。

「琉球処分」を国際法上に位置付けてみましょう。一八五〇年代に琉球も日本も国際法上の主体であったならば、この「琉球処分」は国際法のルールに則ったものなのでしょうか。国際法学者によると、違反あるいは不正ということができるそうです。国の代表者への強制の禁止という国際慣習法でルール化されていたものに違反するという。明治政府軍・特殊警察五百人あまりが琉球の王様がいる首里城を包囲して、無理やり「明日からあなたたちは沖縄県だ」と通告するわけです。

なぜ百何十年前の話を今するのでしょうか。今さらと思うかもしれませんが、一九九三年にアメリカのクリントン大統領（当時）は、国会の決議に謝罪のサインをしている。当時から一〇〇年前、一八九三年にアメリカがハワイ王国を併合したのは間違いでしたと謝ります。謝罪の決議にサインしているところです。なぜならイギリスなどと国際条約を結んでいたハワイ王国も国際法上の主体と認知されていて、アメリカによる併合が不正だったことを認めてサインをしている。

それと同じようにオーストラリアのアボリジニとか台湾の先住民族の人たちの権利をきちんと見直し、不正に対して謝罪するという潮流が世界的にあります。二〇一六年八月には台湾の蔡英文総統が元々住んでいる少数民族たちへ謝罪をし、彼らの生活を向上するための委員会を設立しました。

このように世界的には、マイノリティや元々住んでいた人たちの権利をもう一度尊重していく潮流があります。沖縄も元々琉球王国だったわけですから、その時に主権を保持していたわけです。一八五四年にアメリカとの間で結んだ琉米修好条約などがその証です。主権国家として国際的に認知されていた時代があった。

その土地に元々住んでいた人々を、英語で「Indigenous peoples」と言います。日本語では先住民と訳されていますが、その土地に住んでいたという意味です。沖縄の人が民族的に日本人かどうかということは、一義的には関係ありません。元々そこに住んでいたということで、マイノリティとして権利主張ができるわけです。国連人権規約には沖縄の植民地化されてきた歴史を告発する糸口がある。

東アジア交流の懸け橋に

なぜ沖縄では自己決定権の主張に到達したかというと、やはり憲法を求めてきた背景や、日本復帰運動を強く推し進められてきた歴史があるからです。

戦後すぐには、「私たちは日本人である」という意識のもとで、子が母親の元に帰るように自然の権利として、アメリカの異民族支配を許さないという民族主義的な復帰運動がスタートするわけです。

ところが一九五〇年代に「銃剣とブルドーザー」によって米軍基地を作るための土地接収が起こる。民間人の土地が奪い取られるということは、ものすごく大きな人権問題です。アメリカ本国でも問題になり、日本本土でも『朝日新聞』が最初に取り上げました。最初に「沖縄問題」と言われたのは、朝日新聞が報道した土地接収の問題です。これで人権意識が芽生えるわけです。

一九六〇年に「沖縄県祖国復帰協議会」が結成されますが、彼らは憲法への復帰を明確に打ち出します。人権侵害が目の前で起きて、さらに朝鮮戦争やベトナム戦争の出撃基地になる。これは沖縄にとっては苦痛になる。なぜなら沖縄戦を経験し、自分たちは平和を希求しているからです。ですから、平和主義を謳《うた》い人権を保証している日本国憲法がものすごく輝いて見え、この下に復帰しようという運動が強まっていく。

六〇年代後半になってくると、ベトナム戦争が泥沼化していきます。それに対してベトナム反戦運動という国際運動が大きなうねりになります。国際運動と復帰運動が連帯するようになり、沖縄が求めている平和が国際的なものだということを復帰運動の中で位置付けていく。ここで言われるのが「反戦復帰」です。

沖縄の戦後の歴史は、最初は、民族主義で始まった復帰運動が、日本国憲法で定める権利を求めるようになり、ひいては世界的な平和を求めるようになる。そうした権利要求の高まりというものがあります。米軍統治下の時代、沖縄の住民運動は、労働権とか自治権は憲法が適応されていませんから、米軍とたたかって勝ち取るしかない。だから激しい運動で勝ち取っていく「権利獲得闘争」という側面があるわけです。

私は夢を持っています。東アジア共同体構想です。東アジア共同体というのはＡＳＥＡＮ一〇か国に日中韓の三か国が加わった枠組みです。これは鳩山政権の時に強く推し進めようとしてアメリカから嫌われ、鳩山首相は梯子を外された経緯がありますが、小泉政権の時代もこの東アジア共同体を中心にしたアジアとの協調政策、「外交ビジョン」というものがありました。

東アジアでも地域共同体を作ろうという構想がずっと昔からあって政治家が動いた局面もあるのですが、今の安倍政権はＴＰＰ（環太平洋パートナーシップ協定）を推進しようとしています。これは事実上の中国包囲網で、アメリカを引き込んだ、要するに中国敵視政策です。

東アジアは、朝鮮半島の三八度線を中心にしてまだ冷戦の遺物を背負っている地域です。冷戦が終わっても、冷戦的な敵対関係を継続してしまっている今の日本の安全保障政策が非常に不幸なのです。しかし、共同体的ビジョンを持つことによって、今まで日米関係に偏重していた戦略を、もっと東アジアと協調するものとして描けるかどうかが重要です。これは小泉政権までは共通理解だったのですね。民主党政権もその意識を持っていた。安倍政権になって極度に右旋回してアジアを敵視してしまった状況があります。

共同体構想の中で、沖縄は大きな役割を果たせるのではないかと思います。長いスパンで見た場合、東アジア共同体のような地域共同体を作るなら、沖縄がそのへそになることができるでしょう。政治的な対話、文化的な交流、民族的な交流を考えれば、沖縄は芸能にも長けていますし、地理的にも中心にあります。こういう対話の場、交流の場として平和の緩衝地帯になることができるのです。

「平和の緩衝地帯」というのは、実は翁長知事が言ったことでもあります。東アジア共同体とまでは言いませんが、それが翁長さんのビジョンとしてあるわけです。琉球併合後、沖縄は帝国日本のアジア侵略のステップとなりました。五〇〇人の部隊が王様を囲んで琉球併合をやったのが伊藤博文氏です。伊藤博文氏は一九一〇年の韓国併合を同じような手法で行った。ようするに琉球併合がモデルケースになったわけです。そういう意味で帝国日本が沖縄をアジア侵略のステップにしたのが、「琉球処分」と位置付けることができます。

　私はいい意味での「逆コース」を主張しています。逆コースというと戦前への回帰という悪い意味で使われますが、沖縄からアジアに開く、日本がアジアと共生するという意味での逆コースです。そうすることで、日中韓に対話や交流の場を提供できればと思っています。沖縄は、中国あるいは朝鮮半島と長い交流の歴史を持っています。ですから中国や朝鮮半島から沖縄を見る視線は、日本人一般とはちょっと違う。どうしたらアジアの懸け橋になれるかを、沖縄から考えていく。これが自己決定権行使の大事なところだと思います。どうやって日本と中国あるいは朝鮮半島、東南アジアも含めて平和な地帯を作れるか……そういうことを考える場として沖縄が役割を果たす、あるいは交流の懸け橋になる、それこそが沖縄の生きる道だと思います。

　このようなビジョンを描くことが大切だと思います。排外主義、人種差別は内向き志向から生まれます。自分たちの仕事を移民の人たちやマイノリティが奪っていく、そういう恐怖が排外主義を強めるのです。だからもっと共生ということをキーワードにして共に生きるため、どのようなビジョン、あるいは夢を描けるかが大切だと思います。私は東アジア共同体構想に一つの外交戦略のビジョンを見ていますし、そういった戦略的なビジョンが必要だと思います。

8章　日本の植民地主義と沖縄差別
――アジアの平和のために、日本人への提言

乗松聡子（ピース・フィロソフィー・センター代表）

はじめに

自己紹介も兼ねてカナダの話をします。二〇一五年一一月四日、カナダの総選挙があり、約一〇年続いた保守党政権を破り、久々に自由党政権が誕生しました。首相になったのは自由党党首のジャスティン・トゥルードー首相。彼が就任直後に行って注目を浴びたのは「男女平等内閣」でした。就任以来、自分を除く内閣三〇人を男女均等にしたのです。就任の際、記者から理由を聞かれ、「それは今が二〇一五年だからです」と答えました。男女だけではなく、先住民をはじめとする人種や民族の多彩さも、トゥルードー首相が「これこそカナダの強みである」と強調する「多様性」をなるべく反映させようとしたものです。二〇一七年一月の内閣改造で就任した現在の移民・難民担当相は、自身がソマリア難民であった人です。

そのトゥルードー首相は、二〇一七年九月二一日の国連総会演説で、またカナダ全体を驚かせました。三〇分の演説の半分以上の時間を「先住民への謝罪」に使ったのです。カナダが、「最初からそこにいた人たちの参加なしに成立した国」であり、「初期の植民地的関係性」に大きな問題があったことに触れ、「カナダの先住民の人々にとって、一連の体験はほとんどが屈辱、無視、虐待に値するもの」であり、「先住民の人たちは、植民者の習慣ややり方を強要することによって自分たちの歴史を書き換え、自分たちの言葉や文化を根絶やしにしよう

とした政府の被害者」であったと述べたのです。[1]

カナダでは、一九世紀後半から一〇〇年以上もの間、先住民の子どもたちが親元から引き離され、国策として、キリスト教会が運営する寄宿学校に入れられ、同化教育を強要されました。そこでは先住民の言葉を話すのを禁じられ、伝統文化や地域社会とのつながりも奪われ、それだけではなく指導者（聖職者）による精神的、物理的、性的虐待行為が横行しました。寄宿学校を体験した人たちは制度が終わってからもそのトラウマに苦しみ、次世代に引き継がれ、今でもアルコールやドラッグ依存症、高い犯罪率（加害、被害両方）、低教育、貧困、高い自殺率といった社会的問題を抱えています。

このように、他の国や地域に行ってそこの人たちを野蛮人であるかのように見なし、そこの地の人たちの伝統や言葉や誇りを奪い、地域を分断し、資源や労働力を搾取し、自分たちがその地の人たちよりも格上であると思い込んで差別政策を敷く植民地主義とその負の遺産は、私の住むカナダでも色濃く残っています。

五〇〇年の植民地主義

日本の植民地主義についてですが、私も一章を書いた、木村朗・前田朗共編『ヘイト・クライムと植民地主義』（三一書房、二〇一八年）で、前田朗氏は、「五〇〇年、一五〇年、七〇年の植民地主義」という枠組みで植民地主義を理解すべきと提唱しています。私は明治以降の日本の「一五〇年の植民地主義」は強く意識していましたが、「五〇〇年」という捉え方はしたことがなかったので目を開かされました。

前田氏は、日本の植民地主義を「五〇〇年の植民地主義は、北ではアイヌモシリ、南では琉球王国、そして西では朝鮮半島での戦争となりました。武士階級の支配確立後、生産力の発展、兵器の発展、そして世界認識の膨張ゆえに、日本が周辺地域、周辺諸国に軍事侵略した歴史である」と理解し、特に一六世紀末における豊臣秀吉の二度の朝鮮侵略戦争（壬辰戦争）については、「壬辰戦争は、朝鮮半島を舞台として行われた、日本対朝鮮・明連合という国際的広がりのある戦争であり、世界最大の戦争であった。一六世紀に、欧州やアフリカでこれほど大規模な戦争は起きていない」と述べています。[2]

秀吉の朝鮮侵攻については日本の子どもは教科書で少ししか学びませんが、日朝関係の歴史の専門家である中塚明氏によると、秀吉は全国統一の過程ですでに一五八〇年代ごろから大陸への征服戦争を企て、「九州をおさえるとともに、琉球・朝鮮・明を征服する意思を明らかにして」いました。朝鮮側は、「何十万という人が命を奪われた上、耕地は荒れ、強制的に日本連れ去られた人もあり、また慶州の仏国寺やソウルの景福宮など由緒ある建築物を焼き払われる」という大変な被害を受けたのです。[3]

中塚氏によると、朝鮮に対する侵略思想は江戸時代も綿々と引き継がれました。明治維新の志士たちに思想的に大きな影響を与えた吉田松陰は、「神功皇后の三韓を制し、時宗の蒙古を殲《ころ》し、秀吉の朝鮮を討つ如き、豪傑というべし」、「朝鮮を責めて質を納れ《い》貢を奉ること古の盛時のごとくならしめ、北は満州の地を割き、南は台湾・ルソンの諸島を収め、漸《しだい》に進取の勢いを示すべし」と主張しました。このような思想が「征韓論」につながったのです。[4]

ナチスと大日本帝国

一つ、かねがね不思議だと思っていることがあります。日本の人々は「平和教育」の一環でナチスの「ホロコースト」を学ぶのに熱心で、とりわけ『アンネの日記』は幅広く読まれています。日本には「ホロコースト」を専門に扱う博物館・資料館まで複数あり（把握している限りでは広島県福山市と福島県白河市にある）、ホロコースト教育を専門に扱うＮＰＯ法人もあります。もちろん「ホロコースト」を知ることは大事ですが、私から見ると、日本の人はそのおひざ元の大日本帝国による、開国時から一九四五年の破綻時まで七〇余年にわたる植民地支配と侵略戦争の中で、南京大虐殺に象徴されるような、大虐殺や、朝鮮人や中国人の強制労働や日本軍「慰安婦」制度のような人権侵害を学ぶ材料には事欠かないのに、どうしてわざわざそれらを避けて地球の反対側の「ホロコースト」を学ぶのかと疑問に思います。

カナダで子育てをしてきましたが、あちらでは子どもたちは学校で第二次世界大戦を学ぶとき、「ヒロヒト」(昭和天皇)と「ヒットラー」は同格です。名前の響きさえ似ている。それにイタリアの「ムッソリーニ」を加えて、連合国が闘って破った「日独伊三国同盟」の独裁者のセット、ということになります。日本の人は「ヒロヒト」をいまだに神聖化して何か別物のように思っている(教えられている)ようなので、この認識の差は知っておいてもらいたいと思います。遠くのナチスを学ぶのもいいですが、遠くの他人事の悲劇のような学び方ではなく、日本と同盟関係であったことも忘れてはいけません。ましてや、リトアニアの大使館員としてユダヤ人を多数救った日本人外交官、杉原千畝《ちうね》を日本人がことさら取り上げて美化するのは、日本ナショナリズム以外の何物でもないと思います(ユダヤ人を多く救ったのは杉原だけではありません)。また、杉原を賛美するのなら、南京大虐殺時に多くの中国人を救ったジョン・ラーベら南京難民区を運営した外国人たちも同じように評価するべきです。映画『ジョン・ラーベ』(フローリアン・ガレンベルガー監督、二〇〇九年公開)は日本の配給会社は一律上映拒否したということです。

日本の人たちには、一九三三～四五年の一二年間であった「遠くのナチス」を学ぶだけでなく、七〇余年続いた「足元の大日本帝国」こそ、学んでいきましょう、と言いたいです。

「先の大戦」とは？

安倍首相や明仁天皇などが折に触れて言う「先の大戦」という言葉がありますが、この「先の大戦」とはどの戦争のことを指すのでしょうか。これを日本で聞くと、多くの人が、一九四一年一二月八日に日本が米国などに対して始めた、三年八か月の戦争のことを指すと思っているようです。私は正答を持ちませんが、そうだとしたら、日本の人たちはその戦争をどう理解しているかというと、多くの人は「日本海軍の真珠湾奇襲攻撃により太平洋戦争が勃発した」と思っているのです。そしてその戦争は「米国による広島と長崎の原爆攻撃」で終わったと思っている人も多いのです。そうなると、あたかも米国だけを相手にした戦争であるかのようなイメージになってしまいますが、実際は違います。

琉球大学名誉教授の高嶋伸欣氏らが『ドキュメント　真珠湾の日』（大月書店、一九九一年）をはじめ随所で述べているように、この戦争は、真珠湾攻撃に一時間以上先駆けて英国植民地下のマレー半島のコタバルに日本陸軍が奇襲上陸したことで始まっており、日本時間の一二月八日以内には、他にも、シンガポール、香港、グアム、ウェイキ島、フィリピンなどを攻撃しています。言ってみれば、「同時多発テロ」だったと言えると思います。「同時多発テロ」といえば、二〇〇一年九月一一日の米国における連続テロ事件を指しますが、あのとき、私の住むカナダの主要紙グローブ・アンド・メール紙をはじめ、米国やカナダのいくつかの新聞は「Day of Infamy（屈辱の日）」という見出しをつけていました。これは日本の真珠湾などの攻撃を受けて当時のルーズベルト大統領が一九四一年一二月八日（米国時間）に行った有名なスピーチで使われた言葉で、9・11の事件は北米では「真珠湾攻撃」を想起させるものだったことが分かります。ちなみに、ここ鹿児島県の知覧に訓練基地があった「神風特攻隊」は日本では美化されて語られることが多いですが、英語世界では「Kamikaze Pilots」として知られ、9・11事件を起こしたテロリストと「カミカゼ」は「Suicide Bombers（自殺爆撃隊）」として同列に語られています。これらも、日本語のメディアだけ見ているとなかなか分からないのではないでしょうか。

一九四一年一二月八日に日本が米国・英国・オランダ等の連合国相手に始めた戦争は、対中侵略戦争に行き詰った日本が南進によって東南アジア諸国の資源を取得、連合国が国民党を支援する「援蒋ルート」を遮断するという目的がありました。ここから一九四五年の敗戦に至るまでの戦争を「先の戦争」と呼ぶ人が多いのだと思いますが、日本は開国直後から、一八七四年の台湾出兵、一八七五年の朝鮮・江華島事件をはじめとして、朝鮮半島の権益をめぐって戦った日清・日露戦争を経て朝鮮の植民地支配、満州侵略・植民地化から中国全土に広がった対中国侵略戦争と、「先の戦争」が始まるときにはすでに約七〇年、戦争と拡大を繰り返してきた帝国であったのです。

「ヒロシマ・ナガサキ」に至るまでの道を学ぶ

私は高校二、三年生のときに、カナダ西海岸にあるレスター・B・ピアソンカレッジという学校に留学し、五大陸七〇か国の学生と共に学び、暮らしましたが、上記のような歴史は日本の学校で教わっていなかったために、この初めての留学先で、先述の「先の戦争」で被害を受けた国の人たちから歴史の片鱗を学ぶことになりました。フィリピン人のボーイフレンドからは、「日本人にもいい人がいるんだ」と言われ、シンガポール人の友人からは、日本軍の華人虐殺の際「赤ん坊を銃剣に刺して放り投げた」日本兵の話をきき、インドネシア人の友人からは「ロームシャ」といって、当時オランダ領だったインドネシアを日本軍が占領したとき現地で何百万とも言われる人たちが強制労働に駆り出された歴史から、インドネシアでは誰でも知っている言葉だと言われました。

私は歴史には興味があり、広島と長崎の原爆展を東京で見たときのショックからも、「核兵器の悲惨さを伝えなければ」といった思いを持ちながらカナダに行ったのですが、逆に、その原爆に至るまでに歴史をいかに知らなかったかを現地で思い知らされました。数年前、ある長崎の新聞記者が、「日本の『平和教育』って、原爆が落ちたところから始まりますからね」と語っていましたが、その通りです。ひどい場合は誰が落としたかも話しません。ある日空から突然落ちてきて、たくさんの悲劇があり、もう二度とないように「平和を願う」——それだけではとても責任ある「平和」の教え方とは言えません。大日本帝国の歴史全体の中で「原爆」を理解する必要があると思います。

私は二〇〇六年以来、八月六日・九日の原爆投下の日に合わせた、日米大学生の広島・長崎の学習旅行に講[5]師・通訳として参加していますが、この旅には、日米だけではなく大日本帝国の被害国である中国や韓国、ベトナムやフィリピンなどの学生が参加することもあり、歴史を多角的に捉えることが学習目的の核にあります。

韓国の聖公会大学教授の権赫泰（クォン・ヒョクテ）氏は、『平和なき「平和主義」』（鄭栄桓訳、法政大学出版局、二〇一六年）において日本人の「原爆ナショナリズム」に警鐘を鳴らします。たとえば、原爆被害のシンボルとなった「原爆ドーム」も、一九四五年八月六日以前の歴史は切り離されており「産業奨励館」、つまり「植民地の拡張を繰り返した『帝国日本』のショーウィンドー」であったことは記憶の中で捨象されています。[6]広島・長崎の原爆被害者の一〇人に一人かそれ以上が朝鮮人であったにもかかわらず、また、核兵器実験では多くの国の人々が被害に遭っているのにもかかわらず、日本の人の多くは「唯一の被爆国」という言葉を使い続け、「核兵器被害＝日本」を強調する傾向にあります。権氏によると、「唯一の被爆国」の表現は一九五五年四月に国会で初めて使われ、全国三〇〇にも及ぶ自治体の「非核都市宣言」では過半数がこの表現を使っていました。[7]

ここからは私が調べたものですが、一九四七年から始まった八月六日の広島市長による「平和宣言」で「唯一の被爆国」が出てきたのが一九七八年が初めてで、その後二〇一七年までの時点で一〇回出てきています。一方、広島の「平和宣言」で朝鮮人被爆者への言及があったのは過去に五回。「唯一の被爆国」と言った年と、朝鮮人被爆についての言及があった年が一度も重なっていないのは、偶然ではないと思います。

いま、広島の平和記念資料館はリニューアル中ですが、公開済みの新規展示の中では、広島が有数の軍都で、日清戦争時は大本営が置かれ明治天皇が広島で直接指揮を執ったこと、陸軍第五師団が設置された広島は日本の数々の侵略戦争の拠点であったという史実は、以前よりさらに分かりにくくなっています。

二人の被爆者

自らが被爆者でありながら、日本の侵略戦争を真剣に考えた人たちもいました。一人は、沼田鈴子氏（一九二三—二〇一一年）です。沼田さんは、原爆で片足を失い、婚約者も戦争で失い、自暴自棄になった時期を経て教師となり、原爆の語り部活動をするようになりました。彼女は、広島の部隊である陸軍第五師団歩兵第一一連隊が、マレーシアで多くの残虐行為を行ったことを知り、一九八九年には前述の高嶋伸欣氏の東南アジアの旅に参加、マレーシアに実際に赴き、広島の部隊が残虐行為を行った村で、村人たちに「謝罪」までしました。一緒にいた高嶋氏の記憶によると、沼田氏は、「みなさん、私は皆さんの何も罪のないご家族を次々と虫けらのように殺した日本軍の根拠地広島の人間です。私は広島の部隊がマレーシアで残虐な行為をしていたことを知りませんでした。そのことを昨年知って、どうしてもマレーシアに来たいと思うようになりました。それは皆さんに、直接おわびを言いたかったからです。皆さん本当に申し訳ありませんでした。どうか許してください」という大意の話をしたそうです[8]。

私は、原爆の直接の被害者は自分の心身の傷を癒すことに専念することは当然のことであり、このようなことまでする必要はないと思いましたが、これを聞いて、直接の被害者ではない私たち後世の人間こそ、彼女を見習い、日本人が被害を受けた記憶ばかりを追うのではなく、日本の加害行為をしっかり学び伝えることが大事だと思いました。

もう一人被爆者の話をします。原爆漫画の名作『はだしのゲン』の作者、中沢啓治氏（一九三九―二〇一二年）です。二〇一〇年、私は中沢氏の被爆証言を通訳する幸運に恵まれました。彼は、反戦思想で投獄され拷問を受けたこともある父親の影響もあるのか、天皇の戦争責任も含めタブーなしで反戦を語る人でした。[9]

彼の作品の中では主人公のゲンが、日本軍の中国での行為について「首を面白半分に切り落したり」、「銃剣術の的にしたり」したことに触れ、そのようなことを許し、「いまだに戦争責任を取らずにふんぞり返っとる天皇をわしゃ許さんわい！」と言ったり、朝鮮人が「わしら生きるためにには朝鮮にある日本の工場で安い賃金で働いてこき使われ、名前もむりやり日本名に変えさせられた」、「あげくのはてが日本へ強制連行され、炭鉱や工場や工事現場のいちばん苦しい汚い仕事をさせられこきつかわれてきた」というような表現をしたことが日本の右翼的思想の持主に問題視され、学校図書館で閉架扱いになるというような事件がありました。

あのとき私は、逆に『ゲン』を支持する平和運動家の人たちは、中沢氏が被爆の被害を描写しながらも、天皇の責任や侵略戦争に正面から取り組んでいたことにほとんど注目することがなかったことを思うと、『ゲン』に抗議した右翼の人たちのほうが逆に中沢氏の仕事の本質が分かっていたのかな、と思ったものです。そうだとしたら皮肉なものです。

「七〇年」植民地主義は続く――琉球・沖縄

琉球・沖縄の話をするまでずいぶん前置きが長くなってしまいましたが、以上話したような、「先の戦争」の最後に起こった広島・長崎の原爆投下だけを取り出して学ぶような姿勢から、大日本帝国の侵略戦争と植民地主義全体を捉えるような歴史の学び方に広げていくことによって、沖縄の歴史的位置が見えてくるのではないかと思うのです。秀吉の朝鮮侵攻の話をしましたが、朝鮮侵攻にあたり秀吉は、中国（当時、明朝）との冊封関係において進貢貿易を行っていた独立国だった琉球王国にも薩摩藩を通して軍役や供出などの要求を行うようになり、秀吉が死に、徳川体制になってからも、家康は朝鮮出兵で悪化した中国との関係を回復するために琉球を利用しようとします。幕府の要求に応じない琉球を、薩摩藩が、一六〇九年三月、言うことを聞かせるために武力侵攻を行ったのです。このように、日本の「五〇〇年の植民地主義」に琉球も組み込まれていました。

その後、日本と中国両方に気を遣いながら仕えるような状態が続いていましたが、日本の開国後、一八七二年に琉球は明治政府から一方的に「琉球藩」とされました。これが「琉球処分」と呼ばれる琉球強制併合の始まりであり、清国から琉球を引きはがして日本の支配下に置く試みが本格的に始まったのです。前年に起こった、遭難した宮古島の船が台湾に漂着し、乗組員六六人のうち五四人が台湾の原住民に殺されるという事件に対する清国の消極的な対応を利用して、明治政府は一八七四年台湾に出兵、これが明治日本初の外国出兵となり、事実上清国に、琉球が日本の領土であるということを認めさせる結果となりました。その後、明治政府は「処分官」松田道行を派遣して、琉球の意思を無視して王国解体を進め、一八七九年、明治政府は武力を伴い琉球藩を廃止し沖縄県としました。尚泰王は東京に追放され、琉球王国は滅ぼされました。

みなさんは、日本政府やメディアが「尖閣諸島は日本固有の領土」といつも言っているのを聞いているでしょうが、明治政府は、琉球併合に抗議した清国との間の交渉で、「分島増約案」と言って、清国に対する欧米並みの有利な通商条件を得るかわりに宮古・八重山を清国に引き渡すというオファーをしていたのです。これに結局清国は署名せずに棚上げされたのですが、このとき日本が宮古・八重山（尖閣諸島を含む）を中国に差し出したという事実は、日本の「尖閣諸島は固有の領土」という主張を大きく揺るがす一つの史実として覚えておく必要があると思います。

沖縄の植民地支配

故大田昌秀元沖縄県知事は著書の『沖縄差別と平和憲法』で、「……近代沖縄における深刻な問題の一つとなった差別問題。すなわち中央政府の沖縄・沖縄人に対する差別的処遇も、一つには沖縄を植民地化したことに起因していると言ってよい」と言っています。[10] 琉球強制併合後、明治政府は沖縄に対する皇民化教育に特に力を入れ、「教育勅語」や「御真影」を全国に先駆けて導入しました。「標準語」使用や「改姓改名」を奨励し、御《ウ》嶽《タキ》の前に鳥居を建てるような、沖縄の伝統的な信仰体系を国家神道に入れ替えようとする試みも行いました。このような同化政策は大日本帝国は台湾、朝鮮をはじめ植民地化・占領した他の地域にも行いましたし、冒頭で触れた、カナダが先住民に対して行ったこととよく似ています。

そして沖縄は太平洋戦争の終盤、日本軍が本土決戦に備える時間を稼ぐための「捨て石」とされ、総動員され戦争に協力させられた挙句、凄惨な地上戦に多くの住民が巻き込まれ、一〇万人を超える民間人が殺されました。中には守ってくれると思っていた日本軍にスパイ視され虐殺されたり、軍民が混在していた壕から砲弾が飛び交う戦場に追い出されて殺されたり、日本軍から手りゅう弾を渡されて、敵の捕虜になるよりは自分たちで死ね、と集団自殺を強要されたようなケースもありました。この沖縄戦の体験は、沖縄の多くの人々の心の中に、忠実な皇国臣民になることを強いられた挙句に結局裏切られ、差別され、見捨てられたという怒りとトラウマを残す結果となりました。

沖縄は一九四五年三月末の沖縄戦開始と同時に「ニミッツ布告」によって米軍の支配下に置かれ、沖縄戦の最中から基地建設が始まりました。同年九月二日に日本は降伏し、連合国分最高司令官総司令部の統括下に置かれました。一九五二年、サンフランシスコ平和条約の発効によって日本が再び独立国になりましたが沖縄は切り離され米軍の支配下に残されました。この四月二八日を現在の沖縄の多くの人々は「屈辱の日」として記憶しています。

九条のある平和憲法を手にした日本の陰で米軍支配下の沖縄は冷戦の基地とされ、多量の核兵器が配備され、本土からの基地移設も進み、沖縄への基地集中が加速しました。平和憲法の適用を求めた沖縄の人々の運動もあって、一九七二年に沖縄は日本に「返還」されましたが、沖縄の基地はそのまま日米安保体制に組み込まれただけとなり、沖縄の人が求めた、基地なき沖縄は実現せず、これもう一つの大きな「裏切り」の歴史として沖縄の人々の心に刻まれました。いまだに沖縄の人は基地の存在によって起こる事件、事故、汚染に多大な被害を受け続けており、沖縄では多くの人が、米軍基地を過重に負担させられていること自体が沖縄に対する「差別」であると感じています。[11]

沖縄が鹿児島にあったら

このような沖縄の人の気持ちを分かってもらおうと思い、「もし沖縄が鹿児島にあったら」という地図を作ってみました。沖縄本島の面積が一二〇七平方キロメートルで、計算したら、鹿児島市、南九州市、日置市、いちき串木野市を合計した面積ぐらいになります。現在米軍専有基地が沖縄本島の面積の一五%を占めています。面積にすると約一八一平方キロで、鹿児島市の面積の三分の一ぐらいに当たります。それでこのような地図になるわけです。大枠の太線が沖縄本島の面積。内側で囲っているのがほぼ米軍基地の面積です。想像してみてください。

このような植民地主義と差別の歴史の上に、沖縄では、普天間飛行場の「代替施設」と称して辺野古に大規模な海兵隊基地が造られようとしています。このような状況下で、沖縄にずっと米軍基地を押し付けてはいけないという考え方から、日本本土に沖縄の米軍基地を引き取るべきだという運動が日本各地に出てきています。日米安保に反対していても、日本の約八割かそれ以上が日米安保を支持している状況では、「引き取る」ことによって沖縄の負担が減るのならそうするべきである、という「差別をやめよう」という運動です。そんな運動の一つ、「沖縄の基地を引き取る会・東京」の一員である佐々木史世さんはここ鹿児島出身で、「私は歴史的な経緯を考えると鹿児島こそ引き取りに真っ先に手をあげてもいいくらいだと思っています」と言っています。「歴史的経緯」というのはもちろん、四〇〇年以上前の薩摩藩による武力侵攻以来の、薩摩／鹿児島の沖縄への責任について言っているのです。この「引き取り」運動については、いろいろな意見がありますが、「差別をやめて」、「差別をやめよう」という声を受け止め、一緒に考えてもらいたいと思います。

敵視をやめ、平和を

今年に入ってからの朝鮮半島の和平プロセスの加速にもかかわらず、日本政府は「北朝鮮」「中国」の脅威視をやめようとせず、米軍との運用一体性を高め、琉球弧全体で戦争準備が加速しています。「自衛隊南西シフト」政策の下、与那国、石垣島、宮古島、沖縄本島および奄美大島、馬毛島、種子島などの薩南諸島を含む南西諸島の要塞化／戦争準備が進んでいます。奄美大島には陸自地対空・地対艦ミサイル部隊や警備部隊五五〇人の配備が予定されており、基地造成が加速しています。

みなさんの住む鹿児島県内でそのような動きがあるのを知っていましたか？（一〇人に一人ぐらいしか手が挙がらない。）安倍政権が二〇一五年に強行した「安保法制」によって自衛隊の活動に対する憲法の縛りが激減し、米国との「集団自衛権の行使」が可能になっていく中、米軍と自衛隊を区別する意味はどんどん減ってきています。また周辺諸国から見たら、米軍だろうと自衛隊だろうと自分たちに脅威を与える軍隊と基地であることに変わりはありません。

朝鮮半島和平を進め、東アジアの平和を築いていくには、日本の人たちが隣国敵視をやめることが大事です。内閣府の世論調査（二〇一七年度）[12]では、中国に「親しみを感じる」人の割合が一八・七％、「親しみを感じない」人が七八・五％という結果です。対韓国は「親しみを感じる」が三七・五％、「感じない」が五九・七％。それに比べ米国は「親しみを感じる」が七八・四％、「感じない」が一九・一％。日本のアメリカへの親近感の高さは突出しており、中国と韓国、とくに中国への親近感の低さが目立ちます。これは、日米安保体制維持のための、メディアにおける圧倒的な米国に好意的な報道や、日本が戦後、アジア隣国への差別感や植民地主義を乗り越える努力をして来なかったなどいろいろな要因があると思いますが、軍拡や戦争は世論の支持があってこそ可能になるものです。

一つ希望が持てるのは、前述の世論調査では、世代別では、みなさんのような若い世代、一八〜二九歳の世代が、対中国でも韓国でも、全ての世代の中で一番「親近度」が高いということです（中国に対しては三一・五％、韓国に対しては五〇・五％）。逆にこれらの国に関し、世代が上になればなるほど「親近感」は減っていきます。差別感というものは「教えられて」得るものです。若い人ほど「この国の人だから嫌い」という感覚が低いとすればそれは、前世代から社会に蔓延する差別感を吸収する期間が短いからなのかもしれません。「今時の若い者は」などと言っている年配世代はこれを深刻に受け止めるべきです。

若い人たちには、大手メディアやインターネットにある不正確な情報に惑わされず、アジア隣国の友人をどんどん作って平和に寄与してほしいと思います。

文末脚注

1 乗松聡子「自らの植民地主義に向き合うこと――カナダから、沖縄へ」木村朗・前田朗共編『ヘイト・クライムと植民地主義――反差別と自己決定権のために』、三一書房、二〇一八年、九四―一一二頁。

2 同書、前田朗「私たちはなぜ植民地主義者になったのか」、八―三〇頁。

3 中塚明『日本と韓国・朝鮮の歴史』、高文研、二〇〇二年、四七―八頁。

4 同書、六三―四頁。

5 米国ワシントンDCにあるアメリカン大学は、一九九五年から二〇一七年まで立命館大学と、また二〇一八年からは明治学院大学と共同でこの学習旅行を行っている。この旅についての詳細はオリバー・ストーン、ピーター・カズニック、乗松聡子共著『よし、戦争について話をしよう。戦争の本質について話をしようじゃないか!』(金曜日、二〇一四年)を参照。

6 権赫泰著、鄭栄桓訳『平和なき「平和主義」――戦後日本の思想と運動』、法政大学出版局、二〇一六年、一九四頁。

7 同書、二〇〇頁。

8 沼田鈴子氏のマレーシア訪問、「謝罪」については高嶋伸欣氏がその背景から詳細を報告する記事を参照。「ヒロシマの『かたりべ』沼田鈴子氏のマレーシアでの『謝罪発言』(一九八八年三月三〇日)に至る経過と当時の状況 侵略国日本の民衆とアジアの被害者の交流の軌跡――戦争から和解に向けて」、*Peace Philosophy Centre*, September 7, 2014: http://peacephilosophy.blogspot.com/2014/09/blog-post_8.html.

9 「『バトンタッチ!』中沢啓治さんを追悼して」、*Peace Philosophy Centre*, December 27, 2012.: http://peacephilosophy.blogspot.com/2012/12/remembering-nakazawa-keiji.html

10　大田昌秀『沖縄差別と平和憲法――日本国憲法が死ねば、「戦後日本」も死ぬ』、BOC出版、二〇〇四年。

11　例えば、二〇一七年五月に朝日新聞・沖縄タイムス社・琉球朝日放送が行った世論調査では、米軍基地の集中を「本土による沖縄への差別だ」という意見に五四%が賛成している。「米軍基地の集中『差別だ』五四%　沖縄県民調査」、『朝日新聞』、二〇一七年五月一一日。https://digital.asahi.com/articles/ASK5B64S2K5BTPOB001.html.

12　内閣府大臣官房政府広報室　二〇一七年度世論調査：https://survey.gov-online.go.jp/h29/h29-gaiko/index.html

9章　属国論　マーク2

ガバン・マコーマック（オーストラリア国立大学教授）

はじめに

この何十年か、ずっと現代日本について研究し、書いてきました。最近は安倍晋三支配下の日本の事を考えています。[1] 自民、公明の与党が三分の二を有する絶対多数派を占める国会を背景に、二〇一九年四月に予定される新天皇就任式、二〇二〇年の東京オリンピック開催を見届け、その間に憲法を変え、栄誉の花道をと、安倍首相は考えていると思います。

しかし、それが目論見通り運ぶとはとても言い難い事態になっています。日本は、政治も、社会も深い混迷と葛藤の中にあります。安倍は、日本は人権と法の支配を尊重する民主主義の国だと繰り返すのですが、自民党のほぼ全員が、慰安婦など戦争犯罪はなかったとして歴史改ざんを主張し、天皇制と神道式儀式やシンボルを尊重する日本会議のメンバーです。世界の民主的国々から見れば、彼らは極端なナショナリストにしか見えません。同時に、国際法を無視し、ひっきりなしに世界のあっちこっちへ戦争に出かけ、戦闘に従事する国に忠実に貢献することが政府の最重要事項となって久しい事実があります。平和憲法と言っても、日本はアジアでも突出した軍事力を持ち、安倍式「積極的平和主義」の旗の下で、粗野、下品、衝動的、専制君主的ドナルドトランプの米国を「一〇〇％支持」しています。天皇を中心とするユニークな優越的、美しい日本国を主張するのは対米従属の鬱屈を埋め合わせるためかもしれませんが、それは世界の普遍的価値観とは相容れないのです。矛盾の塊です。

戦後の日本国を私が『属国』だと言い始めたのは二〇〇七年でした。[2] 今でもその概念は通用すると思います。もともと属国という言葉を使ったのは、保守の長老、後藤田正晴元副総理でした。[3] 二〇一〇年、西谷修はそのような体制の本質を「自発的隷従」と的確に解説しています。[4] また二〇一二年、元外務省国際情報局長孫崎享は戦後政治史の本の中で属国という言葉を使わなかったのですが、「追従路線」と「自主路線」という言葉で、同じように理解しています。

「追従路線派」にとって、米国との同盟は事実上日本国憲法を超える国家憲章であり、在日米軍の特権は絶対優先事項であり、憲法改正、あるいは解釈改憲で、日本が「普通」の国軍を持ち、戦争に参加できることは彼らにとっての念願でした。[5]

「自主路線派」は米軍基地削減や撤廃、憲法九条を厳格に解釈し、国連や軍縮と結びついたもっと自立的外交政策を採り、中国と米国への等距離外交、アジアや東アジア共同体建設に積極的に関与することを提唱しています。

孫崎は一九四五年から何十年と続いた歴代の自民党政治の中に米国追従政権は自主路線政権より長期安定する傾向があり影響力も大きく、米国追従が次第に定着していったと述べています。[6] 私はまた二〇一三年[7]と一四年、[8] また一八年[9]にもこの問題を考えました。最近は白井聡と内田樹の『属国民主主義論』という本も出たように日本が属国だという観念は珍しくなくなりました。[10]

米国従属は一九四五年から今日の安倍政権まで、変容しながら継続してきましたが、半世紀以上前に形作られた国家の基盤が今日の地政学や経済環境とそぐわなくなってきたのは当然です。現在、目の前にある問題を理解し、解決を探るため、簡単に過去の経緯に触れたいと思います。

米国従属主義の変遷

基本的に外国駐留軍の利益を優先する方向で構築された国というのは世界でも珍しいと言えます。一九四六年制定の日本国憲法と一九五一年のサンフランシスコ講和条約に基づく米国の利益優先体制は、ほぼ変わっていません。第二次世界大戦中皇軍の最高司令官であった天皇裕仁は、米国によって戦後もその地位を護持され、米国の目的に適った協力者として米国は高く評価したのです。一九五一年のサンフランシスコ講和条約で、沖縄が日本から切り離されたのは天皇の提言によるものでした。天皇は憲法九条で武力放棄した日本の安全保障を図るためにはアングロサクソンの代表者である米国がイニシアチブを執ることを要する、[11]として米国の軍事力による保護を要請しました。

国民は「天皇の僕《しもべ》」だと疑うこともなかったであろう天皇が、「労働階級万歳」「天皇打倒」を唱える共産主義をどれほど恐れ、嫌悪したか、想像するのは難しいことではありません。ちなみに一九四九年にソ連は天皇を戦犯として裁判にかけようと動いていました。一九五〇年トルーマンが日本との講和条約の準備を急がせた背景には、一九四九年に毛沢東が中華人民共和国成立を宣言したことと、一九五〇年六月に朝鮮戦争が始まったことがあります。米国は冷戦戦略の一環としてサンフランシスコ講和を考えたのです。

「我々は日本に我々が望むだけの軍隊を望む場所に望む期間だけ駐留させる権利を獲得できるであろうか？これが根本的問題である。」[12]

と述べたジョン・フォスター・ダレス大統領特使の言葉を具体化したサンフランシスコ講和条約を、天皇が熱心に支持したのは言うまでもありません。昭和天皇が最重要戦争犯罪容疑者から日本国家の中核である日米関係創立の立役者になったのは歴史の皮肉です。

一九六〇年の国会で日米安保条約は承認されたのですが、日米（軍事）同盟という言葉が使われたのは一九八〇年になってからです。日米関係を明確に表した中曽根首相の「日本は米国の『浮沈空母』」という発言を忘れられません。一九六〇年以来国会で審議されたことはない日米同盟は、繰り返し改定され、増強されています。

冷戦が終焉しソ連が崩壊した後、保守革新を問わず、政治家も一般市民も日本は経済大国になったのだから米国従属をやめて、独立国家に移行する時期だと考えるようになりました。しかし自立をどう表現すればいいのでしょう。大雑把に言えば、安倍晋三とその仲間たち、日本会議関係者たちの反応と細川元首相に代表されるリベラル政治勢力や草の根の市民運動の対立が連鎖反応を起こし、サンフランシスコ体制は揺らぎ始めたと言えます。

ネオナショナリストからの挑戦——日本会議の仲間たち

一九九三年に国会議員初当選を果たした安倍晋三は、冷戦後の日本国の規範となったリベラル民主主義を、神道的国体を反映させたナショナリズムを明確に表現するものに変えようと考えていました。戦後レジームからの脱却を唱え、戦後占領期に米国が日本に植え付けた制度の根本的改革を目指したのです。慰安婦や南京事件など戦時中の忌まわしい犯罪は「美しい日本」のイメージを帳消しにすることでしたから、どうしても認められない歴史でした。

安倍は一九九五年の「正しい歴史を伝える国会議員連盟」の結成、自由主義史観運動、一九九七年には「新しい歴史教科書をつくる会」、また日本会議にも関係するなど活発に動きました。一九七〇年に結成された「神道政治連盟国会議員懇談会」は第二次安倍政権まで目立たない存在でした。安倍とその仲間たちは、ナショナリスト路線と米国従属路線をどう整合させ明確に表現するか、という点で悩んだのでしょうか。米国従属を否定しながら、米国に諂う矛盾を意識していたかどうか分かりません。

安倍たちのナショナリズムの観念は一九世紀末から戦前戦中における神道「国体」崇拝が頂点に達した時期を理想にとしているようです。[13] 天皇の支配下で日本は世界でもユニークで優越的な「美しい国」であったと想像しているようです。森喜朗元首相は二〇〇〇年に、「日本は天皇を中心とする神の国」だと述べ、国民は日本国の象徴を敬愛し、誇りを持つべきだと示唆したのでした。今思えば、あれは「属国主義　マーク1」とでも言うべきものでした。

リベラルからの挑戦――細川護熙と鳩山由紀夫

これまで二回だけですが、リベラル派が属国主義に挑戦し立ち向かったことがあります。一九九三年政権に就いた細川首相の要請で、アサヒビールの樋口廣太郎は日本の安全保障に関し、米国の緩慢な衰退に触れ、日本が自主的で多元的、かつ国連中心の外交を採用することを勧める報告書を作成しました。しかし細川政権は報告書が公表される前に退陣し、それが陽の目を見ることはありませんでした。[14] クリントン大統領のために樋口報告書に答える形で用意されたレポートは、樋口報告書の内容をきっぱりと拒絶する内容でした。レポート作成の中心人物がハーヴァード大学のジョセフ・ナイ教授だったので、「ナイレポート」と呼ばれる一九九五年の答申は、東アジアの安全保障にとって「米軍は酸素のように必要不可欠な存在」であるから、米軍基地は縮小ではなく、将来増強する必要がある。[15] 米国は関係国の政策に関与する権利がある、と述べています。以後、ナイやリチャード・アーミティッジなど東アジア専門の学者や官僚グループは、二〇〇〇年、二〇〇七年、二〇一二年にも日米関係の指針を発表し、日本にあれこれ要求してきました。レポートはモーゼの山上の垂訓のようなものです。レポートを手に米国特使が次々と東京に来て、米軍再編、グアム協定、自衛隊をイラクへ、海上自衛隊をインド洋に派遣しろ、米国の軍用装備をもっと買え、沖縄やマリアナの軍事施設を増強せよ、と要求を突きつけるのです。
ナイや戦略国際研究所関係者の思考は、日本への不信感と米軍駐留を無期限に継続するという二つのドグマ（教義）に左右されていると思います。一九五一年マッカーサー占領軍総司令官が米国上院で、アングロサクソンやドイツ人は科学、文化などいろんな分野で四五歳くらいの成熟度があるが、日本人は一二歳くらいの未熟な子どもだから――と述べたように、日本人に対する家父長的態度があります。[16]
戦略国際研究所の長老ヘンリー・キッシンジャーと周恩来の一九七一年の談話記録は、日本人は不安定で危険だから手綱が必要だという点で二人の意見が一致したと伝えられるように、日本における米軍の圧倒的存在があるから日本が侵略的行為に出ないのだという考え方は特別というわけではありません。[17]一九九〇年にヘンリー・スタックポール海兵隊少将は、米軍は「ビンのふた」だと言ったのですが、日本は米国がいなければ何をするかわからない。[18]米駐留軍はアジアを日本の侵略から守っているという見方を示すものです。
「ナイレポート」など安保関係の要求だけでなく、米国は年次改革要望書という形で対日要求事項を提示し、米国のネオリベラル的経済の具体的運用を指示します。内需拡大策を要求され、一九九〇年代に莫大なお金を注ぎ込んだ公共事業投資は財政赤字の元凶になり、小泉内閣の郵便事業の民営化などは国民にとっては大きな迷惑以外のものではありません。最近は金融、保健、医療や薬剤関係市場の完全な開放を迫られています。

リベラル派第二の挑戦

自主路線回復の第二の挑戦は二〇〇五年から二〇一二年に民主党が米国と対等な関係を模索した時でした。民主党は二〇〇五年のマニフェストで、米国の要求通りに動く以外の選択肢はない従属関係をやめ、相互に独立と対等な立場で成熟した日米関係へ変えていくことを宣言しました。当時事実上の民主党代表、小沢一郎は、「米軍基地、特に沖縄の基地はもはや必要ではない。第七艦隊だけで十分だ」と述べました。

小沢鳩山は、日米関係を対等の原則で再交渉する、米国中心の一国集中主義から、東アジア共同体の中心的メンバーとして日本の存在を考え、多極主義へ方向転換するという共通のヴィジョンを持っていました。鳩山はそうした考えを集約した形で、普天間の代替基地は少なくとも沖縄以外の所に移設させることを約束したのです。

小沢一郎の選挙管理事務所に不正があったという容疑で、二〇〇九年三月小沢は検挙され、その後無罪となるのですが、起訴、不起訴を繰り返した三年半の間に政治家としての最も重要な機会を奪われてしまいました。[19]民主党が二〇〇九年九月の選挙で政権を獲得する前から米国は鳩山に警告、脅かし、侮辱などをひっきりなしで浴びせ続け、それは帝国が支配下の弱小国、あるいは属国にしか言えないような種類のものでした。アーミティッジは、民主党の話は全く噛み合わない。わけもわからん、仲間たちはみんな民主党の綱領にショックを受けていると痛烈に批判しました。ジョセフ・ナイは「経験不足で意見が割れているし、公約に縛られている」と述べました。普天間移設の再交渉は絶対許せないと言いたかったのです。[20]『ワシントンポスト』紙は鳩山を「世界一番ダメな指導者、変わり者、ますます狂気が進んでいる」と書きたてました。鳩山は狂っている、「属国」日本が対等などと米国に挑戦するのが何よりの証拠だと言うのでした。日本国内ではメディアも、政界、官僚の上層部も鳩山叩きに同調し、鳩山内閣は二〇一〇年五月に倒れました。

当時の米国政府と国内の親米派官僚が、続けて嘘、欺瞞、密約、隠蔽工作などに従事していたことが今では詳しく分かっています。主要同盟国が、そのようないじめの対象になったことは後にも先にもないことです。鳩山退陣の後、菅直人が首相に就任しました。マスコミは鳩山が傷つけた日米同盟を「癒し」、ワシントンの信用、信頼を回復させ、新基地を受け入れるよう沖縄を説得して沖縄問題の解決を図るのが新首相の課題だと一斉に書きたてました。菅首相は、施政方針演説で「安定した同盟関係の深化」を約束し、従属路線は復活しました。日本政府の課題はスポンサーであり宗主国の米国に仕えることが確認されたのです。

属国主義　マーク2

安倍の日本改造のアジェンダが「ジャパンハンドラーズ」として知られるようになったナイ達のアジェンダと食い違うことを安倍は意識していたのでしょうか。安倍のイデオロギーは鳩山、小沢の日本の自主回復アジェンダと同じくらいワシントンを心配させました。日本を取り戻すのが使命だというのですが、どこから、誰から取り戻すのでしょう。慰安婦や南京事件など日本の戦争責任を否定し、国民が誇れる日本歴史を伝えるというが、それは何を意味するのでしょう。米国式個人主義は、日本の伝統である集団協調主義を壊す害悪があったから、国家儀式と日の丸と君が代は学校などの式典には絶対必要だと信じている安倍や日本会議の仲間や、産経、読売新聞の意見に米国が賛成できるでしょうか。安倍の理想とする国家ヴィジョンに米国は深い危惧を覚えたのです。安倍の本に書かれた改革アジェンダは、属国として米国が期待する日本の役割と全く適合しませんでした。

二〇〇六年から二〇〇七年の第一次安倍政権の時、安倍は米国を刺激することを恐れて靖国に行きませんでした。戦時中の慰安婦制度や被害者救済を否定し続けてきた日本政府を非難する米国議会の決議案一二一の採択を阻止しようと安倍政権は働きかけたのですが、失敗でした。その後五年間の野党時代を経て安倍は返り咲いたのですが、その間に、ナショナリストの装いはやめて、日本は属国として期待される課題達成に集中するべきだと結論を出したようです。二〇一二年一二月末に再び政権を手にすると安倍は従来のスタンスを変え、徐々にナショナリスト的言動をひそめ、日本の米国従属をさらに深く強固にする方向へ動いたのです。「属国主義　マーク1」に表明された明確な国家主義は、米国にとって許容できないものであったから、「属国主義　マーク2」へと変容したのです。

過激ナショナリズムのアジェンダを放棄した第二次安倍政権

第二次安倍政権発足の数か月前、「日米同盟――アジアの安定の礎」というタイトルでアーミティッジ第三次報告書が発表され、日本が今までのように米国の一級同盟国の地位を保持したければ、慎重に行動した方がいいという警告と要望がワシントンから発表されました。[21] 米軍と「肩を並べ」ペルシャ湾や南シナ海に海上自衛隊を派遣する、武器禁輸措置の緩和、軍事予算増額、自衛隊員増員、原発の早期再開（当時は福島の事故から一年長経過）、沖縄、グアム、マリアナの新基地建設促進、駐日米軍への「思いやり予算」の増額、改憲なり解釈改憲なり集団自衛権の行使実現に向けて努力せよ――など多項目にわたるものです。[22] 実行しないと日本は第二級同盟国に滑り落ちるがそれでもいいのかという態度で、日本侮蔑が明白です。

戦略国際問題研究所は政府組織ではありませんが、その意見は神聖なお告げのようにみなされています。安倍は再選を果たすと間もなく、ワシントンに向かいました。ホワイトハウスでは冷遇されたものの、戦略国際問題研究所での安倍のスピーチはジャパンハンドラーを含む聴衆を十分満足させたのです。

「アーミティッジ長官、ここで私の返事を申し上げます。日本は今現在も将来にも第二級国家には決してなりません。[23]」

安倍は、日本は米国の言う通りにすると約束したのでした。

安倍は戦略国際問題研究所の要望を大幅に取り入れました。中でも特に重要なことは二〇一四年に憲法九条の解釈を変え、二〇一五年の 集団自衛権法案を国会で通過させ、解釈改憲で自衛隊の海外派遣を可能にしたことです。安倍は米国の戦略的、軍事的要求を受け入れれば、ナショナリストとしてのイデオロギーを国内の支持者たちに証明する靖国参拝にワシントンは反対しないのではないか、と考えたのです。二〇一三年一二月末安倍は靖国へ公式参拝しました。クリントン政府は安倍に「失望した」という言葉で直ちに不快感を表明しました。その後、安倍はナショナリスト的言動から一歩退き、一度も靖国に行っていません。靖国参拝など愛国アジェンダを引っ込めるのは安倍にとって苦痛であったでしょう。[24] しかし日本が第二級国に落ちないことはもっと大事でした。安倍は新たに「積極的平和主義」を掲げ、それに集中しました。「積極的平和主義」の最たるものは米国です。ジョージ・オーウェルの「戦争は平和」(『一九八四年』)を地で行っています。

第二次安倍政権の間、安倍は過激なナショナリズムのアジェンダを放棄し、属国主義に徹しました。その甲斐があって、二〇一五年四月、首相になって通算四年目にして安倍の米国訪問は両院合同セッションで演説し、大統領と共に記者会見に臨む栄誉を与えられました。日米は「希望の同盟」と宣言され、ジョセフ・ナイによれば「日米関係はこの何十年かで最良の時」でした。

二〇一八年、政権の優先アジェンダは、一二年前に初めて首相になった時に明言した、戦後レジームから脱却し美しい日本を取り戻すという決意とは全く変わってしまいました。改憲案は憲法九条の一項目と二項目はそのままで、自衛隊は国防軍として合憲であることを付け加えるという歯切れの悪い、矛盾的な提案になりました。[25]

オバマ政権の圧力を背景に、日韓政府は慰安婦問題の解決に動き、二〇一五年一二月、安倍は「最終的、不可逆的」解決に合意したことを発表しました。[26] 慰安婦の存在すら否定してきた保守系メディアや安倍首相の支持者たちの苛立ちと困惑は大変なものでした。安倍応援団が官邸前で抗議運動をしたほどです。しかし、安倍にとって日米同盟こそ最も重要なもので、国内の金融緩和政策などアーミティッジ、ナイレポートの忠実な実行は国内の安倍支持者の思惑を犠牲にしても優先させなければならない課題でした。

トランプ政権下のアメリカから武器を大量購入

二〇一七年トランプ大統領の誕生を機に、安倍首相は特に細心の注意をもって日米の友好関係を深めるよう努力しました。安倍のように熱心にトランプと一緒にゴルフをしたがる世界の指導者がいるでしょうか。安倍のように直接であれ、電話であれ常にトランプに意見を求める指導者がいるでしょうか[27]。表面的に同盟関係は強化されています。二〇一七年八月、いわゆる「2プラス2」と言われる日米の外務、防衛閣僚会議が開かれ、同盟はアジア太平洋地域における「平和、繁栄、自由の礎」であり、日米関係は「自由、民主主義、平和、人権、自由かつ公正な市場や法の支配など両国の共通の価値観を推進する上でますます重要だ」いう点で一致したと発表されました[28]。

日本は、「同盟国として自衛隊の役割を拡大し、情報収集、監視、偵察の能力を拡大向上させ、装備施設などを共有し、米軍と一体化を進める。宇宙空間における衛星通信の経費負担や相互の状況把握など弾力的運用を図る」と述べています。日本は陸、海、宇宙、またサイバースペースにまで米国の覇権を認め、その体制に日本を組み入れる方向に踏み出しました。米国の戦争を現在も将来を支援することに同意したと言えるでしょう。

二〇一七年一一月トランプは安倍の招待で来日しました。大統領専用機は横田米軍基地に着陸し、横田から麻布米軍へリポートに直行しました。二泊三泊の日本滞在中、霞ヶ関カントリークラブに行った時以外、日本の領空や土地に足を踏み入れることはほとんどなかったのです[29]。トランプにとって国境は無いも同然でした。トランプと安倍の共同記者会見の場でトランプが予告もなしに即興的に語ったことに日米関係がはっきり見えます[30]。

「日本の首相が大量の兵器を買うことは重要です。もちろんそうすべきです。なんといっても最良の軍用装備品を製造するのは我々の国ですから、もちろん米国から購入するでしょう。F-35戦闘機とか、ステルス戦闘機、いろんな種類のミサイルとか。我々の国の雇用を作り出しますし、日本や他の国はもっと安全になるというわけです。[31]」

安倍は「米国からもっと多くのものを購入する予定です。そのように考えております。」と答えました。

第二次安倍政権になってから五年間が過ぎました。米国の兵器、装備品や軍用システム購入に使われた金額は、安倍政権以前の五年間と比較して四・五倍です。トランプとの会談後、F‐35戦闘機を何十機かと多目標同時攻撃可能なイージス巡洋艦、それにおそらく空母を一ないし二隻買うことを早速閣議決定し、安倍は口約束だけではないことを見せたのです。そのような装備は防衛範囲を超え、攻撃可能な戦闘能力を保持する意味ですから、憲法違反です。日米両首脳にとって憲法九条はどこ吹く風なのです。[32]

沖縄――辺野古基地建設反対運動

日本の平和国家は沖縄の戦時態勢に裏打ちされてきました。沖縄は無責任と軍事第一主義のピラミッドの底辺です。沖縄の人々は大浦湾を埋め立てる辺野古新基地計画にもちろん反対ですが、沖縄の空を飛び回るオスプレイ配備、自衛隊やミサイル基地を馬毛島から奄美大島、石垣島、与那国島といった東シナ海の離島に配備するなど地域の軍事化全部に反対なのです。東シナ海の尖閣／魚釣諸島を必要であれば、安保条約を楯に米軍の力を借りても防衛しなければならない「日本領土」として扱うのではなく、生活圏として共同管理するよう根本的に考え直すよう望んでいます。[33]沖縄の場合、政府に抗議している人々は皮肉にも「戦後レジームを脱却」し「日本（沖縄）を取り戻す」運動をしているようです。

辺野古基地建設反対運動は二〇年以上前に始まりました。一九九五年少女が米兵に強姦される事件を発端に普天間空軍基地を返還することで日米が合意しました。しかし、代替基地ができたらという条件付きであったのが問題の始まりでした。新基地は一九九七年地元の名護市の住民投票で拒否され、沖縄県議会も何度となく新基地反対の決議をしました。

新基地に関する日米合意は、一九九六年、二〇〇六年、〇九年、一〇年、一一年、一三年、一七年と沖縄市民の反対で挫折するたびに姿を変え、次々と拡大する形で変更を重ねてきました。日米政府は反対運動を説得、買収、脅迫などあらゆる手段で潰そうとしたのですが失敗でした。しかし、政府上層部は、一貫して辺野古建設だけが「唯一の解決策」であり、「ゆるぎなく進める」という宣言を出し続けています。

二〇一四年の沖縄県知事選挙で、沖縄人としてのアイデンティティを強調し、辺野古基地建設阻止を公約にした翁長雄志は一〇万票以上の大差で当選しました。二〇一六年翁長知事は大浦湾埋め立て承認取り消しを法廷に訴え、判決までの間約一年にわたって工事は中断されましたが、二〇一六年一二月最高裁は知事の訴えを却下し、二〇一七年四月建設工事は再開されました。毎日何百台ものトラックが建設資材をキャンプシュワブの建設現場に運んできます。翁長知事は時機を見て大浦湾埋め立て許可を撤回することを繰り返し宣言しています。日によっては三〇〇台以上のものすごい数のトラックが大浦湾埋め立て用のコンクリートの塊や土砂を搬入し、時機が熟すのを待つうちに、大浦湾の自然環境が修復可能の限界に達してしまうのではないかと、現場で反対運動をする市民たちは心配しています。自然が回復できないまでに正式な撤回宣言を待つのなら基地建設絶対阻止の公約を放棄したことになります。

翁長知事は、長い間自民党の党員で一貫した保守政治家です。辺野古建設とオスプレイの沖縄配備には反対ですが、日米安保や米軍基地を大筋において支持しています。二〇一八年早々、沖縄のメディアが、翁長知事、辺野古基地代替案を検討中、と報じました。普天間を佐世保に移設すれば辺野古基地は必要がなくなるからペンタゴン（国防総省）に佐世保移設案を示し、また海兵隊の世界総司令部を沖縄に設けるために協力することも合わせて提言するというのです[34]。代替案をペンタゴンが了承すれば、沖縄はペンタゴンの計画に協力し、「軍事第一主義」の米国への従属を止めるどころか、従属をより強化することになります。

日本政府は沖縄で反対する市民たち、特に沖縄戦の記憶がある老年の人々が多い建設現場の抵抗をその気になれば簡単に粉砕できることは言うまでもありません。反対派市民に情け容赦なく乱暴をはたらくことは珍しいことではありませんし、沖縄平和センター議長の山城博治さんが些細な容疑で、家族との接見も、靴下をはくことも許されず、窓のない独房で五か月余という長期にわたって勾留されたことなど、嫌がらせ、いじめもあります[35]。しかし、強権的行動が沖縄一斉蜂起とか沖縄分離、独立の方向へ沖縄を追い詰めることを恐れているのも確かです。

基地反対の市民が機動隊と海上保安庁の警備員と、毎日もみ合う光景こそ今の日本で一番感動的な風景です。多くが六〇代から八〇代の年長の男女が工事関係のトラックが入れないよう毎日キャンプシュワブのゲート前の道路に座り込みます。座り込みの市民を機動隊が二、三人がかりで、一人ずつごぼう抜きにしてから持ち上げ、道路脇におろし、市民は一息つくとまた座り込みの場所に戻る、ということが繰り返されます。毎日のようにもう四年も続けている人もいれば、基地反対運動の初期からもう一〇年以上続けている人も数多く見られます。日本政府は、座り込みを続ける市民の後ろには反対派の行動を陰ながら支援する多数の市民がいることを意識し、いたずらに刺激しないよう辛抱強く対応し、また同時に一歩も譲らない固い決意と圧倒的力を誇示し、工事はどんどん進行しているように見せかけ、市民に抵抗しても無駄だという絶望感を植え付ける作戦です。

結論

一九五一年にサンフランシスコ講和条約を受け入れた当時、日本は米国の世界支配は永遠に続くと考え、米国従属を進んで受け入れました。二〇世紀後半から世界支配を支える米国経済に陰りが出てゆっくり衰退に動いてきました。特に近年米国経済は外部から激しく揺さ振られています。米国の世界ＧＤＰに占める割合は、現在一六％ですが、二〇二五年には一二％に低下し、現在一八％と言われる中国経済は、二〇二一年には二〇％を超えると予想されています。[36] 一九九一年に中国のＧＤＰは、日本の半分でしたが、その一〇年後、二〇〇一年には日本を追い抜き、さらにその一〇年後の二〇一一年には日本の三倍以上という猛烈な勢いで発展しています。[37] 日中のＧＤＰの格差は大きくなるばかりで、その劇的変化が日本を不安にし、焦燥感に駆り立てています。過去一三五〇年に、日本はお隣の中華大帝国の支配を避けるよう努力してきました。二〇世紀初めには、中国を侮って侵略した歴史もあります。霞が関の官僚が、戦後裕仁天皇から安倍内閣に至るまで続いてきた日本の支配層のアングロサクソン従属は、二〇〇〇年のアングロサクソンの覇権の終焉とともに終わりに着いたのではないか、と心配するのは当然です。

バブル崩壊後日本経済は低迷し、将来への不安、中国への嫉妬などを背景に、官民ともに日本が自信を持ち、誇れるものを求めました。深い不透明感が森首相の神の国発言や安倍のナショナリズムのシンボル強制を生み出したと思います。安倍が語ったナショナリズム高揚による日本改造は、ますます中身のない空疎なものになり、米国への「パラサイト、従属ナショナリズム」としか言いようもないものに変容してしまいました。米国の覇権衰退が進み、米国経済がますます弱体化する中で安倍政府は、先細りの道でも孤立化の道でも、最後までも米国と運命をともにするつもりなのでしょうか。

属国主義マークワンで、安倍は超大国にふさわしい、日本の暗い過去を越えた熱列なナショナリズムを米国の従属国、日本と結合させようとしました。それはうまくいきませんでした。また米国の第一級同盟国の地位を維持するために、安部は米国の世界覇権を一〇〇%支持する姿勢を明確にしめさなくてはなりませんでした。トランプ政権下で、安倍と彼の仲間たちはナショナリズムの表現を抑制し、屈辱的なまでの米国奉仕をあくまで続けるのでしょうか。

英文で発表された日本関係のコメントの中で、日本を最も暗い目で見ているのは私です。もっと楽観的になれたらいいと思いますが、日本に深い関心を持ち始めてから五六年目の今ほど、日本の現状と将来にこれほど不吉な危機感を持ったことはありません。しかし何もかもが絶望的だというわけではありません。半島の北と南の首脳会談の実現と成功は、予想外の明るいニュースでした。戦争準備が突然、平和と協調の姿勢に変わり、長年凍結されていた外交関係が復活する事態が起こりうることを示してくれました。正式に朝鮮戦争が終結することを踏まえ、平和協定の交渉が急に現実のものとして浮上し、在韓米軍の縮小、撤退も視野に入ってきました。連鎖して、沖縄の米軍基地の閉鎖、返還に繋がる可能性も出てきました。

日本には、核兵器を廃止し、原発や化石燃料から再生可能なエネルギーに変えたい、気候変動による様々な問題、例えば自然の保護や種の保全など人類が直面している難題に積極的役割を果したい、普遍的民主主義の原則を支持し憲法上の平和主義を維持強化したいと考える人々が数多くいることを知っています。こうした問題の解決を具体的に追及する政府を選び出すのが、日本市民の差し迫った課題だと思います。

文末脚注

1 *Client State: Japan in the American Embrace*, New York, Verso, 2007, 日本語版、ガバン・マコーマック著（新田準訳）『属国――アメリカの抱擁とアジアでの孤立』凱風社、二〇〇八年, in Chinese from Social Science Academic Press of China, 2008, and in Korean from Changbi, 2008.

2 同右。

3 「後藤田正治、元副総理インタビュー」『朝日新聞』二〇〇四年九月二一日。

4 西谷修「〝自発的隷従〟を超えよ――自立的政治への一歩」『世界』二〇一〇年二月号、岩波書店、一二六頁。

5 孫崎享『戦後史の正体』創元社、二〇一二年。

6 米国追従路線派として吉田茂（首相在職期間：一九四八―五四）、池田隼人（一九六〇―六四）、中曽根康弘（一九八二―八七）、小泉純一郎（二〇〇一―〇六）が挙げられ、自主路線派として田中角栄（一九七二―七四）、鳩山由紀夫（二〇〇九―一〇）が挙げられている。

7 筆者の英国、オーストラリアその他のケースの分析は、木村朗・孫崎享編『終わらない占領』法律文化社、二〇一三年の中の「属国論」（一八―三八頁）参照 (English version at "Japan's Client State (Zokkoku) Problem," The Asia-Pacific Journal – Japan Focus, June 24, 2013)。

8 『転換期の日本へ――「パックスアメリカーナ」か「パックスアジア」か』ＮＨＫ出版新書、二〇一四年。

9 *The State of the Japanese State; Contested Identity, Direction and Role*, Folkstone, Kent, Paul Norbury, Renaissance Books, 2018.

10 内田樹・白井聡『属国民主主義論』東洋経済新報社、二〇一六年。

11 また筆者の *"The State of the Japanese State"*, pp. 9ff を参照。

12 同右、一五頁参照。

13 安倍晋三『美しい国へ』文春新書、二〇〇六年。

14 防衛問題懇談会「日本の安全保障と防衛力のあり方――21世紀へ向けての展望」（樋口レポート）一九九四年八月一二日 http://worldjpn.grips.ac.jp/documents/texts/JPSC/19940812.O1J.html/

15 Gavan McCormack (with Satoko Oka Norimatsu) *Resistant Islands – Okinawa versus Japan and the United States* [Rowman and Littlefield, 2012, second, expanded edition, 2018, p. 64. マコーマック・乗松聡子著『沖縄の〝怒〟――日米への抵抗』法律文化社、二〇一三年。

16 MacArthur told a US Senate Committee on 5 May 1951, "If the Anglo-Saxon was say 45 years of age in his development, in the sciences, the arts, divinity, culture, the Germans were quite as mature. The Japanese, however, in spite of their antiquity measured by time, were in a very tuitionary condition. Measured by the standards of modern civilization, they would be like a boy of twelve as compared with our development of 45 years." (John Dower, *Embracing Defeat: Japan in the Wake of World War ll,* New York, W.W. Norton, 1999, p. 550). MacArthur's view matched that of Hirohito, who referred disparagingly to the Japanese people as "lacking in education," marked by "a willingness to be led," and prone to "sway from one extreme to the other." (most likely between April and July 1946, see Dower, "A message from the Showa emperor," *Bulletin of Concerned Asian Scholars,* 31, 4, 1999, pp. 19-24.)

17 "Memorandum of conversation," 9 July 1971, Department of State, *Foreign Relations of the United States,* 1969-1976, vol. 17, China, 1969-1972, https://history.state.gov/historicaldocuments/frus1969-76v17/d139/

18 Fred Hiatt, "Major General, US troops must stay in Japan" *Washington Post,* 27 March 1990.

19 Joseph S. Nye Jr, "An Alliance larger than One Issue," *New York Times,* 6 January 2010,.: http://www.nytimes.com/2010/01/07/opinion/07nye.html

20 木村朗「権力の暴走とアメリカの加担――小沢問題の意味を問う」NPJ通信、二〇一二年一一月一四日。

21 Richard Armitage and Joseph S. Nye, “The US-Japan Alliance: Anchoring Stability in Asia,” CSIS (Center for Strategic and International Studies), August 2012. This report, published months before the 2012 presidential election, laid out the position expected to be the kernel of East Asian policy for the incoming administration.

22 McCormack and Norimatsu, *Resistant Islands: Okinawa confronts Japan and the United States*, 2012, pp. 193-6.『沖縄の〝怒〟――日米への抵抗』。

23 “Japan is Back,” Abe Shinzo speech to CSIS, 22 February 2013, http://japan.kantei.go.jp/96_abe/statement/201302/22speech_e.html/

24 靖国参拝を避けた代わりに伊勢神宮に参拝した。

25 第三の項目を付け加えることが必要だと考えるなら、憲法改定するまでに自衛隊は合憲ではないことを意味する。

26 加治康男「〈九条加憲〉安倍『加憲』案の迷走が示唆するもの――緩まぬ『敗戦』の軛」(『世界』二〇一八年四月号、岩波書店、一七八―一九〇頁)参照。

27 Sixteen conversations over the year to November 2017, and therefore almost certainly more than Germany’s Merkel or Britain’s May, making Abe Trump’s closest associate among world leaders. (“Reuters, “Trump Favorite: Abe,” *The Telegraph*, 7 November 2017).

28 US Department of State, Joint Statement of the Security Consultative Committee, Washington, 17 August 2017. https://www.state.gov/r/pa/prs/ps/2017/08/273504.htm/

29 神保太郎「メディア批評第121回」『世界』二〇一八年一月号、岩波書店、五八頁 (Henry Young, “Trump plays round of golf with ‘wonderful people’ Shinzo Abe and Hideki Matsuyama,” CNN, 6 November 2017, http://edition.cnn.

郵 便 は が き

料金受取人払郵便

神田局
承認

5111

差出有効期間
2020年11月
30日まで

101－8791

507

東京都千代田区西神田
2-5-11出版輸送ビル2F

㈱花 伝 社 行

お名前《ふりがな》

お電話

ご住所（〒　　　　　　　）
（送り先）

◎新しい読者をご紹介ください。

お名前《ふりがな》

お電話

ご住所（〒　　　　　　　）
（送り先）

愛読者カード

このたびは小社の本をお買い上げ頂き、ありがとうございます。今後の企画の参考とさせて頂きますのでお手数ですが、ご記入の上お送り下さい。

書 名

本書についてのご感想をお聞かせ下さい。また、今後の出版物についてのご意見などを、お寄せ下さい。

◎購読注文書◎

ご注文日　　年　　月　　日

書　　名	冊　数

代金は本の発送の際、振替用紙を同封いたしますので、それでお支払い下さい。
（2冊以上送料無料）

なおご注文は　FAX　03-3239-8272　または
メール　info@kadensha.net
でも受け付けております。

com/2017/11/06/golf/Donald Trump-Shinzo-Abe-golf-Matsuyama-Kasumigaseki-country-club-japan/index.html/)。

30 同右、五九頁。

31 "Remarks by President Trump and Prime Minister Abe of Japan in Joint Press Conference," Tokyo, Japan," The White House, Office of the Press Secretary, November 06, 2017, https://www.whitehouse.gov/the-press-office/2017/11/06/remarks-president-trump-and-prime-minister-abe-japan-joint-press/

32 On the aircraft carriers, the planned conversion at a cost of around three billion pounds ($4 billion) of the two existing helicopter carriers to handle the jump jet fighters. (Eichel Stone and Didi Tang, "Japan plans new carrier to meet Beijing threat," *The Times*, 28 December 2017).

33 新崎盛暉「沖縄はアジアにおける平和の『触媒』となりうるか」『現代思想』二〇一二年一二月号、青土社、一五七頁。

34 木原悟「翁長知事の「辺野古代替案」提示は言語道断」アリの一言（ブログ）二〇一八年一月五日。

35 「靴下について」*The State of the Japanese State*, p. 107.

36 PwC [Price Waterhouse Coopers], "The Long View: How will the global economy undergo change by 2050?" http://www.pwc.com/gx/en/world-2050/assets/pwc-the-world-in-2050-full-report-feb-2017.pdf2017/

37 IMF, World Eonomic Outlook, 2018. https://knoema.com/IMFWEO2018Apr/imf-world-economic-outlook-weo-database-april-2018.

10章　東アジア共同体と沖縄の視座
——沖縄から日本と東アジアの人権・平和を問う

木村　朗（鹿児島大学教授）

はじめに

二〇一二年一二月に再び登場した安倍政権の暴走は、原発の再稼働・輸出、武器輸出の解禁、秘密保護法の制定、集団的自衛権行使を可能とする安保法制の整備、東京オリンピック招致と共謀罪新設の試みなど止まることを知らないほどである。とりわけ、沖縄の人権と民意をまったく無視した辺野古・高江での基地建設の強行は、本土による露骨な沖縄差別、市民運動の弾圧であり、日本はもはや法治国家・民主主義国家ではなくなっていると言わざるを得ない。まさにそのことを証明しているのが、沖縄での辺野古新基地及び高江へリパッド建設反対運動の先頭に立ってきた山城博治・沖縄平和運動センター議長の逮捕と長期拘束であり、本土（大阪）から派遣された機動隊員による「土人」「シナ人」発言であろう。

戦後の日本は一貫して米国の事実上の占領下にあり、米国の属国であることを自発的に受け入れ続けてきた。すなわち日米安保体制の本質は、米国（とりわけ米軍）による日本占領と日本による自発的従属である。その意味で、日本という国は、真の独立国家・主権国家になったためしは戦後一度もなかったと言える。

また米国では、世界的な規模で米軍の位置付けと同盟国の役割を根本的に見直すと宣言しているトランプ新大統領が登場した。そして、このトランプ新大統領によって、第二次大戦後一貫して続いてきた「パックス・アメリカーナ」がどのような形で終焉を迎えるのかが注目されている（拙稿「トランプ新大統領と世界秩序の大転換――変貌する〝テロとの戦い〟」雑誌『ピープルズ・プラン』第七五号、「特集：オバマからトランプへ――変化するアメリカを掴む」に掲載、を参照）。

このような日本内外の揺れ動く情勢の中で、東アジア地域において日本と沖縄はどのような位置・役割をはたすべきなのかを考えてみたい。

1　民主主義からファシズムに移行する日本社会

戦後最大の転換期にある日本――「第二の逆コース」の加速化

いまの日本社会は、民主主義からファシズムへの移行、平和国家から戦争国家への転換という大きな岐路・過渡期にあると言っても過言ではない。冷戦終結後、グローバリゼーションが席巻する中で、アメリカ流のむき出しの純粋資本主義、いわゆる弱肉強食の金融資本主義、強欲（賭博）資本主義が世界化する。これとイデオロギー的には新自由主義と新保守主義（新国家主義）と言われるものを両輪として、日本にも規制緩和や構造改革の波が押し寄せることになった。この流れが、二〇〇一年の9・11事件、あるいは二〇一一年の3・11（東日本大震災と福島第一原発事故）以後、急加速している。今の時代状況は、一九二九年の世界大恐慌後の一九三〇年代の世界、ナチス・ドイツが登場した前後と類似している。あるいは、第二次世界大戦後の、朝鮮戦争が始まる前後から本格化する冷戦の中で、アメリカではマッカーシズム、日本では、アカ狩り旋風が吹き荒れた時代状況と重なる。

当時の日本は、冷戦の最前線ではないものの、一九四七年前後から「逆コース」と言われる平和・民主主義と逆行する流れになった。その後、冷戦終結を契機に多少の揺り戻しがあった。一九九三年の非自民党政権・細川政権の成立がそれであった。その後、九〇年代半ばぐらいまでは、冷戦終結の恩恵を受けての揺り戻しが続いたが、それ以降は「第二の逆コース」に入っていく。その「第二の逆コース」に対するカウンターとして、もう一つの大きな揺り戻しがあったのが、二〇〇九年夏の政権交代と鳩山民主党連立政権（以下、鳩山政権）の登場だった。

その鳩山政権は、普天間飛行場の移設問題で「できれば国外移転、最低でも県外移転」を掲げたものの、既得権益層（政界・官界・財界・報道界・学界）とアメリカからの総反撃を受けた結果、辺野古V字案に回帰すると形で挫折・崩壊することとなった。その後の菅・野田両政権は、アメリカの従属を深めて官僚の言いなりとなり、「第二自民党」政権に成り下がっていく（鳩山友紀夫・白井聡・木村朗『誰がこの国を動かしているのか』詩想社新書、二〇一六年、および進藤榮一、木村朗共編『沖縄自立と東アジア共同体』花伝社、二〇一六年などを参照）。

沖縄が強いられている理不尽な状況——「構造的沖縄差別」から「自己決定権」へ

菅・野田両政権を経て再び登場した第二次安倍政権以降、沖縄では二〇一二〜一三年のオスプレイの強行配備、そして辺野古への新基地建設強行などの事態を受けて「構造的沖縄差別」という言葉が定着することになった。そして、沖縄のアイデンティティー、沖縄の自己決定権、あるいは沖縄（琉球）の独立という主張・選択肢が静かながらも確かな底流として生まれている（沖縄で「琉球民族独立総合研究学会」を立ち上げた中心メンバーである龍谷大学の松島泰勝さんの『実現可能な五つの方法　琉球独立宣言』講談社文庫、二〇一五年、および琉球新報社の若きエース記者で第一五回（二〇一五年度）石橋湛山記念早稲田ジャーナリズム大賞を受賞した新垣毅さん（琉球新報社編著）の『沖縄の自己決定論』高文研、二〇一五年などを参照）。

沖縄県の翁長雄志知事が、二〇一五年九月二一日にスイス・ジュネーブで開かれた国連人権委員会で、「沖縄の人々は、自己決定権や人権をないがしろにされている」「米軍基地の集中は人権侵害」と表明した。また、この間の安倍政権による辺野古新基地建設強行を「強権ここに極まれり」と糾弾してもいる。その翁長知事は、那覇市長時代の二〇一三年一月に、オール沖縄の代表団団長としてオスプレイ強行配備への反対や日米地位協定改定などを要求する「建白書」を携えて上京した際に、「お前たちは日本人じゃない！」、「日本から出て行け！」「非国民！」「売国奴！」「裏切者！」「ゴキブリ！」「スパイ！」といったヘイトスピーチ、侮蔑的な言葉を自分たちに容赦なく浴びせられた経験がある。

その時の屈辱を翁長さんだけでなく沖縄の人々は決して忘れていない。また二〇一三年一一月二五日、その辺野古問題で県外移設を公約して当選した自民党選出の五人の国会議員が、自民党本部の圧力で壇上に並べさせられて、当時の石破茂幹事長に辺野古移設を容認する選択を強制されてうなだれている姿を目撃した沖縄の方々は、この時も沖縄差別に対する深い憤りを覚えたと言われる。

そして、安倍政権が、沖縄が日本から切り離された、沖縄にとっては「屈辱の日」とされている四月二八日を「主権回復の日」として二〇一三年に祝ったということにも沖縄の人々は当然ながら強く反発した。このような沖縄のおかれている深刻な状況を本土の大手メディアはほとんど伝えず、そのためもあって本土の多くの人びとは沖縄の問題に無関心で実情を知らぬままである。これはまさに沖縄に対する根本的な認識の誤りと無理解をあらわしており、「内なる（無意識の）植民地主義」が政府、与党だけでなく、本土の私たち一般市民の中にも深く根付いていることを物語っている。

ここでその歴史的背景と起源を考えるために、戦後日本と日米関係のあり方を方向づけた米軍による占領と日本の「独立（主権回復）」の原点を少し振り返ってみよう。

2 戦後日本の歩みと失われた「もう一つの選択」

日本が米国の占領から「独立（主権回復）」を実現して国際社会に復帰したのは、今から六四年前の一九五二年四月二八日のことである。そのときに日本は、その前年の九月八日に対日講和条約と同時に結んだ日米安保条約によって、米国の軍事力に基本的に自国の安全保障をゆだねて、その代わりに戦後復興と経済発展に専念する道を選択した。その後の日本は、この吉田路線の選択によって、短期間に敗戦の痛手から立ち直ったばかりでなく、「東洋の奇跡」とも言われた高度経済成長を達成して世界有数の「経済大国」になるにいたった。東西ドイツや南北朝鮮のような分断国家の悲哀を受けることもなかった。この意味で、戦後日本の歩みを「幸運」に感じ、「寛大な占領（講和）」を行った米国に、多くの国民（特に保守的指導層）が素朴に感謝の意を表してきたことも理解できないことではない。

しかし、これとは異なる別の見方がもう一方にある。それは、対日講和条約で失われた「もう一つの選択」を重視し、サンフランシスコ体制の影の部分にも目を向ける見方である。当時の日本は、冷戦開始を背景にした米国による占領政策の転換を受けて、戦犯追放の解除や財閥解体の中止など「逆コース」へと旋回・軌道修正されつつあった。講和条約締結の問題が浮上した背景には、日本の再軍備（すでに、朝鮮戦争勃発直後の米軍指令により五〇年七月には警察予備隊が創設されていた）を促進するとともに、日本の早期独立と引き替えに、新たな同盟条約を締結して米軍駐留と基地の自由使用の権利を認めさせようとする米国の強い意思があった。つまり米国は、冷戦という世界的規模での東西両陣営の対立が激化するなかで、日本を西側に取り込んで「東アジアにおける反共の砦」にするという明確な戦略的利益に基づいて、サンフランシスコ講和条約による「独立（主権回復）」とワンセットにした形での日米安保条約の締結を押しつけたわけである。

これに対して当時の吉田政権は、全面講和を求める多くの国民の声を無視して、米国を盟主とする西側の一員となるという選択を、片面講和と日米安保条約の同時調印という形で受け入れたのであった。このときの選択によって、日本は、日本国憲法の平和主義の精神に基づく「軍隊のない国家」「軍事同盟を結ばない国家」として、戦後国際社会において自主的な平和外交を積極的に展開して世界の非武装化の先駆的な役割を果たすという「もう一つの選択」を失ったのである。今日における日本の根本問題である「対米従属」「アメリカ化」の原点がここにあると言えよう。

3　沖縄への犠牲・差別とアジアの忘却——吉田路線の負の遺産

当時の吉田茂首相がサンフランシスコ・二条約（講和条約と日米安保条約）を締結することで、日本は一九五二年四月二八日に「独立」を回復して国際社会に復帰すると同時に、米国の軍事力に基本的に自国の安全保障をゆだね、代わりに戦後復興と経済発展に専念する道を選択した。しかし、その代償は大きなものであった。吉田路線の負の遺産は、(1)対米従属という自主性の喪失、(2)沖縄への犠牲・差別とアジアの忘却、(3)法治主義の腐食・揺らぎという三つの点に集約される。

まず第一番目の負の遺産は、片面講和と日米安保条約の同時調印によって、日本が米国の世界戦略の中に深く組み込まれることになったことである。それは、冷戦状況下で米国を盟主とする（西側）自由主義陣営の一員となり、ソ連を盟主とする（東側）社会主義陣営に対決していくことを意味した。すなわち、「東洋のスイス」

から「アジアにおける反共の砦」としての日本への転換であり、「独立（主権回復）」と引き替えの「対米従属」、すなわち「自立性の喪失」であった。その象徴が、占領軍からそのまま駐留軍となった特権的な米軍の存在であり、また朝鮮戦争の最中に米国の強い圧力によって生まれた経緯を持ち、「憲法違反の存在」でありながら米軍の一貫した監視下で戦力増強を義務づけられた自衛隊であった。また、占領中の対米追随路線が独立後もまったく変わらず継続されたのは、吉田茂首相がサンフランシスコ講和条約・日米安保条約締結以降もそのまま首相を続けたことも大きな要因であった（孫崎享『戦後史の正体』創元社、二〇一二年を参照）。

それは、日本外交の不在、あるいは戦略的思考の停止と経済面での過度の対米依存、米軍の補完勢力としてアジア有数の軍事力・戦力を持つにいたった自衛隊といった形で現在でも続いている。

第二番目の負の遺産である沖縄への犠牲・差別とアジアの忘却は、戦争責任および戦後責任の放棄という問題と密接な関係がある。日本は、冷戦開始を契機とする米国の政策転換によって、戦前の最高指導者であった昭和天皇をはじめ、岸信介元首相など一部のA級戦犯容疑者が免責されたばかりでなく、講和会議に臨んだ米国の強い意思で当然行うべきであった賠償責任さえも負わずに済むという「幸運」に恵まれた。こうした「幸運」には、東京裁判で、米軍が行った原爆投下や東京大空襲などとともに、日本軍が行った細菌戦・人体実験や強制連行・従軍慰安婦（＝戦時性奴隷）などの重大な戦争犯罪が断罪されなかったことや、朝鮮戦争やヴェトナム戦争で日本が「享受」した特需景気等も加えられよう。

この結果、戦後の日本は過去の清算、すなわち侵略戦争や植民地支配への真摯な反省・謝罪と、日本人の手による戦犯の追及・処罰、被害国・被害者に対する国家および個人レベルでの適切な賠償・補償という最も大切なけじめをつけなかったことが、今日にいたるまで重大な禍根を残すことになったのである。

今日でもアジアの多くの民衆から不信と警戒の目で見られ、国内ではそれに反発する形で戦前回帰の動きが急速に強まっている根本原因も、東京裁判での昭和天皇の免責と新憲法における象徴天皇制の導入、日本および日本人自身による戦犯処罰や戦後処理・過去清算の欠如、という形で「戦前との連続」を色濃くのこすことになった戦後日本の出発点のあり方にあることは明白であろう。

また沖縄は、講和条約によって日本が独立した後も米軍の過酷な占領下におかれ続けたばかりでなく、一九七二年の本土復帰後も「米国と日本本土による二重の占領・植民地支配」が形を変えて継続することになった。一九九五年の米兵による沖縄少女暴行事件や、二〇〇四年八月一三日の沖縄国際大学への米軍ヘリ墜落事件等に見られるように、在日米軍基地の過度の集中という過酷な現実に苦しむ沖縄（琉球）の人々の声に真摯に耳を傾けようとしない日本政府（および米国政府）と、日本本土の人々の冷淡さ・差別の原点がここにあるという冷厳な歴史的事実を今こそ直視しなければならない（新崎盛暉『新崎盛暉が説く構造的沖縄差別』高文研、二〇一二年を参照）。

最後に、三番目の負の遺産として挙げなければならないのは、法治主義の腐食・揺らぎである。敗戦後の日本は、米軍による事実上の単独占領下に置かれ、非軍事化と民主化を掲げるＧＨＱニューディール派の官僚主導で戦後復興の道を歩んだ。その過程で導入されたのが、一九四六年一一月三日に公布され翌年五月三日に施行された日本国憲法であった。この戦争放棄と交戦権否定の九条を含む日本国憲法が制定された背景には、昭和天皇の免責と沖縄の分離支配を国益とみなす占領軍・米国側と、日本側（昭和天皇を中心とする支配層）の「暗黙の一致」があった。

そして、戦前天皇中心の軍国主義体制の呪縛下にあった当時の国民のある層（特に保守的支配層）にとって、この新しい憲法が「占領軍による押しつけ」であると感じられたことは事実であろう。しかし、その一方で多くの国民がそれを積極的に支持・歓迎したのは、軍隊が戦時・戦場で国民にとっていかに危険な存在となるか、また国家が行う軍国主義教育や大本営発表という形での情報操作による洗脳が、いかに恐ろしいものであるかを思い知らされた戦争体験が原点であったからである。この平和憲法は、占領下で生じた朝鮮戦争の最中にマッカーサー指令によって創設された警察予備隊（その後、保安隊から自衛隊へ）と、対日講和条約と引き替えに結ばされた日米安保条約によって、その平和主義の中核部分と法治主義の根幹が脅かされることになった。本来、武装抵抗の権利という意味での自衛権を自ら放棄した平和憲法と、明白な軍事力・戦力を備えた武装組織である自衛隊、あるいは世界最強の軍隊である米軍の駐留と日米共同軍事行動を可能とする安保条約は、両立不可能なはずである（例えば、一九五九年の砂川事件での「伊達判決」とその後の米国の圧力を見よ！）。

しかし、歴代の日本政府は、再軍備と軍事同盟締結が実は米国から押しつけられたものであるという事実を隠蔽する一方で、自衛隊と安保条約の存在を既成事実として国民に受容させることに力を入れてきた。その結果、国の最高法規である憲法よりも安保条約や自衛隊法などを優先させる「法の下克上」（前田哲男氏の言葉）という異常な状態が生み出され、戦後長らく今日まで続いたことで、民主主義の基本原理である法治主義・遵法精神が根底から蝕まれてきたのである。また、日本を実質的に支配しているのが米軍（横田基地にある在日米軍司令部）、すなわち日米合同員会であるという、これまで隠されてきた真実も徐々に明らかになってきている（吉田敏浩著『「日米合同委員会」の研究――謎の権力構造の正体に迫る』創元社、二〇一六年、および同著『検証・法治国家崩壊――砂川裁判と日米密約交渉』創元社、二〇一四年などを参照）。

このような観点に立てば、これまでの既成事実の先行と解釈改憲による追認という悪循環から脱却する道を明文改憲に求めようとする現在の日本の動きが、いかに本末転倒であるかは明白である。また、どうしていまでも独立した主権国家とは呼べないような米国の「属国」という地位に留まり続けているのか、あるいはなぜ国の最高法規である平和憲法が主権者である国民の意志よりも、米国への配慮を優先することで蹂躙され続けている理由も見いだせるであろう（ガバン・マコーマック著『属国――米国の抱擁とアジアでの孤立』凱風社、二〇〇八年を参照）。

4　沖縄の米軍基地問題とオスプレイ強行配備が意味するもの

沖縄問題は沖縄独自の問題ではなく日本問題である。と同時に米国問題であり、米軍基地問題の根本的解決は日米安保条約の解消しかあり得ないというのが私の基本的立場である。また、沖縄の基地問題は、軍事・安全保障問題である以上にまず人権・民主主義の問題であるということも指摘しておかなければならない。

こうした観点からすれば、市街地のど真ん中にある普天間基地は、二〇〇四年の沖縄国際大学への米軍ヘリ墜落事件や、一九九五年の沖縄少女暴行事件「以前」にも即時無条件返還が実現されてしかるべきではずのものである。しかし実際には、普天間基地撤去は「新基地建設」の条件付で、米軍ヘリ墜落後二週間も立たないうちに訓練が再開されている。また、辺野古への新基地建設は住民の体を張った抵抗によって今日に至るまで完全に阻止される一方で、老朽化した普天間基地はその危険性を除去することなくそのまま固定化されようとしているのが現状である。

沖縄は、太平洋戦争中に日本で行われた「唯一の地上戦」である沖縄戦で日本本土防衛のための「捨て石」とされ、戦後は日本本土と切り離されるかたちで「米国の軍事植民地」となり、本土復帰後もアジア太平洋地域の平和と安全のための要石（キーストーン）とされて、日本全国の米軍専用施設の七〇％以上が集中するという過重な負担を強いられ続けてきた。

そして、度重なる米軍・米兵の事故・犯罪、過酷な基地騒音被害、日本本土との経済格差の拡大など、まさにそのことこそが「構造的沖縄差別」（新崎盛輝氏の言葉）、すなわち「沖縄は米国と日本本土による二重の植民地」（日本は米国の事実上の「植民地」、そして沖縄は日本本土の「国内植民地」）であることの証明である。これまで控えていた「県外移転」を翁長雄志知事や多くの沖縄の人びとが憚らずに声を出し始めたのは、そのような隷属状況をこれ以上黙って受け入れ続けることを断固拒否するという沖縄県民の一致した意思であることは間違いない。

そうした沖縄の民意を踏みにじる形で日米両政府が行った二〇一二年から翌一三年にかけて「未亡人製造機」とも揶揄される欠陥機オスプレイ二四機の「世界一危険な米軍基地」と言われる沖縄・普天間基地への強行配備という蛮行は、あまりにも理不尽かつ不条理な仕打ちであると言わねばならない。

オスプレイは、二〇一七年一二月一三日に沖縄県沖で「墜落」事故（日本政府と本土メディアは「不時着」事故と公表・報道した）を起こすと同時に、同日、普天間飛行場に別のオスプレイの機体が胴体着陸を行っている。そして、このような相次ぐ事故が起きたにもかかわらず、沖縄県民からの抗議の声を無視して、米軍は何事もなかったかのように早期の訓練（自己の原因となった危険な空中給油訓練を含む）再開に踏み切り、日本政府はそれを容認している有様である。オスプレイは二〇一七年九月二九日にもシリアで墜落・大破し米兵二人が負傷する事故、その後、二〇一八年一月二八日にも、中東のイエメンで米軍がイスラム過激派を攻撃中に、米海兵隊のオスプレイ一機が墜落し、三人の負傷者を出す事故などを起こしている。

5　沖縄の怒れる民意に本土はどう応えるのか

米軍属女性暴行殺人事件に抗議する沖縄県民大会が二〇一六年六月一九日に那覇市で開かれ、約六万五〇〇〇人が参加した。その会場で掲げられた「海兵隊は撤退を」「怒りは限界に達した」とのプラカードに凝縮された沖縄県民の強い思いを日米両政府、そして本土の日本人はどう受けとめたのであろうか。

県民大会では、翁長雄志知事は、二一年前の県民大会で二度と起こさないと誓った事件を再び起こしたこと、責任を感じている。政治の仕組みを変えられず、政治家として、知事として痛恨の極みだと述べ、日米地位協定の抜本改定や辺野古新基地建設阻止のために「強い意志と誇り」で立ち向かう不退転の決意を表明した。大会決議に、海兵隊の撤退が初めて盛り込まれた意義は大きい。

SEALDs琉球のメンバー・玉城愛さんの「あなたのことを思い、多くの県民が涙し、怒り、悲しみ、言葉にならない重くのしかかるものを抱いている」、「安倍晋三さん、日本本土にお住まいの皆さん、今回の事件の第二の加害者は誰ですか。あなたたちです」との言葉には悲劇に見舞われた女性の痛みを思いやる気持ちと深い悲しみだけでなく、沖縄を見下しているように見える本土への怒りが強く感じられた。

また、同じSEALDs琉球のもう一人のメンバー・元山仁士郎さんの「日本の安全保障とは一体何なのか。一番の脅威は私たち隣人を襲う米軍、米兵の存在ではないでしょうか」「安倍さんの言う日本国憲法に謳う〝国民〟の中に沖縄の人は入っていますか」という国家のあり方そのものを問う発言に、これまでとの〝空気の違い〟を感じて胸を打たれた。

今回の事件で、安倍内閣の一人が「タイミングが悪すぎる」と漏らしたと伝えられているが、思わず本音が出たのだろう。県民大会への自民、公明両党などの不参加は、参院選を間近に控えて基地問題の争点化を避ける思惑が透けて見えた。沖縄では小手先の争点隠しは通用しない。沖縄の怒れる民意は今後も変わることなく示されるであろう。

この問題での菅官房長官の、沖縄県民大会「県全体ではない」との発言には沖縄の民意を無視する安倍政権の驕《おご》りがみえた。

本来、日米地位協定改定問題は、沖縄だけの問題ではなく日本国家全体の問題であり、当然国政選挙の争点になる。また、沖縄の基地問題は、軍事・安全保障問題である以上に、人権・民主主義の問題である。一九九五年の少女暴行事件から二一年後のいまも人権侵害状況は何ら変わっていない。日本が米国の属国であり、沖縄が日米両国の植民地状態にあることを思い知らされる毎日である。翁長雄志知事の国連人権委員会（二〇一五年九月二一日、スイス・ジュネーブ）での、「沖縄の人々は、自己決定権や人権をないがしろにされている」との切実な訴えはまさにそのことを物語っている。

繰り返される米軍関係の犯罪や事故に対する沖縄県民の怒りと悲しみはとうに限界を超えている。次なる被害者を出さないためにも、この憤怒に満ちた沖縄の声に私を含む本土の日本人は今こそ行動で応えるべきである。

6　沖縄での異常事態は「緊急事態条項」の先取りか

参院選で「勝利」を収めた後の安倍政権の暴走は、衆参両院で「改憲勢力」が三分の二の絶対多数を制することができた驕りなのか、常軌を逸したものとなっている。安倍首相は、参院選では争点化を避けた改憲への意向を選挙翌日に露骨に打ち出した。いま沖縄では、その改憲の目玉ともされ、大災害時などに権限を集中させる「緊急事態条項（国家緊急権）」の先取りとも言える事態が起きている。

それは、名護市辺野古新基地建設をめぐって県を訴えたり、東村高江の米軍北部訓練場でヘリパッド建設を強行するため県道を封鎖し、辺野古の米軍キャンプ・シュワブ内陸部での施設建設の工事再開を要請するといった、政府による一連のなりふり構わぬ異常事態のことである。

政府は二〇一六年七月二二日、県の米軍普天間飛行場の辺野古への移設に関し、県を相手に地方自治法に基づく違法確認訴訟を起こした。同じ日、米軍北部訓練場のヘリパッド移設工事を再開。政府は本土から五〇〇人の機動隊員を送り込んだ。前日には、県議会は建設中止を求める意見書を賛成多数で可決していたが、政府側は力づくで道路を封鎖して住民を排除し、工事を再開した。現状確認のため現場に向かう県職員の立ち入りも認めなかった。こうした過剰な警備による基本的人権の不当な制限、侵害、基地負担軽減を求める県民に対する鎮圧、制圧、強制という手法は断じて許されるものではない。

さらに問題なのは、こうした異常事態を大手メディアがあまり報道せず、本土の多くの人々は知らないままということだ。翁長知事は二〇一六年七月一八日に本土の人々への問題提起としてあえて馬毛島を視察したが、その真意を理解しようとする姿勢も乏しかった。

沖縄問題の本質は、まさに日本問題に他ならない。また沖縄の基地問題は、安全保障の問題である以上に、人権、民主主義の問題である。本質を理解しようとせず、日米安保体制を容認する立場からまさに他人事のように「辺野古移設は仕方がない」とする本土の人々のゆがんだ「常識」こそが、あらためて問われている。

私たちは、権力とメディアが一体化した言論統制・情報操作によって不可視化されてはいるが、沖縄でいま起きている異常事態は、まさに近未来の日本本土の姿でもあることを直視すべきである。

7　沖縄の基地問題の行方と東アジア共同体への道

「沖縄の負担軽減」を合い言葉に米軍の部隊配備や訓練の日本本土への「たらい回し」がこれまで部分的に行われてきたが、それは米軍基地問題の根本解決につながるものではない。沖縄の辺野古・高江における身体を賭けた命懸けの抵抗運動だけでなく、県外の徳之島・馬毛島での米軍基地移設・訓練移転に対する住民の激しい反対運動が示しているように、沖縄はもちろんのこと、日本本土においても米軍基地の新設や軍事機能をこれ以上に拡充する余地はないことは明らかである。沖縄県内ばかりでなく、日本本土でも民意は米軍基地の新設や軍事機能の強化を明確に拒否している。残された選択肢は国外移転、すなわち米軍の縮小・撤退と日本本土にある自衛隊基地の日米共同使用による在沖米軍の訓練移転以外にはないと思われる。

ここで優先すべきことは、米国に代わって代替基地を探すことではなく、米国の政治学者である故チャルマーズ・ジョンソン氏も提起していたように、米国基準ではあり得ない「世界一危険な」普天間での訓練即時中止、基地の閉鎖・撤去をあらためてはっきりと米側に突きつけることである。「米国と日本本土による二重の占領・植民地支配」下にある沖縄への過重負担を最優先に軽減し、日米地位協定や思いやり予算も見直さなくてはならない。いまこそ日本は脱植民地化の道を進めると同時に、日本人の内なる植民地主義を克服しなければならない。

このような状況において、沖縄の基地問題は、日米安保体制の存続を含む日米関係そのものを根底から揺るがすほどのきわめて大きな問題・火種となる可能性を秘めている。なぜなら、これ以上の沖縄への構造的差別を日米両政府が押し付け、そうした理不尽を日本本土の人々が黙認し続けることはあってはならない。もしそうした構造的差別を解消できないならば、沖縄から、米海兵隊の全面撤退だけでなく、すべての米軍基地撤去の要求、それを実現するための最後の選択肢としての沖縄の独立も現実問題として浮上してくることは間違いないと思うからである。

それと同時に、沖縄のみでなく、日本全国の主要な空域が日本の主権が及ばない米軍優先の事実上の専用空域となっているという事実が、徐々に多くの国民の共通認識として浸透しつつある。その意味で、沖縄基地問題は、日本が一層の主権放棄・隷属状態を強めるか、あるいは主体性と自立性を回復して真の意味での「独立国家」へ向かうことができるかの試金石となっていると言えよう。

換言すれば、米国の衰退と中国の台頭という二一世紀初頭の新しい国際情勢の中で、日本はいま将来のあり方・方向性を決める重大な岐路に直面しており、いまこそ日本が自立と連帯、すなわち際限のない対米従属からの脱却と東アジア諸国との共生関係の創造、あるいは日米安保条約の解消と東アジア共同体の構築を目指さなければならない。また沖縄をこれまでの「軍事の要石」から「平和の要石」へと転換し、東アジア共同体の構築を進める中で東アジア地域の統合と連帯の拠点とすることが喫緊《きっきん》の課題として浮上している。

その意味で、世界の警察官をやめて世界中の米軍基地を縮小・撤退することを唱えるトランプ新大統領の登場は、日米関係の根本的転換、すなわち日本と沖縄が過剰な米国依存から脱して自立する大きなチャンスとなる可能性がある。もちろん、そのチャンスを生かすことができるか否かはあくまでも日本自体の問題であり、私たち本土と沖縄の市民が日米両政府にどれだけ責任ある対応を取るように迫ることができるかにかかっている。

トランプ新大統領登場後の東アジアの軍事・安全保障環境がどうなるかは、中国との緊張関係の高まりなどが見られるものの依然として不透明な部分が多い。そうした中で、国境を越えた市民にとって真の意味での安全・平和をもたらす軍事力によらない平和の実現を最後まであきらめずに長期的に求め続けていくことが私たちの最大の課題となっている。

11章　東アジア平和の課題

金哲（安徽三聯学院教授）

東アジアで共有されなければならない基盤

皆さん、こんにちは。中国から参りました金哲と申します。今日ここでは、一個人として発言していることを事前に申し上げます。それを一国の認知・認識として評価または反論することだけはおやめになってください。一人の教育者として研究者として一人の東アジア人間として、現在の認識を発言させていただくことになります。ご不明な点がございましたら遠慮せず質問してください。

まず申し上げたいのは、東アジアの平和は東アジアの市民・公民によってのみ根本的に成立することになるということです。東アジアの市民や公民抜きで、一国家・一民族・一政府だけによって平和が成立するわけがないですし、それが東アジアの市民・公民の共通の認識であろうと私は思います。互いに武力による殺しあいで支配を確立したり、独裁政治を行ったり、相手国家・民族を馬鹿にしたりすることでは、平和な東アジアを創設することは不可能でしょう。

私自身も中国から二一年前に九州大学に留学してから今に至るまで、東アジアの諸国に赴いてさまざまな教育、研究および社会活動を行ってまいりました。ご覧の通り、東アジアの平和はいまだ完成されることがなく、まだまだ解決しなければならない課題が多く存在しています。そのため、今日は一個人として私の見解を述べさせていただき、皆さんと議論し、新しい知恵・智慧の創造ができればいいと思います。その議論によって新しい知恵・智慧の創造を実現させることが、私のこの講座のもう一つの目的でもあります。

結論から先に申し上げますが、東アジアの平和は東アジアの市民・公民に共有される「基盤」が成立・創成されない限り、浮き雲と同じように風向き一つで揺れ動く不安定な関係に変化していってしまいます。平和の基盤・根幹の成立が絶対的に必要不可欠ではないでしょうか。

そもそも、東アジアの市民・公民の選択・行動の基準・根源・根元が共有されればいくら風向きが変わっても変化が生じることなく、東アジアの平和を守ることができると思います。私はこの共有されなければならない基盤が今の東アジアには足りないと思います。その共有される基盤が成立すれば、東アジアの平和の実現は問題ありません。しかし、その基盤が成り立たなければ世界の流れに晒され、利益やお金によっても揺れ動くこととなり、いくら経っても東アジアの平和は成立できないと思います。アジアの全地域の中でも先進国である日本・韓国・中国で形成される東アジアは、同じ文化圏でもあるのに、世界的経済国家圏として共同体形成ができていないということは誠に残念なことだと思います。同じ地域、同じ文化、同じ人種、同じ思想の東アジアが共同体を成立できずにいる理由の一つは、教育そのものに関するさまざまな要素が問題であるでしょう。

そのため、今日は教育を中心に、それと関わるいくつかの要素をお話ししたいと思います。

依存型教育による弊害

教育に関する概念・基準・価値などは数多く存在しますが、私は「人間の認知・認識・基準・選択・目的などと、及び、行動の実践程度と判断に使用・利用される知恵・智慧を創造する」ことが教育の根幹であると認識しています。現在の私が行う選択と行動および実践すべては、私の一個人の学びと研究で得た結果・結論によって行われています。同じく、皆さんも自らの基準で選択し、行動するはずです。その基準がどのように形成されるのか、それぞれの人々の基準の差は、どのような結果を生み出すかを簡単に見ていきたいと思います。ここでは、現在の教育が過去からの内容を無変化のままに、同じ教師で同じ教科書で確実に学生たちに注入していくのならばどうなるかを考えてみましょう。

国家または宗教上の立場から強制的な教育をすることが成立しているとならば、人間は生まれた瞬間からすべての人間と同じく、選択・行動基準が一冊の本に定められ、朝から晩まで、生まれてきた時から死ぬ瞬間まですべて含めて、食って寝て遊ぶことを選択し、決められた行動を着実に実践することになります。こうすることで、他国・他民族との間に、世界的な平和、東アジアの平和は成立できるでしょうか?

おそらく、一〇〇%確実に平和にはならないはずでしょう。一言で言えば、決まりきった行動だけで地球や自然の中を動き回り生き伸びることはそもそも不可能であるため、人類そのものは滅亡すると思いますし、他国・他民族を受け入れないゆえに生じる衝突は避けられないと思います。静止的な世界の基準・それも決まりきった絶対的基準によって、動態的な世界を行動させることは矛盾するため、そもそも平和が成立する基盤を創造することができないと思います。国民への行動規制を強制すれば、依存型人間・依存型社会を成立させるだけで、創造型国家・社会になることはできないのです。このような国家を恐ろしいと言う人もいれば、これを利用する人間からすれば嬉しいということもあるのでしょう。

身体をもって生まれてくれれば、国籍・民族・宗教・親・文字・教育・制度などがすべて決まっており、私という一個人が何も思考・判断しなくても指示されるままに行動・選択・実践すれば、死ぬ瞬間までは少なくとも生き延びることは可能でしょう。ただ、その際の幸福・幸せの基準は身体的本能的五感的感覚による刺激であり満足であるからこそ、依存型人間にしかなれないはずです。

依存型人間の特徴の一つは、何でも「待つ」ということです。自らで挑戦・選択・行動をすることはせずに、やらせられること以外にしない。自らの思考・実践・行動はそもそも頭の片隅にも存在しないのです。

そのような教育による問題や矛盾が生じています。動物園の動物と何ら変わらない国家・社会になっているのが現状と言えるでしょう。個人的には依存型人間の国家に対する忠誠は、飾りに過ぎないと感じています。現行の国家・組織・企業・家族・他人ではなくても、依存さえ叶えば依存型人間にとっては問題ではないと確信しています。これが私が依存型教育に強く反対・反論する理由であり、根幹でもあります。

自我の思考・行動

教育の世界で、自我の思考・判断という授業を行っている教育は数えられるほど少ないのが現状でしょう。皆さんはどうでしょうか。どのくらい自我の思考と行動と判断を実践していると思いますか？　決まりきった基準で選択し、実践・判断することになれてしまった人間は、簡単にそこから抜け出すことはできません。社会からは、決まりきった行動のみによって高い評価を受けられることになっているため、動物園の動物と同じく、無変化の自我を創造しているのが現状であります。皆さんは名門・鹿児島大学の学生さんですので、自我の思考・行動・判断で選択する人生を歩んでいると思います。

大学生である以上は必ず、知恵・智慧を用いて自我の考え・行動などを他人・社会・国家・世界に説明・解釈することが大学生の義務・責任だと思います。知恵・智慧の説明ができないということは決まりきった過去の基準・知識の組立に過ぎず、人類の進化・発展のためにならないと思います。繰り返しますが、現行の国家・社会・知識のもとで、生まれてから何もせずに指示されたことだけで生き延びることは可能です。未来の人類が何も新しい創造をせず（創造は思考によって発見されるものです。）、既存の国家・社会・知識をそのままずっと何百年・何千年も利用して生き続けることは可能です。しかし、果たしてこれで人類が生き延びることは可能でしょうか?

私は否定的見解を持っています。そのような人間は生き延びることができず、逆に滅亡・消滅すると思います。既存の社会がすべて完璧であり、人間それぞれが指示通りにいきていれば衝突も問題もないはずです。しかし、現実には国家間や、組織、人間関係、あるいは家族間でさまざまな問題が生じており、衝突によって怖ろしい結果が生まれています。これが続く限り、結果として訪れるのは人類の滅亡・消滅だけです。つまり、人類は既存のものだけで生きることはできたとしても、変化のない社会を継続させようとすれば消滅してしまうということです。

そこから導き出される結論は、新しい知恵や智慧を創造するための活動・実践を教育の根源にしなければ、未来はないということです。それが人類の未来・東アジアの平和を保証する唯一無二の方法であります。

東アジアの市民が共有する新しい知恵を創造する教育

次に、知恵・智慧の創造はどのように行われたらいいかを見てみましょう。

私たちは一五歳の中学校まで義務教育を受けています。この義務教育には様々な問題があります。例えば、そもそも試験だけで一個人のすべてを判断する方法が本当に最善の選択でいいのか、という問題です。これまでの議論の中で、試験を超える手段は発見されていません。端的に言えば、試験では決まった内容である教科書の知識の組立がうまい人間が強い傾向があります。でもこれからの時代は人工知能の時代です。このような人間よりも、現在は存在しない知識・智慧・知恵を発見する人間が必要不可欠になります。人類の生き残りのためにも、試験に強い人よりも思考能力・創造能力が強い人間が必要になり、これらの人間をどのように義務教育で育成していくかが求められていきます。おそらく、未来の国家間競争は、この教育に成功した国家が勝ち上がっていくと確信しています。

なぜなら、試験という方法一式によって大学院まで卒業した人間は少ないですが、そこまで才能があっても試験の不合格で発見・研究の才能を限られてしまっている人間は数多くいます。新しい知恵・智慧は動く宇宙の法則・根源を発見することですから、記憶や知識の組立、既存の方式などを使用するよりも、新しい世界を思考し、創造することが大事になってきます。新しい知恵・智慧を創造することによってのみ、未来の人類の進化・発展が達成されるため、新しい知恵・智慧を創造する国民が多ければ多い国家ほど、発見・創造の量・テータが増えていくので、世界的な地位は安定していきます。未来の世界はこのような新しい知恵・智慧を持っている量・テータの創造によって世界の国家間の序列関係が決まっていくと思います。言い換えれば新しい知恵・智慧がない国家は世界の国家から忘れ去られることになるのです。

話を戻しますが、義務教育に多くの問題がある中で、東アジアの市民・公民が共有する新しい知恵・智慧を創造する教育が少なすぎます。この教育の成立と共有こそが私が願っている東アジア市民・公民の共有を確立できる基盤の創造につながります。新しい知恵・智慧そのものには国籍・民族・宗教もありません。それは、すでに存在しながら発見されていない宇宙・地球・自然・人類の知恵・智慧を発見して、それを利用・使用すること、そして、宇宙の動態的流れを発見し、人類の生存を融合させ、人類の進化につなげていくことを意味します。これは人類が生き残るための、唯一の方法です。

このことを言い換えれば、人類が生き残れるために核武器、金、利益、名誉、権力、見栄などは必要ないでしょう。それらよりも人類が生き残るためには、新しい知恵・智慧の創造が必要であり、そのための教育がさらに必要です。

世界各国が社会的に安定し、発展するために選択したのが経済社会という方法であります。現在の社会のような、金のためなら親さえ殺したり、権力を得たり競争に勝ったりするために悪質な手段を用いている社会は、果たして人類の進化のために最善の結果なのでしょうか。もし、武力と戦争とが生き残る手段であったとしても、戦争の後にまた生じる課題は武力では解決できません。やはり、知恵・智慧の上に立たなければ人類が生き残ることはそもそもできません。ですから私は、武力と戦争そのものによって平和が成立するはずがないと思います。

当然、東アジアの平和そのものも戦争という武力で成立するはずがないからこそ、人類の知的能力を用いることによって平和の建設を目指しているわけです。世界の全人類に共有される新しい知恵・智慧の創造を教育の根源として知的共有される基盤を設立し、それを共同使用する共同体設立まで持っていくことが必要不可欠であると思っています。

今を生きる・今を発見する・今を創造する

これまで、教育そのものが決まった内容で行われてきたため、同じ知識と組立能力の持ち主である学生たちによる集団や組織が、社会の中で成立してきました。決まりきった内容や知識があるからこそ、他人・他組織・他国家との比較によって勝ち負けが決まり、人生の選択の基準になっています。すなわち、外部的要素（金、権力、名誉、さらには外面、スタイル、所有物）の基準で成功が左右されています。

ちょうど、一か月ほどの前に、音楽を学ぶ学生たちと交流する機会があり、バイオリンを学ぶ専攻の学生たちと話をする時間がありました。学生たちの話題が、バイオリンの弾き方や学び方などであればよかったのですが、バイオリンの楽器そのものを他人のものと比較して、その値段や製造方法、誰が使用してきたかなどの話題で二時間も盛り上がっていました。バイオリンの楽器そのものの歴史や値段、制作方法などは大変勉強になりましたが、学びの対象としてのバイオリンの演奏に関する話題の方がもっと価値があり、意義があり、成長の基盤になるのではないかと思っていたので正直ビックリしました。このような認識でバイオリンを学んでもおそらく他人よりはるかに演奏が下手、または遅れて成長することになるでしょう。

ある名人が言ったように「昨日という過去の上に、未来という無存在の結果をつなげて現在の行動を選択する人間ほど愚か者はいない。過去は過ぎ去って未来は存在するかもわからない。存在するのは現在だけ。いま思考し、いま発見し、いま創造する人が未来を作る成功者になれる」ということに私も共感です。

皆さんの周りにおいても今を選択し、行動・実践する人がいれば是非一緒に行動をしてみてください。今まで見えていなかった世界・社会が見えてきます。言い換えれば、今までとは違う世界・社会が見えてきます。それが世界や社会の流れの前を走る自我を創造し、新しい知恵・智慧の創造につながっていきます。先を見て創造する知恵・智慧ほど強いものはないでしょう。

私が尊敬する木村先生とは、二一年前に知り合って今までずっと親交が続いています。木村大先輩は過去の栄光や業績、現在の業績・成果にとらわれることなく、常に新しい知恵や智慧を創造して、現在の世界の動きを分析していきます。その活動や熱血的な人生観は、とうてい私には真似することができません。ここにいる皆さんも是非、今を生きる・今を発見する・今を創造する事にチャレンジしてみてください。必ず今まで見えてこなかった世界が見えてくるので幸福・達成感のある人生になります。

新しい創造によって東アジアに平和が訪れる

東アジアでは、幼稚園・小学校・中学校・高校・大学・大学院というあまり変わらないシステムで教育が行われています。共通の試験によって評価され入学し、既存の知識の使用具合なり、組立創造なり、記憶・使用・組立能力を教わり、卒業して社会に出て生きていきます。そのため、学生たちは幼稚園から注入され続けてきた暗記式・記憶式などの大量の知識を使用するようになり、過去の基準によって行動が習慣化され、または選択の傾向や基準を抱くようになります。二四時間×三六五日×人生を生きていくうえで決まりきった基準・行動を取ることは、一番選択しやすく共有されやすい選択肢となりました。

そのような教育により、同じ教科書・同じ学習時間（小学校から高校まで一二年間）・同じ年齢・同じ知識・同じ地域・同じ認知・認識が生まれ、人間対人間の差・違いは先天的に創造された身体・表象・名前・出身など以外には生じないという事実です。つまり、受動的・被動的に決まりきった仕方で生きてきた結果が、他人と言っていることが同じ、選択する基準が同じ、見る・見えていることが同じになってしまう。であるからこそ社会において、同じであることを強烈に演出する組織が成立していきます。

組織が大きくなればなるほど柔軟性は減り、変化が難しくなります。組織から外れた者は「変人」や「KY」と言われるなど偏見にさらされ、イジメにあうことになります。立派な大人たちが決まりきった基準で均質化されていない相手を「敵」であると判断し、攻撃するということは、やはり彼ら自身に問題があるとしか言いようがないでしょう。

なぜ、東アジアの平和が阻害・破壊されるのかはこのような事例からでも簡単に説明できます。彼らが、新しい知恵・智慧を創造する人間・組織・社会・国家に対して攻撃を加えるようになれば、これは国家の問題であると確信できます。

言い換えれば、国家・社会・企業・個人という単位で成立した集団・組織は、東アジア平和を実現する上において最大の阻害・破壊の壁になります。教育によって同じ認知・認識が培われているという理由に加え、同じ判断能力・選択力・実践力・行動力・知識を持って設立された集団・組織は、他国・他民族の認知・認識を認めようとはしないからです。そのため、一緒に未来を創造する平和地域になることは困難になります。自らの選択・

判断基準を重んじる方向で現在の教育を変化させない限り、異なった他人や他組織や他国家と衝突してしまうため、新しい知恵・智慧の創造はできないと思います。

そのために、木村先輩と一緒に日中韓の教育者・研究者・仲間たちと東アジアの平和の基盤になる教育と研究を実践していく学会の創設を準備しています。過去を継承し、今のまま継続して生きることはできたとしても、それで未来の東アジアの平和を守ることができるかは確約できないからです。新しい東アジアの平和を創造することは私たちの使命・義務・責任であります。今の世界が既存の基準・目的・知識で衝突を避けられていないからこそ、衝突を避け、解決するための新しい知恵・智慧を創造し、共有することによって未来の創造につながると確信しています。

ここにいる皆さんは二〇代前後の柔軟性の頭脳と若い身体能力を備えている大学生であるため、自らの努力次第で、世界最高の知恵・智慧を創造し、既存の障害の壁を乗り越えることができると確信しています。そもそも大学生は、将来の国家を背負う人間であると同時に、人類の未来を担い、そのために貢献できる人間にならなければならないという自覚を持ってほしいです。

自身の努力で創出される知恵・智慧

次に、もう少し踏み込んだ話をしてみたいと思います。

私たちは、先天的に創造された身体の成長に伴い、生まれてきた時からすでに存在する人為的世界・国家・社会の制度・礼儀・文化などの管轄・管理によって、後天的「自我」が受動的かつ被動的に育成されていきます。教えの内容を私が選択するとしても、反対・反論することができないため、そのまま模倣・鵜呑み・選択・実践をしなければなりません。体制の中で、喜び・悲しみの基準まで教え込まれることは言うまでもありません。これら幼少期に刷り込まれた既存の認知・認識・基準・目的によって、「無思考」で「無変化」を選び続けること、そのために実践行動を取ることが習慣化されていくことになります。

このようにして成立する「自我」は、自らの行動が正しいかどうかという判断をすることもできず、決まりきった基準を実践していくことになります。あるニュースで、子どもが拳銃で「敵」とされる大人を銃殺する光景を見たとき、注入型教育がいかに非人道的かつ反人道的である人間を育成するかが確認できました。

すなわち、教わった基準に即さない人は、同じ人間でもすべて「悪人」であり、「敵」であると見なされ、同じ基準を持った人間のみが、賛成・支持・協力・理解に値する「われら」になるということです。そのことに私は強く違和感を抱いています。いくら同じ人間であっても、国家・社会・組織・民族などによって刷り込まれた教育によっては、平和的に共存する人類世界を創造することはできないことを証明しています。

先にも話しましたが、過去に刷り込まれた基準や過去の知識をそのまま選択判断基準にすればするほど、世界は衝突の世界になり、人類は戦争に巻き込まれ、知恵・智慧がない、武力だけによって支配される国家・社会を創造するだけです。人類という最高の知的創造物が、動物たちも選択しない全滅戦争を行うことに、私は一教育者・研究者としても、納得いかない部分が多いです。人類が生き残ることを放棄して戦争・核戦争をすれば、それは最大の恥だと思います。

それでは知恵・智慧はどのように創造されていくでしょうか。数字で説明すれば九九%と一〇〇%の差は一%だけです。この一%こそが、後天的に自ら努力することによって成立する知恵・智慧だと思います。これは他人に見せることもできないし、他人が見たくても見えない私の内なる創造のみで形成される知恵・智慧になります。私の努力で発見し、たどり着いた次元は、私の行動の根源にもなっていきます。もし私が何もせず、ただ決まりきった国家・社会のルールに従って生きていけば一生を生きることは可能でしょう。しかし、新しい世界を見ることはできないはずです。

一％の天才と言われる人間によって人類・国家・社会が支えられ、人類の進化・発展が創造されていくことは、歴史が充分証明できると思います。新しい知恵・智慧の創造は、本当に毎日・毎瞬間認識し、思考し、行動し続けなければ発見できません。それは本当に大変な作業です。誰からも好かれることも評価されることもない孤独な自我の自我による戦いです。

決まりきったことをそのまま習慣化して、食って寝て仕事して遊ぶことを九九％の人間が選択する理由・根拠もここにあります。問題はこれら新しい知恵・智慧を創造する人生は、前例がない発見であり、真理であるため、既存の権力・権力者と衝突し、殺されたり、投獄されたりする結果になってしまいます。歴史上、科学者が新しい知恵・智慧を創造し衝突した上で、命を奪われた例はいくらでもあります。二一世紀の現在でも、新しい知恵・智慧を創造する人間が、二〇世紀と同じく賞罰されることになれば、それこそ人類の過去からの学習能力はゼロだと証明することになりかねません。

納得できない経済の論理

中国では、一俳優の四日間分の出演料が、何百名もの研究者の一生分の給与と同じです。それ自体が、科学者・研究者・教育者の地位がどれほどに認識されているかを表しています。

これは経済の論理なので仕方ないと言う人もいます。私は経済の専門家ではないので分かりませんが、いくら経済の世界でも、やはり人類に知恵・智慧をもって解釈・説明できない経済は、私は学問として認めません。例えば、なぜ世界の一％の人間が世界の財・富の半分以上をも独占することができるのか。経済は、世界中の七六億人のために選択された方法・道具であるはずなのに、一％がその富を独占すること自体が非科学的であり、偽善・嘘の建前でつくられた制度だとしか言いようがないと思います。経済が、貧乏な国家・企業・家族・人間に対する支配の道具となり、現在アメリカと中国の衝突の原因になっているならば、なぜ経済が衝突を引き起こす要素を持っているのか、なぜそれが支配構造を確立させていくのかを分析しなければならないと思います。

簡単な例としても、なぜ競争に勝って市場を独占するために価格の引き下げをするのか、それ以外には方法がないのか、さらには商品等を無料で提供し競争相手が資金不足で撤退したのち市場を独占することに対してそのような解釈ができるのかを説明してほしいです。経済にも知恵・智慧で説明する義務があると思います。経済が人類の進化・発展の知恵・智慧として選択された方法・手段であれば、それがもたらした結果に対する説明を知的に解釈できない限りそれは知的産物ではないと思います。

経済の生み出す結果によって自殺・破綻・倒産することがあっても、一%の人間が世界の富の半分以上を占めていても、その責任は自殺・破綻・倒産する人間にあるということになります。つまり、負けた方に責任があり、経済そのものには何の問題もないというのが、経済の解釈です。

ちなみに、経済そのものは集団・組織・他要素によって形成され、行われている以上、一個人の力では経済の世界で生きることはできません。経済は集団競争であり、どんな手法・手段でも選択できる世界であります。それと逆に、知恵・智慧は私の思考・行動で発見できるものです。一個人として私の思考・行動・努力次第で、いくらでも新しい知恵・智慧は創造することができます。二一世紀はまさに個々人の自らによる新しい知恵・智慧の創造の時代になると確信します。人工知能（ＡＩ）に打ち込まれた既存のすべての知識を組み立てて答えを出す時代が到来することで、集団で組み立ててきた知識の組み立ては消滅します。インターネット上の他人の知恵・智慧を引用することも違法になり、既存の知識の利用・使用および他人の模倣による評価などは人間の役割として評価されなくなっていきます。新しい知恵・智慧の創造の時代になってきました。

人間は何をするのか、何を目指すのか、人類だけにできることとは何なのかが問われる時代になってきました。教育の世界は大きく変化・変換せざるを得ない時代になっています。教師は、既存の知識を説明し、使用方法を講義する仕方から、新しい知恵・智慧の創造をしなければ教師になれない時代となり、学生たちの学習そのものも、既存の知識を調べて組み立て使用・利用することでは評価されなくなります。自らによる学習で新しい知恵・智慧を創造することが、唯一の評価・価値の判断基準になっていきます。

おわりに——見えないものを大事にする国家が勝利する

一国家による新しい知恵・智慧の創造教育が、未来の世界の地位を確定する時代になっていくと確信しています。創造的国家が主導する知的国家・知恵・智慧の教育を確立することで、世界の国家としての地位を確定し、世界をリードしていく国家になっていきます。ただ、武力だけで世界と戦う国家・国民は、世界から疎外されることは言うまでもないでしょう。知恵を重んじない国家・国民は、知的国家と国民に対して、武力だけでは勝てるはずがありません。それが、動物国家と人間国家の差であり、勝ち残る国家・国民の差であります。

知恵・智慧の国家・国民に見える世界・流れ・動きは、そうではない国家・国民には見えないはずです。知恵・智慧を持った人間は世界の動きを根源から見ていますが、そうでない人間には表面だけの揺れ動きだけが見え、それが根源だと錯覚し、間違った行動を選択・実践することになります。人々の選択と行動が異なるのは、一言で言えば、見えている世界が違うからに過ぎません。

世界の根源をはっきり目にすることができれば、全力で選択・努力することになりますが、見えなければ他人の模倣・真似でしか行動できないため、いつも一歩遅れた行動になりかねません。

例えば、次頁の図（英単語が隠れている）が見えるか見えないかと同じように、今の世界の動きそのものが見

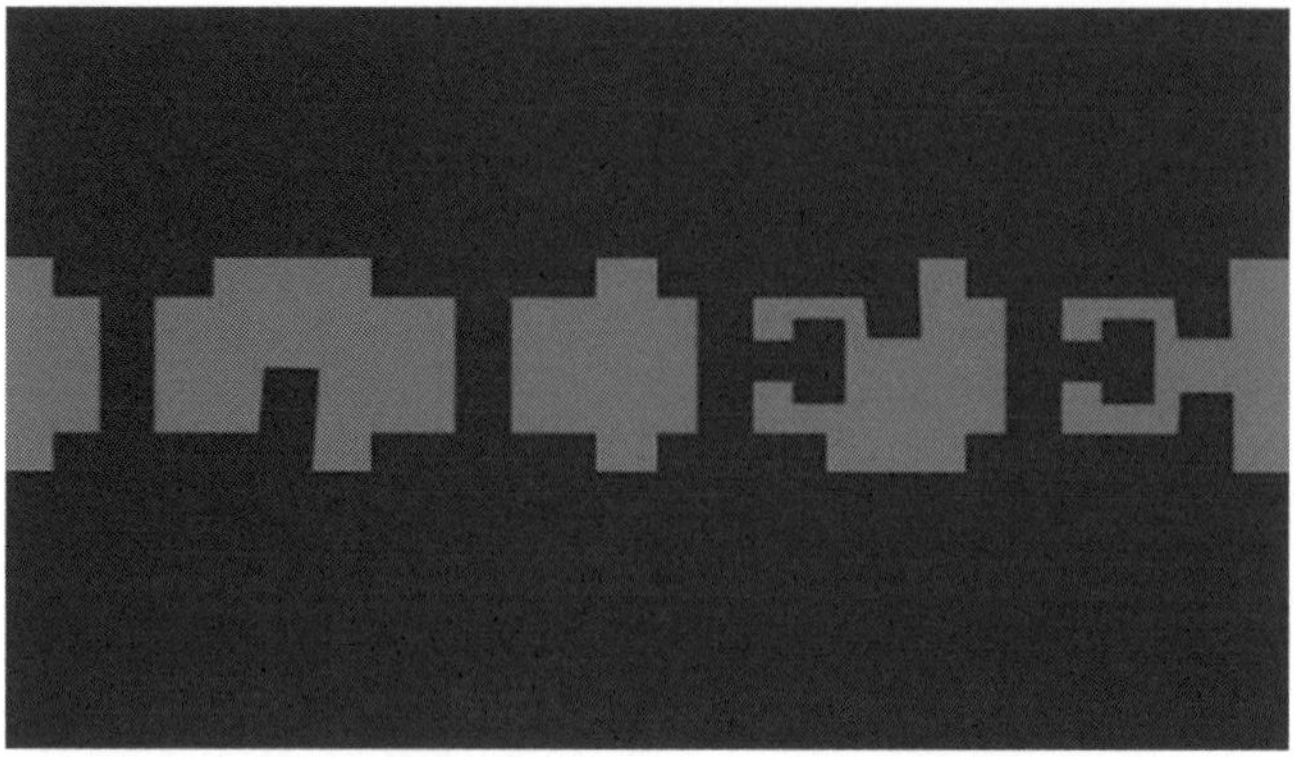

英単語が隠れている

えるか見えないかで国家・国民の選択・実践の速度が分かれることになります。それが知恵・智慧を持った国家・国民と、決まりきったことでしか選択できない国家・国民の行動の差であります。

ここに示した一枚の絵でも、見える人にはすぐ隠れている文字を読むことができますが、見えない人にとっては、一時間見たとしても見えてきません。国家・国民レベルでこのような差が生じればどうなるでしょうか。

これからの東アジアの平和の基盤は、新しい知恵・智慧の創造によって築かれるでしょう。創造が可視化されることが、東アジア諸国での共通する手段だと思います。可視化されないままでは、既存価値や過去のことがそのまま未来に継承され、過去と未来をつなげて今の行動が制限されることになりかねません。

最後になりますが、これからも私は世界の変化が見え続けるように一生懸命努力していくつもりです。東アジア平和のために東アジアの市民・公民が、知恵・智慧の創造的基盤を共有できるように、頑張りたいと思います。

ここにいる皆さんの中でもこのような私たちの行動・努力に共感した方がおられれば、是非一緒に基盤を創造していきましょう。それが東アジアで生まれ、現在生きている人類としての私たちの価値であり、義務だと確信しています。

12章　歴史認識における差異と和解への道

李若愚（四川大学歴史学部准教授）
張博（河南大学日本語学科准教授）

はじめに

今回のテーマは「歴史認識における差異と和解への道」です。もともと中国語で書いたので、日本語に訳したときに一つの曖昧さが生み出されました。つまり、主語は隠されることになりました。いったい誰の歴史認識なのか——？　これは最初に提示したい問題です。言葉を変えると、歴史認識における認識主体は何でしょうか。

今日出席して頂いたみなさんは、だいたい日本人の方々だと思います。中国人の私は、日本人の方々と一緒に歴史認識について話し合うと、話の焦点は自然にお互いに関心を持っている日中戦争に移っていくことが多くあります。私は中国人なので、中国人の戦争認識をお話しするのは、私にとっては「たやすい御用」です。おそらく皆さんは、中国人が話す戦争認識はイコール中国人の戦争認識だと思われるかもしれません。ただし、私が日本人の戦争認識を説明しようとすれば、どうでしょう。私が「日本人の戦争認識はこうだ」と話したあとに、もし「先生、それは違うと思う」と言う学生さんが出てきたらどうしますか？　そうだとして、私の言ったことは間違っているでしょうか。日本人の学生さんの言う認識は、真の日本人の戦争認識でしょうか。誰の戦争認識が日本人の戦争認識なのでしょうか。

さて、「私は誰」という哲学的な問題を、皆さんは考えてみたことはありますか。実は私は、若い頃、よく考えていました。「私は誰」と考えてみたときには、「私は中国人か」という問いにもぶつかりました。私のパスポートを見れば分かることであっても、哲学的に考えてみると、非常に複雑なことになりがちです。

例えば社会心理学者南博《みなみひろし》は、そのような疑問に答えるために著書『日本人論』を書きました。もちろん中国にも「中国人論」のような議論は存在します。「私＝中国人」だとしたら、「中国人論＝私を論ずること」であるはずなのですが、それは違います。「中国人論」の「中国人」は、一種の「観念」です。観念の世界では、私という人間と「中国人」の間にイコールを書いてはいけないのです。中国で生活した一〇〇人を集めればイコール「中国人」と言えますか？ あるいは、一四億の中国の人口はイコール「中国人」ですか？ それも違います。

哲学による表象世界（感覚の複合体として心に思い浮かべられる外的対象の像の世界）には、「中国人」は存在しません。「中国人」は観念の世界にあります。同じく、「日本人」も「日本人の戦争認識」も観念です。日本の人々の戦争認識を総括しても、日本人の戦争認識ではありません。日本の人々が、戦争に関するある観念を共有しているなら、その観念こそは日本人の戦争認識です。その内容は「真理を有する者は、有しない者に手段問わず真理を教えなければならない」ということでしょう。

1　日清戦争に対する日本人の認識

他国侵略の新道徳

国際政治学の視点からすると、明治維新以前の日本は「二重のフロンティア」の窮地に陥っていました。資本主義の発展とともに、世界の中心がヨーロッパに移って、東アジアの一隅にある日本は「辺境の辺境」になってしまったのです。そこで日本は、ヨーロッパ文明への挑戦という課題に直面し、非常に高い危機感を抱いてきたのは当たり前のことです。その一方で、東アジア政治システムの核心部ではなく、辺境の辺境に位置していた日本であるからこそ、さっぱりと「東洋の悪隣」と離れる勇気があったとも言えるでしょう。そのおかげで、西洋文明に主導された近代国際政治システムの枠組内に、すみやかに自分の居場所を求めるようになったのです。

明治維新以降、一日も早く近代国家に並ぶようにと、日本ではヨーロッパに影響を受けた啓蒙運動が行われていました。啓蒙の対象である「無知野蛮な者」は、明治の日本国民のみならず、日本の近隣国の国民も含まれていたのです。日本人リーダーの「善意」により、朝鮮、中国、ベトナムなどの国民も、日本人と共に文明開化の新天地に進むことができる……これが日本人にとっては理想ではなく、崇高な使命であると考えられていました。明治の日本人は伝統的な華夷秩序を西洋の国際法に代えると同時に、新東アジア国際秩序でのリーダーシップを求めていたのです。これは、後には明治以降の国家戦略にもなりました。もちろんこのために、侵略戦争は戦略達成の手段として日本人の視野に入るようになったのでしょう。

日清戦争の際にこのような奇怪な現象が起こったのです。つまり、国内政治をめぐって議論が沸騰していた思想界の諸先生方が一旦海外への戦争に論及したところ、派閥を問わず一斉に礼賛することになってしまった。戦争反対の声はほとんど聞こえないほど僅かでした。皇国偉業を礼賛する最前頭に立った一人が、「国民教師」と呼ばれる福沢諭吉です。一八九四年七月二五日、朝鮮豊島沖海域で清国兵約一一〇〇名を輸送中だった「高陞号」が、まだ宣戦布告していない日本海軍に撃沈されるという事件が起こりました。福沢諭吉はこの「高陞号事件」を吉報として『時事新報』より号外を出しました。また豊島沖海戦直後の七月二九日には『時事新報』で、福沢は日清の交戦を「文野の戦争」と定義してもいます。

福沢諭吉は「かの政府の挙動は兎も角も、幾千の清兵はいずれも無辜《むこ》の人民にして、これを鏖にするは憐れむべきがごとくなれども、世界の文明進歩のためにその妨害物を排除せんとするに、多少の殺風景を演ずるは到底免れざるの数なれば、彼等も不幸にして清国のごとき腐敗政府の下に生れたるその運命の拙なきを、自から諦むるの外なかるべし」[1]と論じました。

キリスト教に改宗した内村鑑三も福沢の同調者の一人です。彼の考えでは「日本は東洋における進歩主義の戦士である。ゆえに進歩の大敵である支那諸国を除けば、日本の勝利を希望しないものは世界万国にあるわけがない」、したがって日清戦争は「われらにとっては実に義戦」、「外科医が裁断器を以て病体治療に従事する時の念を以て清国に臨む」[2]と言いました。

福沢思想の恐ろしいのは、「大義名分論」との伝統の思想様式において、思想主義的な「義」を、功利主義的な「文明開化」に入れ替えたということです。これは「文明開化のためならば、何でもできる、どんな手段でも使える」という発想につながっています。

「義」は、形而上の東洋の道徳的理念ですが、福沢氏の「文明開化」は形而下（形をそなえている）の西洋の物質的文明を指しています。「文明開化」の日本は、「義にあり、利にあらず」の東洋的道徳を捨てねばならないことになりました。西洋文物を採用して早々、海外への侵略を図ろうとする当時の日本において、日本人は他国を侵略してもよい、侵略しなければならないという新道徳を創出するに至りました。

日清戦争以降、日本の民衆が好戦的に

その後、日本は「大東亜共栄の指導者」と自称しながら、東亜で戦争犯罪を犯していくことになるのです。その意味で、第二次大戦の残念な結末は福沢諭吉の日清戦争論の延長線にあると言えるでしょう。日清戦争は、近代日本対外戦争の始まりでもあり、かつ好戦気風の発端でもあります。また、注意すべきなのは「侵略しなければいけない」との考え方は書斎に腰掛けた知識人にとどまらず、『時事新報』のような大衆メディアを通じて一

般国民にも受け入れられたということです。日清戦争中、大衆趣味に合わせて大量に増殖した新聞、雑誌メディアにおいても、国民の好戦傾向は表れていたと思われます。

日本初の総合雑誌『太陽』を創刊した博文館は、日清戦争の勝利が決定的となった一八九四年一二月、「今ヤ我カ帝国ノ武名世界ニ轟クト同時ニ我文明ノ真光輝ヲ発揚スルハ豈目下ノ急務ニ非サランヤ（中略）夫レ制清ノ盛挙ハ我カ帝国ヲシテ一躍シテ世界一等国ノ地位ニ登ラシメシノミナラス、又実ニ第二ノ維新ヲナスノ機ナリ、乃チ我カ新聞雑誌モ亦進ンテ世界一等ノ地歩ヲ占メ」[3]という趣旨の「太陽発刊の主意」を発表しました。星野光徳氏はその趣旨について、「朝鮮に独立国の権義を全くせん」という対戦合理化の宣伝と、民衆の素朴なナショナリズム高揚の中にあって、近代国家として全く未成熟であり、対外戦争を経験したことのない日本に、反戦思想が生まれなかったからといって不思議ではない」[4]と指摘しています。

日清戦争史のみならず、全日本近代戦争史の視線から見ても、「勝戦」というものに心酔した日本人が少数であったとは決して言うことができません。戦争、つまり「国権護持」は、当時から一種の思考パターンとなりました。日清戦争以降の日本国民は、戦争国策に積極的に協力していきます。それどころか賠償金が取れなかった講和条約に反対するため、日比谷焼打事件など、各地で民衆の暴動が起こりました。その原因は、劉岳兵氏の指摘したように、「日清戦争は日本帝国主義の風潮をもたらした。人民を無視して政府の権力に媚びている『国家主義の濫用』は、徳富蘇峰のいわゆる時代の大勢になってしまった」からです。[5]

日清戦争の影響に論及する際に、日本領土拡張の実現や、三国干渉により日本が西洋諸国へ反発するようになったこと、清国から取り立てた大額の賠償金によって経済への刺激作用が生じたことなどは、必ず出てくる言葉のように思われます。十五年戦争期、日本人の戦争認識は日清戦争の延長線上にあったと言えるでしょう。

今まで様々なことを顧みたのは、日本人の戦争認識が間違っていると指摘するためではありません。そのような戦争認識は、日本人によって独創されたものではありません。

「先進民族には後進民族を文明へ導く責任がある」という論理は、欧米植民主義的思考の基礎です。イギリスの哲学者、ジョン・スチュアート・ミル（John Stuart Mill）は『自由論』でそのように語りました。カール・マルクスにも類似する論説があります。

ミルの『自由論』は明治四（一八七二）年に中村正直《まさなお》によって日本語に翻訳されました。実は「脱亜入欧《だつあにゅうおう》」の根底には、そういった考え方があります。日本のみならず、その信念は第一次世界大戦以前の諸国で広く受け入れられていたのです。しかし、ワシントン体制が成立した後、「後進民族を文明へ導くべき」という考えは、国際社会の主流ではなくなりました。なぜならば、政治思想そのものも進化しましたからです。

今では皆スマートフォンをお持ちですね。もしウォークマンで音楽を聞きながら歩く人を見たら、「時代遅れ」などと思うかもしれません。同じように、平和学が進んだ今日、「後進民族を文明へ導く」ことを主張して戦争を起こす人・国家が現れるなら、きっと国際社会に時代に遅れた人・国家として扱われるでしょう。

2　日中戦争に対する中国人の認識

儒教思想に基づいた中国人の戦争認識

中国人の戦争認識は、もっと古い法則に根付いているのです。それは儒教思想です。

孔子は戦争を「聖人の用兵」と「貪者の用兵」と区分しました。前者は「天下に於ける残忍横暴なことを止める」、後者は「百姓をかる、国に危害を加える」とも説明しました。孔子にとって、「聖人の用兵」は民を救い、仁政を広げる手段の一つであり、肯定的な戦争です。『論語』には「子曰《し》いわく、管仲桓公《かんちゅうかんこう》を相《たすけ》て、諸侯《しょこう》に覇《は》たらしめ、天下を一匡《いっきょう》す。民《たみ》今到る《いたる》まで其賜《し》を受《う》く」というのは、そのためです。管仲が仕えた桓公は、諸侯の身ながら天子の特権である戦争権を行使するのは礼法違反とはいえ、「尊王」の大義名分があるという孔子の説です。その時の「名分」は礼法のあらわれであると考えられています。

簡単に言えば、戦争に関して中国の人が最も関心を抱くのは、戦争を起こす名分についてです。なぜなら、それが戦争の性質を判断する基準であるからです。日中戦争においても、中国人が最初に日本に求めたのは賠償ではなく、正義名分がない戦争であり、侵略であったことについての承認です。中国政府がよく言う「侵略の歴史を正視すべき」というのも、その意味です。

そういった日本人と異なる中国人の考え方によって、日清戦争をめぐる日中両国歴史教科書の書き方には温度差が出ました。

まずは日本の教科書を見てみましょう。東京書籍の歴史教科書は「朝鮮半島では、日清修好条規を結んだ日本と、朝鮮への宗主権を主張する清とが勢力争いをくり広げていました。朝鮮国内では、明治維新にならって近代化をはかろうとする親日派と、清との関係を重視して欧米に対抗していこうとする親中派とが激しく対立しました。一八八四（明治一七）年に起きた甲申政変以後、日本の勢力が後退する一方、清の勢力が強くなると、日本は清に対抗するため、軍備の増強を図っていきました。日本国内では、……列強のアジア進出に対抗して、朝鮮に進出しなければ、日本の前途も危ないという主張が強まりました」[6]という内容です。

では中国はどうでしょうか。中国高度教育出版社の歴史教科書には「一八六八年以来日本は資本主義を発展させ、国力をたくわえながら侵略拡張に目を向けた。その戦略はまず朝鮮を併呑してから、中国をじわじわと侵すとのことだ」。日清戦争の起こった以前、「日本の工作員は中国に派遣されて、軍事情報の収集をした上、朝鮮と中国東北、渤海沿岸の地図を描いた。日本の軍部はアメリカ人参謀の協力をもらい、朝鮮と中国を相手にする侵略的な作戦計画を練り上げた。その時の日本は大規模な侵略戦の準備がすでに整っていた」[7]という論述があります。見ればわかる。そこに「侵略」が頻繁に出できましたね。両国の歴史教科書における相違した見解は、両国の歴史観の相違を反映している。

戦争に対する考えの前提である「義理」

「聖人の用兵」か「貪者の用兵」かどうかを判別する「義理」は、中国人の戦争認識の基本観念です。そのため、一九七二年「日中共同声明」の中でも、中国政府が最も重視したのは「日本側は、過去において日本国が戦争を通じて中国国民重大な損害を与えたことについての責任を痛感し、深く反省する」という文章でした。それに対して戦争賠償は二番目のことです。

ただし日中会談の「迷惑をかけた」という文句をめぐり、中日政府間には大きなトラブルが生じました。通訳者のミスにより、中国に「迷惑をかけた」という言葉を「添了麻烦」と訳してしまい、周恩来は不快感を示しました。彼は「足を踏まれるぐらいなら『添了麻烦』で済みますが、日中戦争は『添了麻烦』では済みません」と言ったのです。私の意見では、「迷惑をかけた」は「添了麻烦」より反省度がずっと高いです。皆さん電車で人の足を踏んでも「ご迷惑をかけました」とは言わないでしょう。周恩来の怒りに対し、日本側は心外でした。なぜなら戦争に対する考えの前提とした「義理」は、当時の日本人には分かっていなかったのです。

中国人の歴史認識では「義理」だけではなく「人情」も重要です。それは、戦争の被害者という意識です。

二〇一五年九月三日、習近平国家主席が中国人民抗日戦争ならびに世界反ファシズム戦争七〇周年記念式典でこう語りました。

「あの戦争の戦火はアジア、欧州、アフリカ、オセアニアにまで及び、軍隊と民衆の死傷者数は一億人を超えました。このうち中国の死傷者数は三五〇〇万人を超え、ソ連の死亡者数は二七〇〇万人を超えました。歴史の悲劇を決して繰り返させない。これは私たちが当時人類の自由、正義、平和を守るために命を捧げた英霊、痛ましくも殺戮《さつりく》された無辜《むこ》の霊に対する最良の記念です」[8]。

中国人民の戦争死傷者を、談話の冒頭部分に置いたのです。なぜなら戦争被害も中国人の戦争認識の重要な一部であるからです。日中戦争における被害体験は、アヘン戦争以降の近代の戦争被害体験と一緒に、中国人の近代史感覚の基調となりました。

天安門広場は中国政治の中心でもあり、政権のシンボルでもあります。多くの中国人にとって、天安門広場によって中国人が代表され、中国人の素朴な感情が表現されているのです。広場中央にある人民英雄記念碑には、毛沢東による作った顕彰文が刻まれています。

本文の大意は「ここ三年来の人民解放戦争と人民革命によって犠牲になった人民の英雄達は永遠に不滅だ！（一九四六年からの国共内戦を表す）ここ三〇年来の人民解放戦争と人民革命によって犠牲になった人民の英雄達は永遠に不滅だ！（一九一九年の五四運動以降の抵抗運動・抗日戦争を表す）ここから一八四〇年まで溯った時から内外の敵に反対し、民族の独立と人民の自由と幸福を勝ち取るための毎回の闘争の中で犠牲になった人民の英雄達は永遠に不滅だ！（一八四〇年のアヘン戦争以降の諸抵抗運動、太平天国の乱や義和団の乱・辛亥革命等を含むをあらわす。）」というものです。

中国国民には、日中戦争が一九八〇年以来の屈辱的近代史の一部であることは明らかです。だから日中戦争が侵略戦争ではないという考え方は、中国人には決して許せないのです。

二〇一三年四月二三日の参議院予算委員会質疑で、安倍晋三首相は村山談話について、「侵略の定義は学界的にも国際的にも定まっていない。国と国との関係で、どちらから見るかで違う」という意見を述べました。「侵略の定義は未定」と発言した安倍総理が、中国国民の反感を買ったのは当たり前だと思います。中国国民の安倍政権に対する不信感は、日中関係の改善と和解の実現にとって障害となっています。昨今、日中間の緊張は緩和しはじめましたが、安倍総理に対する中国人の不信感は変わっていません。

3　和解への道

和解の実現は国民の努力による

歴史を正しく認識することは日中関係発展の基礎であり、このことは一九七二年の日中国交正常化以前から両国の共通認識でした。

一九五〇年の「日中友好協会成立宣言」の中には、「両国の真の友好のため、もしくは効果的な文化交流のため、その前提となるのは、日中国民の間に依然として存在する大量の誤った中国観を正すことである。軍国主義的な優越感から中国を軽視する観点はいうまでもなく、旧支那学を基礎とする中国停滞という思想も、現代の中国を理解する上で大きな障害となっている。」[9]という認識が記されています。

戦争が終わって七〇年以上が経ちました。歴史認識が両国関係を発展させるための基礎であるというコンセンサスを日中両国が持っている以上、なぜ歴史認識についての完全な和解に達することがなかったでしょうか？私は、根本的な理由は近代化に対する考え方だと思います。

ご存知のように「ナショナル」という言葉に象徴された民族国家の概念は、近代化の産物であります。そのため、民族国家が成立してきた歴史は、すなわち民族の歴史記憶になりがちです。明治維新の背景として「文明と野蛮の戦争」と言って戦争の侵略性を回避した日本人の歴史認識も、一九八〇年アヘン戦争は近代被侵略戦争の始まりであるという中国人の歴史認識も、両国国民のアイデンティティの一部になりました。その部分が否定されたら、アイデンティティそのものが否定されるとも思われがちです。相手の意見を聞き入るのもたやすいことではありません。認めるか否かにかかわらず、歴史は一つしか存在しません。歴史研究者としては、歴史の真実を究明した上でようやく和解に達することができます。

私の友人、明治大学の纐纈厚教授は、その問題について、『領土問題と歴史認識――なぜ、日中韓は手をつなげないのか』（スペース伽耶、二〇一二年）という本を出しました。

歴史研究者として私たちが「和解」を達成するために歴史の真実を探求しようとしていますが、国家間の「和解」は歴史学の概念ではなく政治学の概念です。

その「和解」には、以下三つの基本的な条件が必要となります。

1、国民と政府の意思（国内環境）＋タイミング（国際環境）
2、加害者の事実認識、反省、謝罪の継続＋被害者の寛容（赦すが忘れない）
3、民間中心の具体的な事例の蓄積（観光）

和解の実現は政府の仕事だけによるのではなく、その大部分は国民の努力に繋がっています。そして、このような努力は両国が同時に行う必要があります。片側だけで和解を達成することは不可能です。

国境を超える「共同体」の発想

近代において形成されたナショナリスト認識のパラダイムを超越することも重要です。なぜなら、ナショナリズムに基づくアイデンティティは、自身の行動を合理化させる傾向があります。とすると、私たちの伝統的な民族国家の意識は和解の障害になってしまいます。

国境を越える政治学の理念はあるでしょうか。私はあると思います。それは「共同体」の発想です。具体的に言えば、鳩山由紀夫元総理の「東アジア共同体」であり、習近平の「人類運命共同体」でもあります。

鳩山元総理は、二〇一五年九月「東アジア共同体・沖縄(琉球)研究会」で、「私流には友愛の心こそが東アジア共同体そのもの」という「東アジア共同体」精神の原点を重ねて表明しました。一方で習近平氏の「人類運命共同体」の構想について、中国学者は「伝統儒学思想を特徴とする文化観の継承と発揚」と解釈しました。両方の目標は「東アジア世界」の平和と繁栄を実現するというただ一つであります。

私たちの描いた「東アジア世界」は、前近代のような閉鎖的な体制ではありません。将来の「東アジア世界」は、オープンな姿勢で世界平和、諸国共同発展に貢献する模範となるべきです。

そういう観点から見れば、「東アジア共同体」と「一帯一路」とそれらの根底に流れる精神は同じです。「東アジア共同体」を東アジア諸国協力の短期目標とすれば、中国の提出した「人類運命共同体」は「東アジア世界」のビジョンとして理解できるでしょう。

政治共同体は民族国家を越えるパラダイムで、国家ではなく全人類に焦点が向けられています。人類としての立場にとって、戦争は他国への侵略ではなく人類同士の殺し合いです。その際、被害者と加害者との枠がなくなり、人類すべてが戦争の被害者となります。

「東アジア共同体」または「人類運命共同体」が、政治学から提示する理想な政治状態と言えるならば、平和

平成29年外交に関する世論調査「中国に親しみを感じるか」

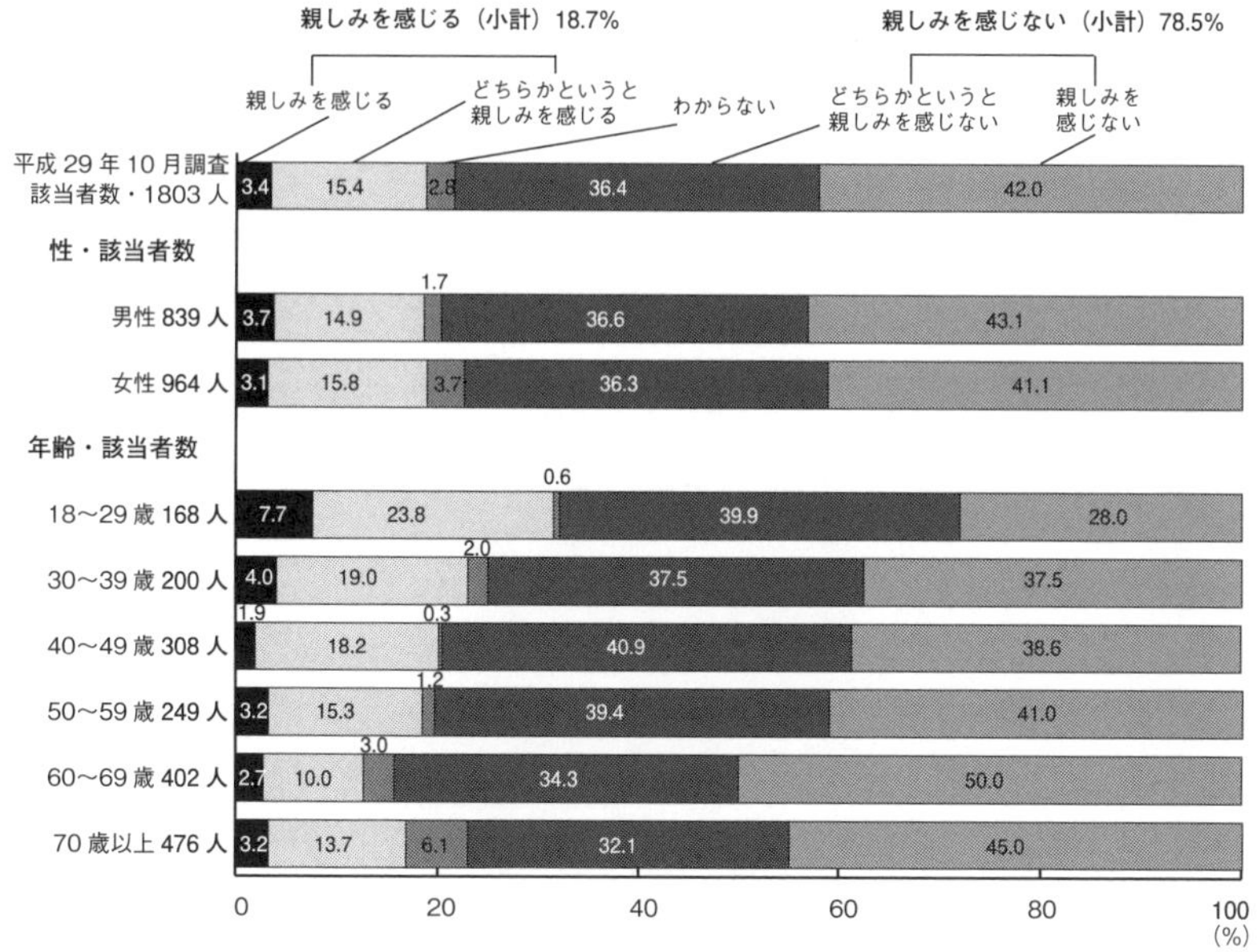

学はその状態にたどり着くための方法であります。それ故、尊敬する木村朗教授は平和学の研究者であるだけではなく、「東アジア共同体」の需要な発起人の一人でもあります。

楽観視できる親近感調査

最後には、日中関係の現状について、私的な意見を言わせていただきます。

以下のグラフは内閣府の二〇一七年一二月二五日に発表した平成二九年度外交に関する世論調査で[10]す。右の方は二〇一七年のデータで、左の方は二〇一六年のデータです。二〇一七年に「中国に親しみを感じる」とあるいは「どちらかというと親しみを感じる」と答えた人はわずか一八・七%ですが。前回調査年（二〇一六年実施）と比べると、中国はいくぶん親近感を持ち直しつつあります。

注意したいのは年齢別のデータです。一八～二九歳の若者は、一番中国に親近感を持つ年齢層です。歳をとるにつれて、対中親近感は徐々に減っています。六〇代では、親近感を持つ人が一三・二%しかいません。各世代で有効回答数に大きな差があることは、調査の一番の欠陥だと思います。一八～二九歳の有効回答数は一番少ない一六八で、六〇代の有効回答数は八七八と最も多くなっています。その差によって親近感調査に影響が出ると言わざるを得ません。私は実際の対中親近感は、発表された数字より高いはずだと思います。

ところで、なぜ日本の若者たちは六〇代の二倍もの対中親近感を抱いているのでしょうか。私の結論は、若者は年配者とアイデンティティが異なっているというものです。若者は年配者より自己の個性を重視し、独立して世界を理解するために、ナショナリズムの影響を受けにくいのです。そういう現象は少なくとも中国人青年たちの間では非常に明白です。彼らは「世界に一つだけの花」になりたい、一つのレンガではなく、唯一無二の自己になりたいと言っています。これは世界で共通することではないでしょうか。希望は若者たちにあります。そのため、私は、和解を達成することに対して非常に楽観的なのです。

歴史学者として当時の歴史の真相を追究することは、恨みの種を植え付けることではありません。二〇一四年一一月七日に日中両国が共通認識に至った四つの原則のうちの二つ目、「歴史を正確に見つめ、未来へむかうという精神のもと、両国の政治的障害を克服することを共通の認識とすること」であるのです。日中関係における正確な歴史観の重要性は既に述べたとおりです。歴史の和解こそ、我々の最終的目標に他なりません。

文末脚注

1 安川寿之輔（劉曙野訳）《福泽谕吉的战争论与天皇论》、中国大百科全书出版社、二〇一三年、二四九頁。

2 内村鑑三「日清戦争の義」『国民の友』明治二七年九月三日号。

3　「太陽刊発ノ主意」『婦女雑誌』第四巻、第二三号、明治二七年一二月五日。
4　星野光徳「明治の戦争文学――近代文学における戦争・序説」『千葉大学語文論叢』第二号、一九七三年三月。
5　刘岳兵《甲午战争的日本思想史意义》、《日本学论坛》、二〇〇八年第一期。
6　『新しい社会　歴史』、東京書籍、平成二四年、一六一ページ。
7　陳振江《中国历史晩清民国卷》、高等教育出版社、二〇〇二年、六七頁。
8　《习近平在纪念中国人民抗日战争暨世界反法西斯战争胜利七〇周年大会上的讲话》，http://www.xinhuanet.com/2015-09/03/c_1116456504.htm
9　《日中友好协会成立宣言》，见田桓主编《战后中日关系文献集》、中国社会科学出版社、一九九六年版、八七頁。
10　外交に関する世論調査、https://survey.gov-online.go.jp/h29/h29-gaiko/index.html

13章　琉球独立と東アジア共同体への展望

松島泰勝（龍谷大学教授）

はじめに――琉球は日本の植民地

琉球は琉球国という日本とは別の国家であったのであり、「日本固有の領土」ではない。一八五〇年代にアメリカ、フランス、オランダは琉球国と修好条約を締結し、国として認めた。一八七九年に日本政府は武力を用いて琉球国を廃絶させ、国王を東京に拉致した。「沖縄県」成立の根拠となった沖縄返還協定は、琉球政府を排除した、日米両政府の密約に基づくものでしかない。「復帰」とは「元の状態に戻ること」を意味するが、琉球の元の状態は日本ではなく、琉球国である。

正確に言うと、琉球独立は日本からの分離独立ではなく「復国」となる。ただし、新しい独立国は王制ではなく、連邦共和制として樹立されるのが望ましいと私は考えている。

琉球国を滅亡させた琉球併合、「捨て石作戦」の沖縄戦、在日米軍基地のヤマトから琉球への移設・固定化、米軍統治、基地による犠牲等に対して、日本政府はいまだに謝罪、賠償を行っていない。現在、辺野古や高江での軍事基地建設という新たな植民地政策を実施している。

サンフランシスコ講和条約第三条には将来における「琉球の信託統治領化」が明記されている。しかしそれは現在まで不履行のままである。他方、ミクロネシア諸島（現在のパラオ共和国、ミクロネシア連邦、マーシャル諸島、北マリアナ諸島）はアメリカの戦略的信託統治領となり、国連信託統治理事会の監視下で住民投票を行い、自由連合国、米国領（コモンウェルス）を選択した。琉球は、国連監視下での住民投票による新たな政治的地位の獲得という国際法で保障された脱植民地化のプロセスが認められていない植民地である。沖縄県という政治的地位は暫定的なものでしかない。

1　琉球の独立運動

日本の中で独立運動が長期にわたって行われているのが琉球である。琉球はかつて琉球国であったが、一八七九年に軍事力により日本に併合され、沖縄県が誕生した。その際、清国に琉球人が亡命して、琉球の独立を求める運動が日清戦争後まで続いた。また太平洋戦争後の米軍統治時代において結成された、沖縄民主同盟、共和党、琉球国民党、琉球独立党等は独立運動を繰り広げた。琉球人による日本への復帰運動が展開されるなか、数千人の住民は「沖縄人の沖縄をつくる会」（一九六八年）を結成し、「復帰」に反対し、独立を求めた。

琉球の「復帰」後も、太平洋島嶼国等をモデルとした独立論が琉球人から提案され、一九八一年に「琉球共和社会憲法私案」、「琉球共和国憲法私案」も提示された。一九九〇年代半ば以降、米軍人による少女暴行事件を契機にして、基地反対運動がさらに激しくなった。二〇〇二年に「復帰」三〇年を迎えて、「復帰」の功罪を検証する議論が活発になった。そのような中で琉球独立関連集会の開催、書籍の出版が相次いだ。琉球人を先住民族として位置づけ、世界の先住民族とともに自己決定権の行使を求め、日米両政府による不当な琉球支配を国連等の国際舞台で訴える、若い世代を共同代表やメンバーとする団体、琉球民族独立総合研究学会（略称：琉球独立学会）が二〇一三年に設立された。

琉球において独立運動が盛んである理由として次の諸点を挙げることができる。琉球は三山時代（北山国、中山国、南山国の三か国統治時代）から一八七九年まで約六〇〇年間続いた琉球国という独立国家であり、また「復帰」前の米軍統治時代において、主に琉球人が運営する琉球政府が存在していた。日本とは独立した、琉球人を担い手とした政府があったという歴史的事実が、将来の独立に対しても琉球人に自信を与える要因として働いている。人口約一四〇万人の琉球よりもはるかに人口規模が小さく、同じ島嶼である太平洋諸島が独立を勝ち取り、独立国家として現存していることからの影響もある。

在日米軍専用基地の七〇％が琉球に押し付けられ、犯罪・事故・騒音等が発生し、琉球人にとって大きな犠牲が強いられている。多くの琉球人は基地の縮小や撤廃を求めて「復帰」運動に参加したにもかかわらず、日本国憲法を上回る権限を有する日米地位協定に阻まれて「平和」を享受することができなかった。アメリカの軍事戦略と日本の安全保障を重視する日本政府は琉球人の立場に立った積極的行動をしてこなかった。現在も琉球人の民意を無視して、辺野古、高江で新たな米軍基地の建設が行われている。

近年の琉球文化の興隆によって、自文化に対する自信が深まり、「ウチナーンチュ」であるというアイデンティティが強化され、人々の独立への志向性が強まった。先住民族として琉球人を考え、国連、国際NGO、先住民族団体等と連携をとり、国際法に基づいて日本やアメリカによる琉球支配を世界に向かって告発するという新しい段階に入った。つまり、これまでのように日本国内にある諸団体からの支援を求めるだけでなく、日本を越えて琉球と世界が直接結びついて琉球の現状を変革しようとしており、運動や意識の面での独立性がより明確になった。

独立運動の担い手としては、琉球独立学会の他に、「命どぅ宝！琉球の自己決定権の会」がある。同会は反基地運動、脱植民地化のための選挙活動を日常的に行うとともに、琉球遺骨返還運動等、精神的独立運動に関連する活動を展開している。日本を「祖国」と考えて復帰運動を行った六〇代、七〇代の琉球人の中には、基地負担を強制し続ける日本政府に幻滅し、独立を主張する人も目立つようになった。犠牲を押し付ける日本は、琉球の「祖国失格」であると琉球人は考えている。

さらに、「復帰」後に生まれた世代で、留学によりハワイの先住民族運動や世界の独立運動について学んできた琉球人も、日本に期待せず、自らの手で島を変革しようと独立運動に関心を持つ人が増えている。

琉球独立運動は海外でも行われており、宮古島出身のイリノイ大学名誉教授・平恒次氏は四〇年以上前から琉球独立論をアメリカにおいて主張してきた。二〇一五年九月、ニューヨークにおいて平氏、国吉信義氏（北米沖縄県人会元会長）、島袋まりあ氏（ニューヨーク大学教員）、友知政樹（沖縄国際大学教員）そして私が琉球独立に関するシンポを開催した。沖縄タイムス社の元社長である新川明氏も琉球独立を唱え、琉球独立学会の発起人になった。西表島在住の石垣金星氏は、二〇一〇年に私とともに「琉球自治共和国連邦独立宣言」を公表するとともに、島の大自然を活かした経済的独立を目指した実践活動を行っている。

2　東アジアの中の琉球と中国

琉球人が独立を主張すると、多くの日本人は「中国脅威論」を持ち出し、独立論を抑制しようとする。しかし中国が琉球を侵略する法的根拠はなく、中国政府も琉球独立後、琉球を侵略することを明言したこともない。蒋介石は中国を代表してカイロ会談に参加した際、中国による琉球の領有化をルーズベルト米大統領から求められたが、その提案を拒否した。それに対して蒋は中国とアメリカによる琉球の共同管理を提案したが、それが実現することなく、戦後、東西冷戦が激化するなか琉球は米軍の管理下に置かれた。台湾を拠点にした中華民国は国連の常任理事国となり、同国の総統として蒋介石は琉球の独立運動を支援した。しかし、その琉球の領有化を最後まで求めなかった。琉球を一八七九年に併合した日本政府の対応と、中華民国の琉球へのそれは対照的である。中国脅威論を強調する日本政府、日本人の方が琉球人にとっては脅威なのである。

私は二〇一四年から二年毎に北京大学で開催されてきた、琉球に関する人文・社会科学に関する国際会議に参加してきた。その会議において中国人研究者は「藩属国」として琉球国を認識していた。「藩属国」とは主権を有した国という意味であり、かつての李氏朝鮮（現在の朝鮮民主主義人民共和国、大韓民国）、シャム（現在のタイ王国）、安南（現在のベトナム）等、明・清国に朝貢冊封していたアジアの国々である。よって琉球が独立しても侵略することはないと、多くの中国人研究者は明言してきた。

二〇一八年五月一二、一三日、北京大学おいて「第三回琉球・沖縄学術問題国際シンポジウム」が開催された。年ごとに参加研究者やパネルの増加と充実してきた。琉球、中国の学者とも「琉球の主権問題は未解決」という認識を共有している。つまり脱植民地化の国際的なルールに基づいて琉球の政治的地位が決定されてこなかったことを問題視しているのである。

ある中国人研究者は次のように述べた。「琉球の主権問題は未解決であるが、日本に代わって中国が琉球を領有すべきではない」。ある中国人研究者は、「独立にせよ、日本帰属にせよ、琉球人民の意志を尊重したい」。

また琉球の主権問題について次のように中国人研究者は報告した。「一八七九年の琉球併合に対して清国は一貫して抗議した。一八八〇年にグラント・米元大統領の仲介によって分島改約が議論された時、日本政府は琉球の二分割案、つまり沖縄諸島を日本領、宮古・八重山諸島を清国領とする案を提示した。他方、清国側は三分割案つまり、奄美諸島を日本領、沖縄諸島を琉球国領、宮古八重山諸島を清国領とするという案である。清国はなんとか琉球国を復活させたかった。主権は琉球人が有している」。

日本が琉球国を滅ぼしたが、清国はその存続を求めていたことが分かる。現在、ある中国人研究者は「琉球の主権問題は未解決」と論じているが、その解決は琉球人の手によって進められるべきであり、中国の領有下におく必要があるとは述べていない。

もし中国が琉球を侵略したら、現在同国が有している国際的な地位を失い、経済制裁を受ける等して経済的にも失うものが多くなるだろう。そのような非合理的なことを行うのだろうか。以上のような根拠のない推論に基づいているのが中国脅威論である。日本による琉球併合、植民地支配問題は未解決のままであり、それから目をそらさせるために外部に敵の脅威を中国脅威論として措定しているのである。日本による琉球の植民地支配を固定化、強化、永続化することを目的とした脅威論である。琉球人にとっては日本による現実的な侵略、脅威、支配からどのように脱するのかという脱植民地化が切実な課題になっている。

日中関係と琉中関係はその内容において大きく異なる。前者は侵略と抗日・独立運動という関係であるのに対し、後者は文化的、経済的、外交的な関係である。中国の明朝時代の一三九二年、光武帝が琉球に明への朝貢を勧めるとともに、「閩《びん》人三十六姓」と呼ばれる中国人を琉球に移住させ、両国の政治経済的、文化的関係を強化しようとした。これらの中国人は沖縄島の久米村で生活していたことから、久米村人（クニンダー）と呼ばれた。久米村人は外交文書の作成者、通訳、進貢船の船員、外交使節団の一員等として琉球王国の外交、対外貿易において大きな役割を果たした。東アジア、東南アジアの華人ネットワークの一拠点として琉球の久米村が位置付けられていた。久米村人の中で優秀な人物は数年間、北京や南京にあった教育機関である国子監で学び琉球に帰国した。一七一八年に久米村人の子弟のための学校、明倫堂が設置され、一七九八年に王国の最高学府である国学が創建されると、久米村人が教鞭をとった。

久米村人は琉球王国時代、中国文明の様々な文物（芋、三線、空手、書籍等）、技術や制度や儀礼（製糖技術、製紙技術、工芸品製作技術、法制度、墓・先祖祭祀・魔除等）を琉球にもたらし、交易活動、学問、国政等に従事してきたとして自らのルーツに誇りを持っている人が多い。先祖と自分との関係を明示する家譜やその他の文献資料を大切に保管している。

琉球と中国とは特殊な関係を反映して、一九六二年、台湾政府の沈昌換・外交部長は議会において「琉球列島に対する日本の潜在主権は認めない」と答弁し、七二年の日本「復帰」に際しては台湾政府は反対の意思を示した。台北の桃園国際空港の電光表示板には現在でも「沖縄」ではなく「琉球」という表示が記載されている。

一九四八年から八九年までの四〇年余りにわたり、台湾で琉球の独立運動を展開していたのが、琉球出身者の喜友名嗣正である。喜友名は、「琉球革命同志会」と「台湾省琉球人民協会」の代表であった。台湾の国民党は同人民協会に対して資金協力をした。[1] 琉球を中国文化圏に引き付ける上において台湾は大きな役割を果たしてきた。

3 先住民族としての独立運動——太平洋諸島から学ぶ

環境保護運動を通じて琉球の人々は太平洋諸島における独立のプロセスに触れ、琉球独立の可能性を見出した。金武湾の石油備蓄精製基地建設に反対する「琉球弧の住民運動」の人々は、日系企業による同様な建設計画があったパラオの人々を琉球に招き、協力しながら建設反対運動を進めた。パラオが一九八一年に自治政府（アメリカからの独立は一九九四年）を樹立した際、琉球弧の住民運動のリーダーであった安里清信、照屋寛徳そして新元博文等が同地に行き、記念式典に参加した。安里は人口約一万五〇〇〇人のパラオをみて、琉球独立を唱えたと言われている。同年、詩人の高良勉は「琉球ネシアン・ひとり独立宣言」を『新沖縄文学』に発表し、「私たちの〈クニ〉は海洋を起点にし、ポリネシアやミクロネシア等、太平洋の諸ネシアとの連邦をめざすであろう」と述べ、太平洋諸島と琉球との連携を念頭において独立を宣言した。「復帰」して一〇年になり、日本に同化され、基地被害が続くなか、太平洋諸島とつながる「島人」としての独立を宣言した高良の思想が琉球独立運動において果した重要性は高く評価されてよい。

私も一九九七年からアメリカの植民地であるグアムで二年間、人口二万人弱で独立したパラオ共和国で一年間生活した。両島を比較して、人口数に関係なく独立できること、独立した方が、島人としての自由、平等、平和を享受できることを自らの身体を通して理解することができた。またグアムのチャモロ人はアメリカ合衆国の先住民族として独立運動を展開していることが分かった。グアム政府内に脱植民地化委員会が設置され、国連の脱植民地化特別委員会に代表団を派遣し、独立を主張している。私も二〇一一年にグアム政府代表団のメンバーに加えてもらい、国連でグアムと琉球の脱植民地化、脱軍事基地化を訴えた。

現在の琉球独立運動の特徴は、国連や国際法を活用した脱植民地化運動の一環として行われていることである。次のように「復帰」前においてすでに琉球は国連を通じた脱植民地化運動を展開していた。一九六二年二月一日、琉球立法院は「二・一決議」を採決し、国連憲章、植民地独立付与宣言に基づいて米軍統治を批判し、同決議を国連本部と全加盟国に送付した。一九六三年二月、タンガニーカ（現在タンザニア）で開催された第三回アジア・アフリカ諸国人民連帯大会は「四月二八日を『琉球デー』として、国際的共同行事を行うよう、すべてのアジア・アフリカ人民に訴える」という決議を採択した。

琉球人は一九九六年以降現在まで毎年、国連の先住民作業部会、先住民族問題常設フォーラム、先住民族の権利に関する専門家機構、人種差別撤廃委員会、脱植民地化特別委員会等において脱植民地化運動を展開してきた。

また近年、国際法（「条約法に基づくウィーン条約」）に基づき琉球併合を違法とする琉球社会世論の高まりが見られるようになった。一八五〇年代に締結された、米、仏、蘭と琉球国との修好条約原本の返還運動も始まっている。現在、同条約の原本は外務省管轄の外交史料館に保管されているが、それらは琉球国が存在していたことを示す証拠である。

日本政府は、全国土の〇・六％しかない琉球に在日米軍基地の七〇％を押し付け、多くの琉球人の反対にもかかわらず辺野古新基地建設計画を強行している。二〇〇九年、鳩山由紀夫元首相が在沖米軍基地の県外移設を公約として掲げた際、都道府県の知事、国民の大部分はその受け入れを拒否した。日米安保体制に基づき、米軍によって日本は守ってほしいが、基地は琉球においても構わないと日本政府、自治体、大部分の日本国民が考えていることがメディアを通して白日の下に晒され、「沖縄差別」という批判の声が一般の琉球人市民からあがった。それは琉球人が自らを被差別者、抵抗の主体であることを自覚し、民族（人民）の自己決定権によって脱植民地化のために行動するようになったことを意味する。

二〇一八年八月三〇日、国連人種差別撤廃委員会は次のような勧告を日本政府に対して行った。「これまで何度かの勧告にもかかわらず、琉球・沖縄の人々を先住民族と認めないことに懸念を示す。その権利を守るための措置を強化する立場を再確認することを勧告する。米軍基地に起因する米軍機事故や女性に対する暴力は、『沖縄の人々が直面している課題』であるとして懸念を示す。その上で女性を含む沖縄の人々の安全を守る対策を取り、加害者が適切に告発、訴追されることを保証する」ことを求める。

琉球人が先住民族であることは、ＩＬＯ（国際労働機関）一六九号条約第一条の規定からも明らかである。琉球独自の文化、社会経済、植民地主義の歴史や現状の中で、多くの琉球人が自らを「ウチナーンチュ、沖縄人、琉球人」と自覚している。琉球人は先住民族であり、人民（民族）の自己決定権を行使しうる権原を有している。民族の自己決定権の行使を恐れているからこそ、日本政府は琉球併合から今日まで皇民化教育、同化政策を実施して、琉球人を日本人に変えようとしたのである。琉球人が自らを日本民族と認識するようになれば、自己決定権を行使しうる主体が存在しなくなる。

一九四五年に五一か国によって設立された国連には現在、一九三カ国が加盟し、国の数は約四倍に増加した。特に一九六〇年に国連で採択された「植民地独立付与宣言」以降、独立国が格段に増えた。自らの憲法によって生命、基本的人権、慣習や言葉、土地制度等を守るために人口が数万人でも独立した国々があり、世界はそれを認めてきた。太平洋島嶼国のツバル、ナウルは人口約一万人、パラオは約二万人、ミクロネシア連邦は約一一万人でしかなく、沖縄県の人口は約一四〇万人であり、独立しても当然な地域である。

琉球人を含む植民地に生きる人間はすべて、国際法で保障された人民の自己決定権を行使して、完全独立、自由連合国、対等な立場での統合等の政治的地位を住民投票で決める権利を持っている。国連脱植民地化特別委員会は、非自治地域リスト上にある植民地の脱植民地化を推し進めている。本来ならば戦後、日米両政府は琉球を同リストに登録させる義務があったが、それを行わないまま現在に至っている。

国際法で保障された人民（民族）の自己決定権は、内的自己決定権＝自治、外的自己決定権＝独立に分かれる。これまで日本の中において、琉球は特別県制、自治州等の分権化を求め、新基地建設の民意を示してきたが、日本政府は分権化を認めるどころか、民意を無視して、民主主義そのものを侵害してきた。自治が認められなければ、最後の手段として独立する権利が琉球に残されている。

結びに代えて——東アジア共同体の中の琉球独立

那覇新都心地区（おもろまち）、那覇市小禄金城、北谷町、読谷村などの米軍基地跡地において、基地返還後、数十倍以上の雇用効果、税収効果、経済効果が生まれた。現在、基地経済は県民総所得の五％程度でしかない。米軍基地が存在することによる逸失利益の大きさを琉球人が生活の中で実感するようになったことも独立を求める理由の一つである。

琉球の主要産業である観光業は、島が「平和」でないと成り立たない。米軍が戦争をし、テロリズムの対象になれば、琉球の観光業は大きな打撃を受ける。実際、9・11米国同時多発テロ、また尖閣諸島を巡る日中間対立時には琉球への観光客が激減した。アジア諸国との経済連携を推進するためにも、米軍基地は不要であり、経済的にも非合理的な存在であることが明確となった。

現在、琉球において利潤を獲得した日本資本は本社があるヤマト（本土）にそれを還流させ、納税するなどの植民地経済が形成されている。独立後、琉球への投資企業に対し適正な課税を行うための法制度の整備が自立経済のために不可欠である。その上で、外資の「食い逃げ」を許さないパラオの法制度、税制から琉球は多くを学ぶことができる。

琉球が経済自立を実現した後に、独立への道が開かれると考える琉球人が少なからず存在する。しかし、太平洋地域を含む世界の島嶼国の中で独立前に経済自立を実現したケースはほとんどない。独立前の植民地経済の中で経済自立を実現することは不可能である。「復帰」後、日本政府が主導した植民地経済政策下において琉球が経済自立を目指してきたこと自体が矛盾であったと言える。独立することで植民地経済から脱却し、その後、経済自立への道が開けるのである。

独立後、琉球は現在大きな飛躍を遂げているアジア市場との連携をさらに深めるであろう。観光業、金融業、物流業、情報通信業等を中心とした企業に対する支援策を実施して、琉球をかつてのような経済的中継センターにする。琉球がアジアの経済的な中心になれば、アジア各地の優れた技術や人材そして資金を集めて、世界が注目する新たな商品やサービスを開発、輸出できるだろう。ＩＴ、バイオ、研究開発、健康食品加工、医療ツーリズム等の多様な観光業、アジア諸国を迅速につなぐ物流業等、アジアとの経済関係を自国の経済政策により拡大する。

他方で、独立後の琉球国は住民や地元企業の生活や経済活動を守る経済政策を実施する必要がある。つまり新たな琉球国は市場原理主義に基づく近代国民国家にならないということである。社会的平等に重点を置いた経済政策を実施する。「復帰」後、琉球内における貧困問題が深刻化し、所得格差が拡大した。その理由は、「復帰」後、市場競争原理が急激に導入され、地元企業が日本企業によって淘汰され、倒産、失業問題が深刻化したからである。よって独立後は、琉球人の雇用、琉球企業の支援、生産者・消費者協同組合活動の促進等、社会主義的な政策を導入し、資本主義の暴力を抑制させる必要がある。琉球の人民、経済主体、行政の生活、利益、福利を中心において市場経済と社会主義経済を融合させた経済政策を実施するのが望ましいと考える。

日本外交に対する不信も琉球独立に火をつけた。尖閣諸島の国有化という日本外交の失敗が戦争の危機を招いた。現在、安倍政権は日本国憲法を改悪しようとしている。集団的自衛権を確立し、宮古・八重山諸島への自衛隊ミサイル基地の整備と日米共同訓練を強化している。「島嶼防衛」という名の琉球における戦争準備計画が着々と進められている。

島嶼で地上戦が展開されると、軍隊は住民を守らず、多くの琉球人が犠牲になるのが沖縄戦の教訓である。米軍基地は抑止力にならず、様々な暴力を及ぼすのが戦後琉球の教訓である。東アジアで戦争が勃発すれば琉球は戦場になるだろう。そうならないために独立して、東アジアにおいて平和を創出する中心的なアクターになる必要がある。

琉球は独立後、外交権を行使し、国連、非同盟諸国、太平洋島嶼国フォーラム、ＥＵ、ＡＳＥＡＮ、国際的ＮＧＯ等との間に琉球独立を支援する国際的なネットワークを形成する。国連のアジア本部、東アジア共同体事務局、国際的なＮＧＯ機関等を琉球に設置する。琉球の安全保障は、軍事基地、武器によってではなく、琉球がこれまで培ってきた平和の思想や実践、文化力、世界中からの信頼と人権創出団体とのネットワークに基づくものになろう。

琉球は独立後、東アジア共同体の中心として、アジア太平洋における平和を生み出し、発展を実現する地域統合のセンターになるのであり、孤立化とは正反対の存在になる。最後に、かつて琉球が東アジアにおいて非武装中立の国として存在していたことを示す「万国津梁の鐘の銘文」を紹介して本論を結びたい。

「琉球国は南海の勝地にして、三韓の秀を鍾《あつ》め、大明を以て輔車となし、日域を以て脣歯となす。此の二者の中間に在りて湧出する所の蓬莱島なり。舟楫を以て万国の津梁となし、異産至宝は十方刹に充満せり」

参考文献
松島泰勝『琉球　奪われた骨』岩波書店、二〇一八年。
松島泰勝『琉球独立への経済学』法律文化社、二〇一六年。
松島泰勝『琉球独立宣言』講談社文庫、二〇一五年。
松島泰勝『琉球独立論』バジリコ、二〇一四年。
松島泰勝『琉球独立』Ｒｙｕｋｙｕ企画、二〇一四年。
松島泰勝『琉球独立への道』法律文化社、二〇一二年。
松島泰勝『ミクロネシア』早稲田大学出版部、二〇〇八年。
松島泰勝『琉球の「自治」』藤原書店、二〇〇六年。

松島泰勝『沖縄島嶼経済史』藤原書店、二〇〇二年。

金城実・松島泰勝『琉球独立は可能か』解放出版社、二〇一八年。

大田昌秀・鳩山友起夫・松島泰勝・木村朗編著『沖縄謀反』かもがわ出版、二〇一七年。

文末脚注

1　中華民国と連携した喜友名嗣正の琉球独立運動については、松島泰勝「アジア独立運動における琉球人の主体的役割とその意味――新垣弓太郎、蔡璋（喜友名嗣正）を中心にして」（進藤榮一、木村朗編著『中国・北朝鮮脅威論を超えて――東アジア不戦共同体の構築』耕文社、二〇一七年）を参照。

2　高良勉「琉球ネシアンひとり独立宣言」『新沖縄文学』第四八号、一九八一年。

14章　啐啄《そったく》同時の朝鮮半島と新しい東アジア

韓洪九（聖公会大学教授・反憲法行為者列伝編纂委員会）

（翻訳：李昤京・立教大学非常勤講師）

1　二〇一八年変化の意味——啐啄《そったく》同時

尋常ではない変化が朝鮮半島・北東アジアで起こっている

朝鮮半島は今から三〇年前に崩壊した冷戦体制が、世界中で唯一維持されているところである。一九四五年、第二次世界大戦が終結した後、欧州では戦争を引き起こしたドイツが分割されたが、アジアでは日本ではなく韓国が分断されるという悲劇が続いている。

誰も、朝鮮半島における分断が七〇年以上も続くとは考えなかった。現在、その分断体制を解体する根本的な変化が起こっている。北度三八度線。赤道から北極まで気候などを分析するために九〇等分して描いた仮想の線のうち、三八番目の線が地面に降りてきて朝鮮半島を分断した。

その線を挟んだ地元の子どもたちも、戦争中に死なずに生き残っていたら今は八〇歳ぐらいになっているだろう。分断はこの子どもたちだけではなくて、彼らの親や祖父母世代の人生を根本から揺さぶり、子どもはもちろん、今の若い世代である、その孫世代まで暗い影を落としている。

大韓民国国内の変化――冷戦守旧勢力の解体

一九四五年、韓国が日本の植民地から解放されたとき、分断を予想した人は誰一人としていなかった。また、日本帝国主義に協力した親日勢力が韓国社会を支配し続けるとは誰も想像がつかなかった。しかし、韓国は親日勢力の清算に失敗してしまった。このような言い方では、「民族反逆者の親日派を清算しよう」と主張した人たちが、逆に親日派によって清算させられたという歴史を実感することはできない。

第二次世界大戦後に独立した多くの国の中で、独立運動家ではなく、帝国側に協力してきた勢力が政権を手にした国はたったの二か国だった。それは韓国と南ベトナムであり、両方ともに分断国家でもあった。南ベトナム政権は一九七五年に消えてしまった。大韓民国は、帝国主義の手先だった者たちが長い間政権を掌握した国であったが、それを可能にした理由は分断という現実であった。少し乱暴に言うと、親日勢力が分断を可能にし、その分断が独裁を可能にしてきた。これこそ、韓国の民主化運動が独立運動と同じ文脈を持っている理由にもなる。

守旧勢力（保守勢力）は激動の韓国現代史の中で政治的・経済的へゲモニー（覇権）を掌握してきたが、それに立ち向かう民主化運動も繰り広げられた。一九六〇年四月革命、八〇年光州民衆抗争、八七年六月民主抗争、そして一九九八年平和的政権交代に引き続く、二〇一六～一七年のロウソク革命がそれにあたる。

二一世紀初の世界のあちこちで散見される、代議制民主主義が抱える問題点を是正しようという動きの中で、最も大きい成果を挙げた国は、断然「韓国」だと言える。四人の元大統領を刑務所に送った国は韓国だけである。その中で三人は選挙で選出されているが、彼らがどんな人物であるかを知らずに、国民が間違って投票したと言えるかもしれない。しかし、遅れながらも、その過ちただして罪の償いをさせたことも、決して容易なことではない。さらに今回は血を流すこともなかった。[1]

韓国は日本に植民地下で民族解放のために熾烈な戦いをしたが、民主主義の拡大のために積極的な闘争を繰り広げたとは思わない。韓国民主主義に発展要素が内在されていないわけではないが、制度だけを考えると、確かに他から移植されたものである。いつも韓国人は、米国や西欧の先進国のようにきちんと民主主義を運営したいという羨望をもったまま、生きてきた。

ところで、二〇一六年末~二〇一七年初頭にかけて、韓国で朴槿恵大統領を弾劾する動きがはじまるや否や、米国のSNSでは「韓国は素晴らしい」「うらやましい」と言い、「私たちもいつかトランプを弾劾することができるか」というメッセージがあふれた。制限はあるものの、いつの間にか韓国民主主義が米国の人たちも羨ましがる水準まで達しているのである。

今、世界中で行われているデモの中で、韓国のキャンドルが最も大きな成果を収め、最も先駆的な実験をしているというのは明確な事実である。韓国のK-POP、ドラマや映画が海外市場で大人気を呼び「韓流」という用語が流行っているが、最も韓国が世界に自慢できる「韓流」は、代議制の民主主義の問題点を正し直す実験としてのキャンドル、言い換えれば「民主主義の韓流」ではないかと思う。二〇一八年六月の地方選挙でも冷戦守旧勢力が惨敗して、当分の間再起不能と見られる。日本で現在の与党の自民党が選挙で惨敗して党の支持率が一〇％以下に落ち、第一野党の座も維持できない状況を想像できるだろうか？

啐啄同時――韓国内の機運と国際的機運がぴったり合致

朝鮮半島での変化が尋常ではない。その理由は単に国際情勢の変化による外部要因だけではなく、韓国と北朝鮮それぞれの内部要因が変化を導き出しているからである。一言でいうと「啐啄同時《そったくどうじ》」[2]、つまり、内と外から新しい秩序へ向かった力が集まっている。

これまでも何回もチャンスはあったが、「ずれ」も続いた。これまでの三〇年間、大韓民国の歴史は内外の力が合わせられていい結果をもたらす「啐啄同時」の意味とは正反対に、内外の力に相互に「ずれ」を引き起こす連続であった。一九八七年六月抗争という疾風怒濤の時期を過ごした韓国の青年たちは、社会主義に対して相当の期待を持っていた。当時の青年たちは社会主義を、矛盾だらけの韓国資本主義のあらゆる問題を一挙に解決できる万能のカギだと見なしていた。極度の検閲と思想統制の中で、社会主義文献を読むことが禁止されていた韓国において、六月抗争は全ての禁忌を破り、社会主義書籍は合法的に出版されはじめ、大学でもマルクス主義経済学など、社会主義関連講座が開設されはじめた。ところが、分断された韓国の若者たちが開かれた広場で社会主義に接するようになるやいなや、ベルリンの壁が崩れ、東欧の社会主義体制があっという間に崩壊して、ソ連まで解体された。

二回目の「ずれ」は、一九九四年に生じた。北朝鮮の核開発を阻止するため、米国のクリントン政府は「予防爆撃」という名目で戦争を準備した。南・北韓と米軍を含めて最低でも三〇〇万人の死亡が出ることが予想された戦争を開始しようとした数日前、カーター前大統領が平壌を訪ねて金日成主席と会談を行った。米国が北朝鮮の安全を保障してくれれば核を放棄することもできるという金日成の言明を聞き、カーターはクリントンに予防爆撃中止を要請し、さらに南北首脳会談（頂上会談）を仲介した。戦争に向かっていた朝鮮半島の政情は急変し、一九九四年七月二五日に南北首脳会談が開かれることになった。しかし、歴史的な首脳会談まで わずか一五日ほどだった七月八日、金日成が急に死亡してしまった。

三つ目の「ずれ」として、二〇〇〇年「六・一五頂上会談」以降の状況を挙げることができる。南北関係の進展により、当然ながら米朝関係についても改善への努力が行われた。北の趙明緑（ゾ・ミョンロク）人民軍次帥がホワイトハウスを訪ねてクリントン大統領と会談し、米国のオルブライト国務長官は平壌を訪ねて金正日に会った。この動きはクリントンの平壌訪問予定の発表にまでつながり、終戦宣言と米朝修交の未来が目に見えるだろうという期待を招いた。

しかし、二〇〇〇年一一月、米国大統領選挙で、混戦の末に共和党のジョージ・W・ブッシュ候補が当選してから状況が変化した。ブッシュはABC政策（Anything But Clinton）を採って、クリントン政権のすべての政策をひっくり返した。さらに、二〇〇二年一月二九日の年頭教書演説で、北朝鮮をイラク、イランと共に「悪の枢軸」として目星をつけた。これで朝─米関係はもちろんのこと、南北関係も冷たく凍りついてしまった。

ブッシュ大統領在任期間中の韓国大統領は、金大中（キム・デジュン）と盧武鉉（ノ・ムヒョン）であった。両大統領は南北関係を改善させる意志と能力を持った人物であったが、米国大統領のブッシュの頑強な対北態度に封じられて、二〇〇〇年「六・一五首脳会談」と二〇〇七年「一〇・四首脳会談」を開催したにもかかわらず、朝鮮半島の分断体制に画期的な変化をもたらすことはできなかった。

四つ目の「ずれ」として、米国のオバマ政権時期を挙げることができよう。二〇〇八年一一月、米国の大統領選挙で民主党が勝ち、進歩性向のオバマ政権ができた。オバマは米国内ではかなり改革的な態度を見せており、さらに二〇〇〇年に北朝鮮を訪問しようとしていたビル・クリントン大統領の夫人であるヒラリー・クリントンを国務長官として任命したので、対北関係の改善に踏み切るのではないかと期待した。

しかし、韓国では二〇〇七年末に行われた大統領選挙で李明博（イ・ミョンバク）保守政権が勝利し、二〇一二年末の選挙では朴槿惠（パク・クネ）が当選した。米国が保守政権から進歩政権に替わったとき、韓国には保守政権ができたのである。当時の状況について、いくら米国が積極的な対北政策を進めても、韓国が応えなければ成果を収めることは難しいだろうと意識したためか、オバマ大統領はイランとキューバとの関係改善には積極的に乗り出したが、北朝鮮の核問題に対しては「戦略的忍耐」という名目を掲げ、事実上、無対策で一貫した。二〇一六年の秋から、大韓民国は朴槿惠―崔順實（チェ・スンシル）のいわば「国政壟断」に憤怒する市民たちが灯したキャンドルが燃え上がってきた。この時期に大統領選挙があった米国では、主要言論の予測とは裏腹に、共和党のドナルド・トランプが当選した。つまり、韓国では対北関係改善を積極的に推し進めることのできる進歩勢力が九年ぶりに政権を握ったのに、米国ではまた保守政権になってしまったのである。これでまた「ずれ」が生ずるのではないかと思われたが、予想外にトランプは今までの米国政権とは異なる方式で北朝鮮問題に対処しはじめた。

これは、一方ではトランプという人物の独特な性格に起因したものであり、もう一方では北朝鮮が核武器にとどまらず、ＩＣＢＭ（大陸間弾道ミサイル）の開発にも成功して米国本土を脅威する能力を持つようになったからである。核武器とＩＣＢＭを手に入れた金正恩の北朝鮮は、確かにサダム・フセインのイラクや、ムアンマル・アル＝カッザーフィーのリビアとは異なる存在であった。

さらに、キャンドル革命（まだ「革命」として呼ぶには少し性急であるかもしれない）の結果によって、朝鮮半島の南で分断のために誕生し、その分断体制の維持を可能にしてきた守旧冷戦勢力が「一応」没落したという事実は、「啐啄同時」の意味が一層新しく感じられてきた点として挙げられる。彼らは、国民から確実に拒否され、またトランプ政権も北朝鮮を「悪魔化」するという既存の方法を諦めている。これは、分断を固着化させ、北朝鮮の崩壊による吸収合併統一を除くいかなる統一も危険視してきた分断勢力の力が失われたことを意味する。長い間、国際的な緊張と葛藤から免れることのできなかった朝鮮半島で、対立と緊張を高めようとした力は、今やまったく作用していない。これまでの一生にかけて、韓国史を勉強してきた私の立場から見たら、内外からこれほど良い方向に作用している状況を今まで見たことがない。

現在、朝鮮半島で発生している「啐啄同時」の変化は、このように粘り強く、長期間にわたって韓国人の人生を引っかき回した分断体制の解体に向かって第一歩が踏み出されている。歴史では、どんな瞬間も重要でなかったときはないだろうが、私たちが過ごしている今日は、朝鮮半島の近現代史において、何よりも重要な意味を持っている。

2　朝鮮民主主義人民共和国に対する誤解と理解

金日成ニセモノ説とソ連傀儡《かいらい》政府論

地理的には確かに東アジアでありながらも、通常「東アジア」を語る際に、除かれ、あるいは含まれないところがある。それは北朝鮮（朝鮮民主主義人民共和国）である。分断以後、南の韓国で三八度線以北を称する用語は「北朝鮮」ではなく、「北傀《プッケ》」であった。北でも南を指して「南朝鮮傀儡道党」と呼んでいた。両国は長い間、統一国家として生きてきており、また惨憺《さんたん》たる植民地支配を被ったがゆえに民族主義が強くなるしかなかった。この分断された朝鮮半島で、南北は、それぞれ互いの民族を指す言葉で最も酷い言葉とも言える「傀儡」という用語を使うことによって相手に烙印《らくいん》を押そうとしたのである。

長い間、南の韓国で広められていた「金日成は本人ではない」という主張は、彼が立てた国、朝鮮民主主義人民共和国をソ連の傀儡に押し付ける作業を容易にしてくれた。つまり、北の金日成はソ連からの支援を受け、植民地時代における伝説的な独立軍名将、「金日成将軍」と名乗り、政権を掌握したということである。反共感情が最頂点に達していた時には、「滅共」がスローガンであって、「北傀」ではなくて「北韓（北朝鮮）」と呼んだだけでも、話し手の思想に疑心が持たれることとなった。ところが、北朝鮮が本当に「ソ連の傀儡」政権であり、ソ連の操り人形だったとしたのなら、どうしてソ連崩壊から三〇年近くが過ぎても崩壊せず、国家体制が機能しているのだろうか？　北朝鮮のソ連傀儡《かいらい》政権説には根拠がない。

北朝鮮崩壊論

金日成ニセモノ説や北朝鮮がソ連の傀儡であるという主張が古臭いものだとして、この三〇年近くにわたって韓国、米国、日本などの社会に支配的に存在し続けてきた北朝鮮に対する議論は、「北朝鮮崩壊論」であると言えよう。これは金日成ニセモノ説やソ連による傀儡政権論に基づいている。

一九八九年に東欧、一九九一年にソ連の社会主義が倒れて、一九九四年には金日成が急死した。さらに洪水など自然災害が重なり、当時、北朝鮮では餓死者が続出していた。それにともない脱北者も続出していた一九九七年、北朝鮮体制のイデオローグだった黄長燁（ファン・ジャンヨップ）の亡命によって、「北朝鮮崩壊論」は急速に拡散されることになった。北朝鮮の崩壊は避けられないことであり、もっぱら、いつ崩壊するのか、その時期だけが問題だったわけである。

当時流行った言葉に「三分から三年まで」という表現がある。北朝鮮の体制はいくら長くても三年は持たないだろうし、早ければ今すぐにでも、ＣＮＮから北朝鮮政権の崩壊を告げるニュース速報が流れてもおかしくないという話であった。おそらく当時の韓国の保守政権も、米国も、日本も皆、「北朝鮮崩壊論」を信じて疑わなかったためか、真摯《しんし》に対北政策を樹立して実行しようとしなかったようである。

しかし、北朝鮮は外部の観測者の予想や期待とは異なって、崩壊するどころか核とＩＣＢＭを開発し、市場経済も好転している。現時点から振り返ってみると、崩壊したのは北朝鮮ではなく、実際には北朝鮮崩壊論だったわけである。北朝鮮についての無知と偏見が生んだのが崩壊論、ニセモノ説、傀儡論である。

韓国もそれほど違いはないだろうが、米国や日本の書店の本棚に陳列されている北朝鮮関連の書物の半分、もしくはそれ以上の多くの書物が、実際には「クズ」だと言える。この地球上で最も知られていない、最も歪曲されたまま伝わっている国、気楽に歪曲しても構わないとされている国、これが北朝鮮である。このようになってしまった原因をただ外部に向けるだけでなく、北朝鮮もほぼ同様に、一般的な常識とは異なる態度を見せてきたこともまた事実である。

三〜四か月前、ある若い女性脱北者がテレビ番組に出演し、語った話にショックを受けた。彼女は北朝鮮にいたときには南のドラマ、映画、ミュージックビデオなど、見ることのできないものは一つもなかったが、南の方に来てみると、逆に北朝鮮のニュースや放送を全然見ることができず、イライラもするし、非常に気になってしまうと話していた。

朝鮮民主主義人民共和国の実相をきちんと理解してから正確に伝えること、さらに、朝鮮民主主義人民共和国と厳然と存在する東アジアの今日を直視して、明日を拓いていくことは必要である。

北朝鮮の核と米国の核、そして新しい指導者金正恩

韓国と日本、そして米国では北朝鮮の核の危険性だけを強調される。立場を変えて北朝鮮が感じる核の恐怖と脅威についても考えてみなければならない。一九五〇年に勃発した朝鮮戦争の時、米国は原子爆弾投下を検討した。広島・長崎における原爆の脅威を見ていた北朝鮮にとって、米軍の原爆という武器は凄まじい恐怖だった。幸い朝鮮戦争で原爆は使われなかったが、一九五七年に米軍は日本の在日米軍が持っていた核兵器を朝鮮半島に移転する。これはまさに最悪の朝鮮戦争の停戦協定の違反である。その後、在韓米軍は朝鮮半島の南側に六〇〇

～一二〇〇発の核兵器を駐留させて、一九九一年ソ連が崩壊してからブッシュ大統領（父ブッシュ）が朝鮮半島の米軍核兵器を撤収した。

歴史に仮定はないと言うけど、もし九〇年代にソ連ではなく米国が崩壊して、ソ連が唯一世界の大国になった状況下で、日本海で朝鮮民主主義共和国とソ連が朝ソ合同上陸作戦軍事訓練を敢行、ソ連の原子力空母が出動するならことになると、日本と韓国はどのような状況に陥るだろう。さらに、朝鮮半島と中国の間の黄海では中国原子力空母が出動して、朝中合同上陸作戦軍事訓練を敢行したならば、韓国と日本はどのような対応をするだろうか？

金正恩に北朝鮮の指導者になってから北朝鮮は経済政策を優先している。このことから金正恩は金日成や金正日とは大いに異なると評価される。だが、その差異は徹底的な連続性に基づいた差だと言える。一九六〇年代金日成は経済建設と国防建設の並行路線を採用、一九九〇年代以降金正日は経済建設と核建設の並行路線を採用している。だから、金正恩の経済優先主義は並行路線で核建設を完成したため、経済に集中できるようになっただけで、核を放棄して経済の方にだけ力を入れたわけではない。金正恩体制下の北朝鮮では住民生活の急激に改善されているがそれは核開発進展に伴い国防に注いでいた物資を民需に回したからできたことである。

3　米朝・中朝関係の歴史と展望

米朝関係の歴史と展望

北朝鮮と米国は一九五〇年朝鮮戦争から約七〇年間、相互極限の増悪を抱き、対決してきた。北朝鮮は「米帝国をバラバラにしてやる」と言い張り、米国は北朝鮮を「悪の枢軸」、「ならず者国家」と名指ししてきた。朝鮮戦争の時から米国と北朝鮮は激しく対立してきた。朝鮮戦争の時、米軍は国連を通じて一六か国も引き込んで北朝鮮と戦ったが、世界で最も力の弱い国である北朝鮮に勝つことができなかった。さらに、米国内での軍に対する文民統制の原則が挑戦を受けた全ての事例は、朝鮮戦争の時に朝鮮半島で発生した。その代表的な例が、北朝鮮の信川で行われた米軍による民間人大虐殺事件である。[3]

一九六八年には米海軍の情報収集艦プエブロ号が敵国である北朝鮮に拿捕《だほ》される、史上初めての事件が起きた。八〇余人の乗組員が逮捕され取り調べを受けたこの事件は、ちょうどベトナム戦争の最中であったため、これを契機にアジアと極東全域の緊張が激化した。米国政府はプエブロ号の乗組員を解放させるため「コンバット・フォックス作戦」を発動し、空母機動部隊だけでなく大規模な航空戦力を朝鮮半島周辺へ展開した。しかし、北朝鮮はこうした圧力に屈さず、約一一か月にわたる交渉を行った。当時のジョンソン大統領は、事件について討議した国連緊急安保理事会の空気を含め米国に対する国際的世論の批判を感じ取り、同年一二月二三日に北朝鮮側の要求を全面的に受け入れ「謝罪文」に調印して、米国側が公式に謝罪することになった。翌年四月一五日には三一人が乗っていた米EC-121軍事偵察機が日本海上で北朝鮮のミグ戦闘機によって撃墜された。一九七六年八月一八日には板門店でポプラを伐採していた米韓軍将兵が北朝鮮軍将と兵に襲われ、米軍将校二人が斧で殺されるポプラ事件が起きた。米軍にとってこれらの事件は北朝鮮に対するトラウマになっている。

そんな中、トランプ政権が成立し、中国も大国として浮上してきている。トランプ大統領は米国ではまだ非主流的ではあるが、トランプ大統領が積極的に推し進めている米朝関係の改善は、ポスト・トランプ（トランプ後）の時代にも維持されるだろうか？

中朝関係の歴史と展望

一般的に「中国が止めれば北朝鮮の核開発は不可能だろう」という見方がある。それは中朝関係についての誤解に基づく。中朝関係には、米韓関係を見る仕方では見えない特殊な歴史がある。毛沢東の息子は朝鮮戦争で死亡したが、金日成の弟は中国の革命過程で死んだ。つまり北朝鮮は中国の東北解放戦争において一等功臣だったわけである。だから、北朝鮮は中国に対して、頑なな態度を取ることができる。北朝鮮への理解が足りないと中朝関係も理解することができない。

毛沢東の「中国の五星紅旗には朝鮮人革命家たちの血がにじんでいる」という話は、中朝関係を物語っている。しばしば米韓関係を指して「血盟」と言うが、北朝鮮と中国の関係はそれ以上だと言える。そして、朝鮮民主主義人民共和国が中国に対して持つ地政学的位置は、韓国が米国に対して持つ地政学的位置と比べて、大いに異なる。

結論

二〇一六～一七年のキャンドル革命は、植民地支配と分断、戦争と虐殺、そして軍事独裁を経験した韓国が民主主義の新しい段階へと上がったことを意味する。とりわけ、親日・分断・独裁・冷戦勢力が失脚し、内外に対し変化を阻害する力を喪失したことによって、まだ道のりは遠いが、米朝修好が模索されるなど上昇効果が引き起こっている。

韓国としては歴史上二度とないであろう「啐啄同時」の良いチャンスを迎えたのだが、楽観はできない。七〇年もの分断の間に積もり積もった困難を、一気に解消することはできないからである。過度な期待は禁物である。分断の解消の可能性が生まれただけであって、解決が始まったわけではない。米国・中国間の国交正常化も、ニクソン米大統領の訪中から七年が経ってからやっと達成できたのを鑑《かんが》みると、北朝鮮と米国間の国交正常化ができるまでいばらの道を歩まなければならない。北朝鮮・米国間は、前述した一九七六年の板門店における北朝鮮軍による米軍殺傷事件をはじめ、昨今は北朝鮮の核問題をめぐる対立に至るまで、米中関係よりもはるかに深刻な葛藤と対立を経験してきたからである。

朝鮮半島情勢の変化と関連して、日本の役割、とりわけ日本国内の良心的な勢力と在日朝鮮人の役割が重要になってくる。一連の変化を目のあたりにし、日本が東アジアの地殻変動から取り残される心配があるという「ジャパン・パッシング」という言葉が流行した。よく知られているように、安倍政権は北朝鮮の核危機を国内政治に積極的に利用しながら長期執権への道を歩んできた。しかし、二〇一八年二月に開催された平昌《ピョンチャン》冬季オリンピックを前後にして、朝鮮半島に急激に平和の気流が造成される中、日本は存在感を見せることができず声も聞こえてこない状況が続いている。北朝鮮の核の脅威を煽《あお》って戦争のできる普通国家を夢見た勢力にとっては、嬉しくない雰囲気が作られたのである。

朝鮮半島と東アジアの平和を考える際に、日本の役割は極めて大事である。日朝国交正常化は北朝鮮が安定的に発展する上で欠かせないほど重要である。経済的な面においても、米国が金銭的な支援をする可能性はそれほど高くはない。北朝鮮の経済発展において必要な基本資金は、やはり一九六〇年代の韓国がそうであったように、日本から提供されるだろう。問題は、一九六五年日韓関係において植民地支配に対する処理が、いわゆる請求権協定による資金という形で曖昧《あいまい》に妥結されたことである。二〇一八年末、韓国の大法院（日本の最高裁判所に当たる）が強制徴用された労働者たちに対し、日本企業の賠償責任を認める判決を出した。これに日本政府が強く反発するのも、一九六五年に拙速に結ばれた国交正常化が生んだ負の問題である。とりわけ、元日本軍「慰安婦」問題と関連して、二〇一五年一二月朴槿恵政権が誤って結んだ「日韓合意」を正そうとする文在寅（ムン・

ジェイン）政府の試みも、また日韓関係をこじらせる一因となっている。

一九六五年の拙速な国交正常化に起因するこれらの問題は、日韓関係の枠の中では答えを見つけることができない。日朝関係を改善する過程で、日本は日韓国交正常化を基調に日朝関係も妥結させようとするだろうが、北朝鮮は一九六五年日韓国交正常化の際には取り上げられなかった元日本軍「慰安婦」問題や朝鮮人の被爆者問題、さらには無論、拙速に処理された強制動員のことなども含めて、根本的な問題提起をするはずだからである。そして、これらの問題と関連しては、確実に南北共助がなされるだろう。

日朝国交正常化へ向かう過程で、東アジアの歴史・戦後補償問題は前面に浮上するしかない。韓国と日本の良心的勢力はこれに備えなければならない。

文末脚注

1　韓国人が血を流さずに平和的に大きい成果を収めたのは、二〇一六〜二〇一七年のキャンドルデモが最初である。ここまで来るのに、韓国人はたくさんの血を流した。

2　禅において悟りを開こうとしている弟子に師匠がうまく教示を与えて悟りの境地に導くことを指す表現。本来は『碧巌録』から由来する言葉で、「啐啄」は、雛《ひな》が孵《かえ》ろうとする時に、雛が内からつつくという意味の「啐」、母鳥が外からつつく意味の「啄」である。したがって、何かをするのに内外で力を合わす、絶妙なタイミングを指す表現（訳注）。

3　この事件を題材にした黄皙暎（ファン・ソギョン）の小説『客人《ソンニム》』は二〇〇四年日本でも翻訳出版された（岩波書店）。

15章　どこから来たの？ 何者なの？ どこへゆくの？

佐藤洋治（ワンアジア財団理事長）

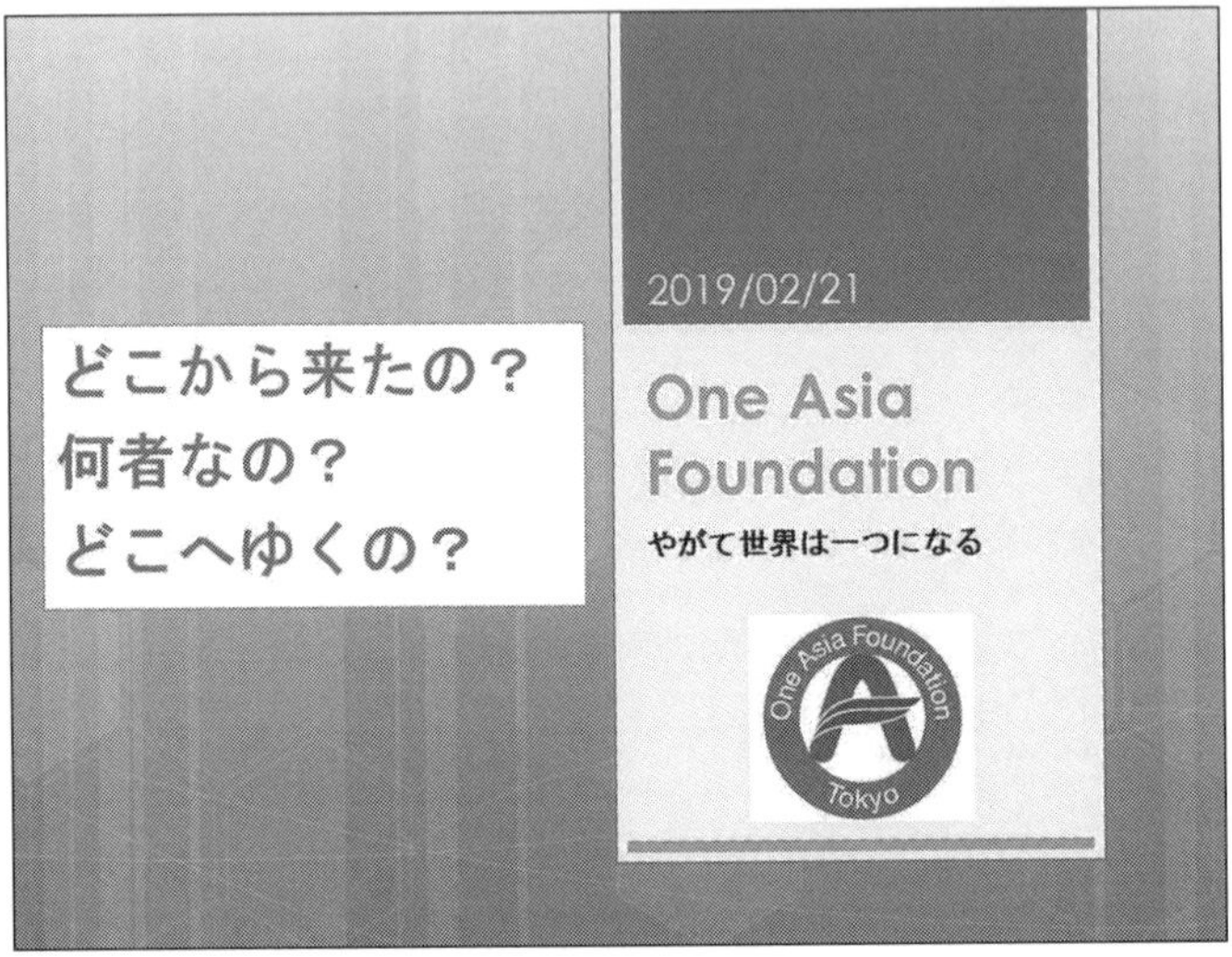

1

目次

One Asia Foundation

2

目次

One Asia Foundation

3

No.1

目的ーアジア共同体の創成に寄与する。

3つの活動原則

- ①民族、国籍を問わない
- ②思想、宗教を拘束しない
- ③政治に介入しない

One Asia Foundation

4

講座開設状況 (2018年6月現在)

No.2

地域	開設	準備	地域	開設	準備	地域	開設	準備
日本	61	48	マレーシア	2	1	フランス		2
韓国	71	26	スリランカ	1		アイルランド	1	
中国	110	30	インド	1	5	イタリア	1	
香港	4	3	パキスタン		1	スペイン	2	1
マカオ		1	バングラディシュ	1	1	オーストリア	1	
台湾	13	7	ラオス	2		ロシア	2	
北朝鮮		1	ブータン		1	ウクライナ	1	
シンガポール	1	2	キルギス	6		ポーランド	1	1
タイ	4	4	カザフスタン	4	2	ベラルーシ		1
モンゴル	3	6	トルクメニスタン		1	スロベニア		1
ベトナム	5	2	ウズベキスタン		2	リトアニア	1	
ミャンマー		4	タジキスタン		4	トルコ	2	2
ネパール		2	オーストラリア	5	1	エジプト		1
フィリィピン		3	アメリカ	4	4	コンゴ	1	
カンボジア	7	6	カナダ	2				
インドネシア	8	4	メキシコ		1	小 計	330	184
東ティモール	1		イギリス	1	2	合 計(48)	514	校

One Asia Foundation

5

No.3

第二次世界大戦後の戦争

第二次世界大戦	1939年9月～1945年9月	6,200万名
朝鮮戦争	1950年6月～1953年7月	400万名
ベトナム戦争	1960年12月～1975年4月	800万名
アフガニスタン紛争	1979年12月～2001年	15万名
アフガニスタン戦争	2001年10月～今日継続中	5万名
湾岸戦争	1991年1月～1991年2月	3万名
イラク戦争	2003年3月～2011年12月	3万名
IS(イスラミック・ステート)戦争	2014年6月～今日継続中	
ポルポト政権の虐殺	1975年～1979年	300万名

One Asia Foundation

6

No.4

Arthur Koestler

(5 Sep 1905～1 Mar 1983)
Hungalian British,Novelist,Essayist,Journalist

人類にとって最も重大な日は何時かと問われれば、1945年8月6日と答える。その日まで、人類は「個としての死」を予感しながら生きてきた。人類史上初の「原子爆弾」が広島上空で、太陽をしのぐ閃光を放って以来、人類は「種としての絶滅」を予感しながら生きてゆかねばならなくなった。

広島の原爆投下、8月6日を以ってキリストの時代(A.D.)は終わり、ヒロシマ以降P.H.(Post Hiroshima) 0年と称すべきである。

人類究極の苦悩となる、永遠に繰り返される種内戦争、種内殺戮こそが、「人(人間)」の中心的特徴なのである。

One Asia Foundation

7

No.5

Arnold J. Toynbee (14 Apr 1889～22 Oct 1975)
British, Philosopher of history.

いずれ人類は、遅かれ、早かれ、世界全面核戦争で自滅するでしょう。自己中心性を克服することです。これが平和の「カギ」です。この「カギ」を手に入れるまでは、人類の生存は今後とも疑わしい。

各国の核弾頭数

アメリカ	9,400	パキスタン	90
ロシア	13,000	インド	80
フランス	300	イスラエル	80
中国	250	北朝鮮	10
イギリス	185	計 23,395	

（参考）2013年の全世界の軍事費(スウェーデンのストックホルム国際平和研究所)
1兆7,470億ドル（1か月1,456億ドル）（1日48億ドル）

One Asia Foundation

8

No.6

経済戦争の問題点

1) マネーが自由に世界をかけめぐっている。その結果エネルギー資源や鉄鋼資源等の価値が大幅に上下している。また各国の為替が激しく上下している。1国の経済を破壊するほど。

2) 自由経済競争により、世界の中で少数の勝つ企業と大多数の負ける企業が出てくる。その結果多くの働く人々の生活が不安定になる。

3) 現在の経済制度では、格差が拡大していく

4) 教育や医療の世界にも商業主義が入ってくる。

5) 若者に安定した職を提供できていない。

One Asia Foundation

9

No.7

富の格差の現状

1）2016年における世界の富（資産）について。62名の大富豪が全人類の下位半分、すなわち下位36億名と同額の富（資産）を所有している。

2）2016年に世界で生み出された富（保有資産の増加分）のうち、82%を上位1%の大富豪が独占している。下位半分（36億名）は富（資産）が増えなかった。

One Asia Foundation

10

No.8

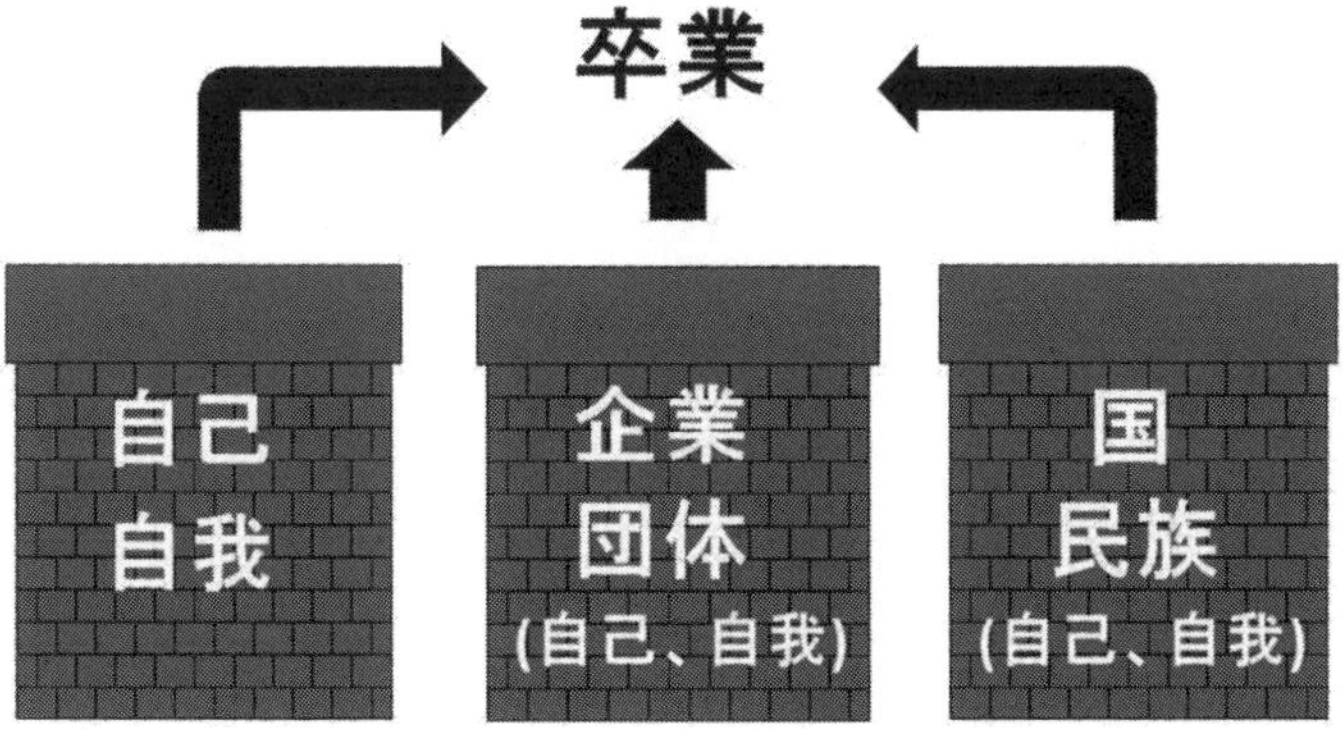

One Asia Foundation

11

No.9

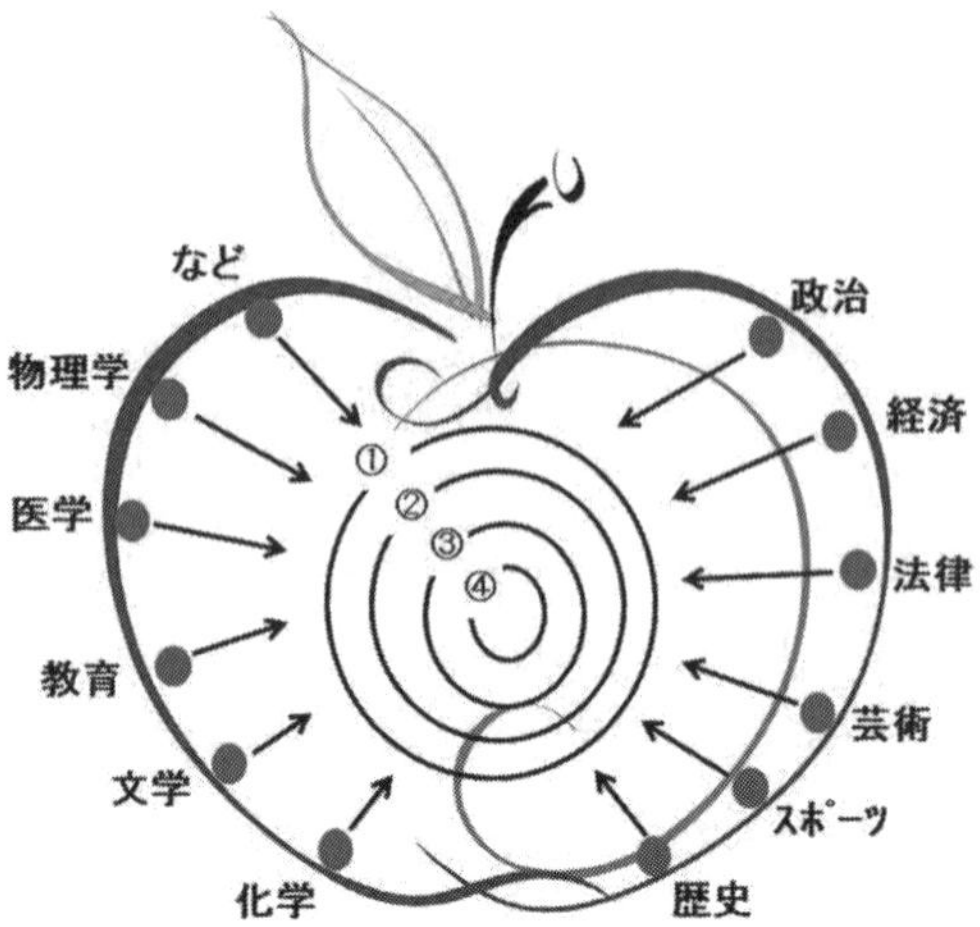

①自己（自我）
②人（人間）
③生命
④実体（實能）

One Asia Foundation

12

No.10

自己が形成されなかった事例

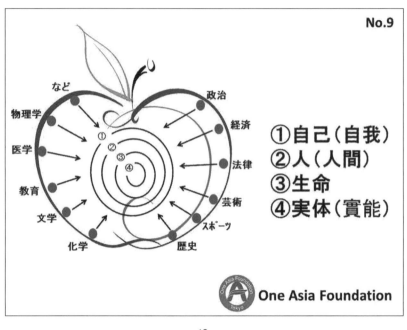

①フリードリヒ2世（1194 - 1250）
神聖ローマ皇帝。シチリア（1198）とドイツ（1212）の国王も兼ねた。

②1920年10月17日　インドのカルカッタの近くのミドナプールにて、シング牧師により狼少女が救出された。

One Asia Foundation

13

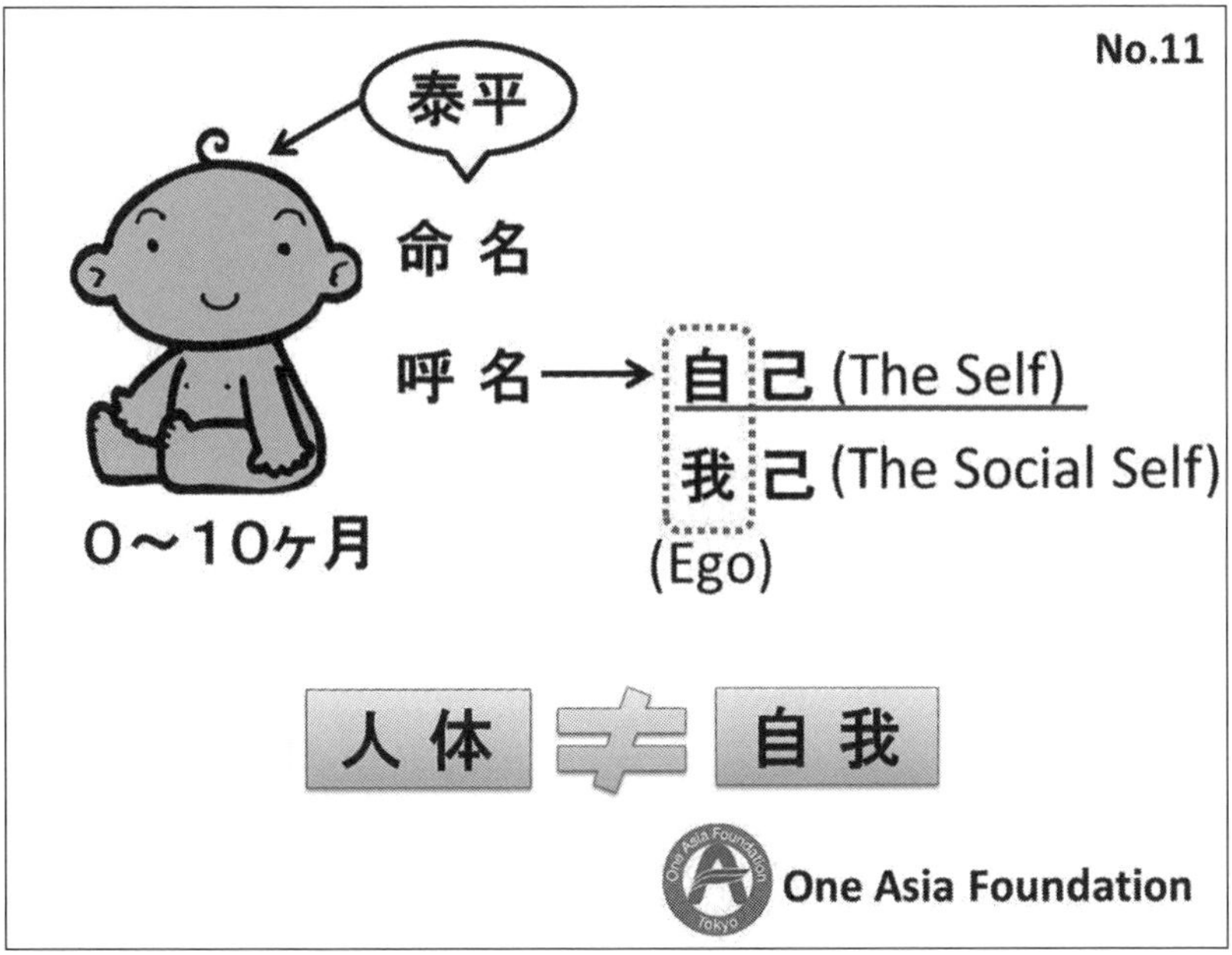

14

No.12

どこから来たの？何者なの？どこへゆくの？

この答えを聞きたくありませんか？

答えにたどりつくには、人類の命題である
1.自己(自我)とは　2.人(人間)とは　3.生命とは　4.実體とは
をひもとかねばなりません。

人類の命題とは、民族、国籍、宗教、職業もことなる地球上の73億の方々の共通の普遍的、根源的テーマであるということです。

One Asia Foundation

15

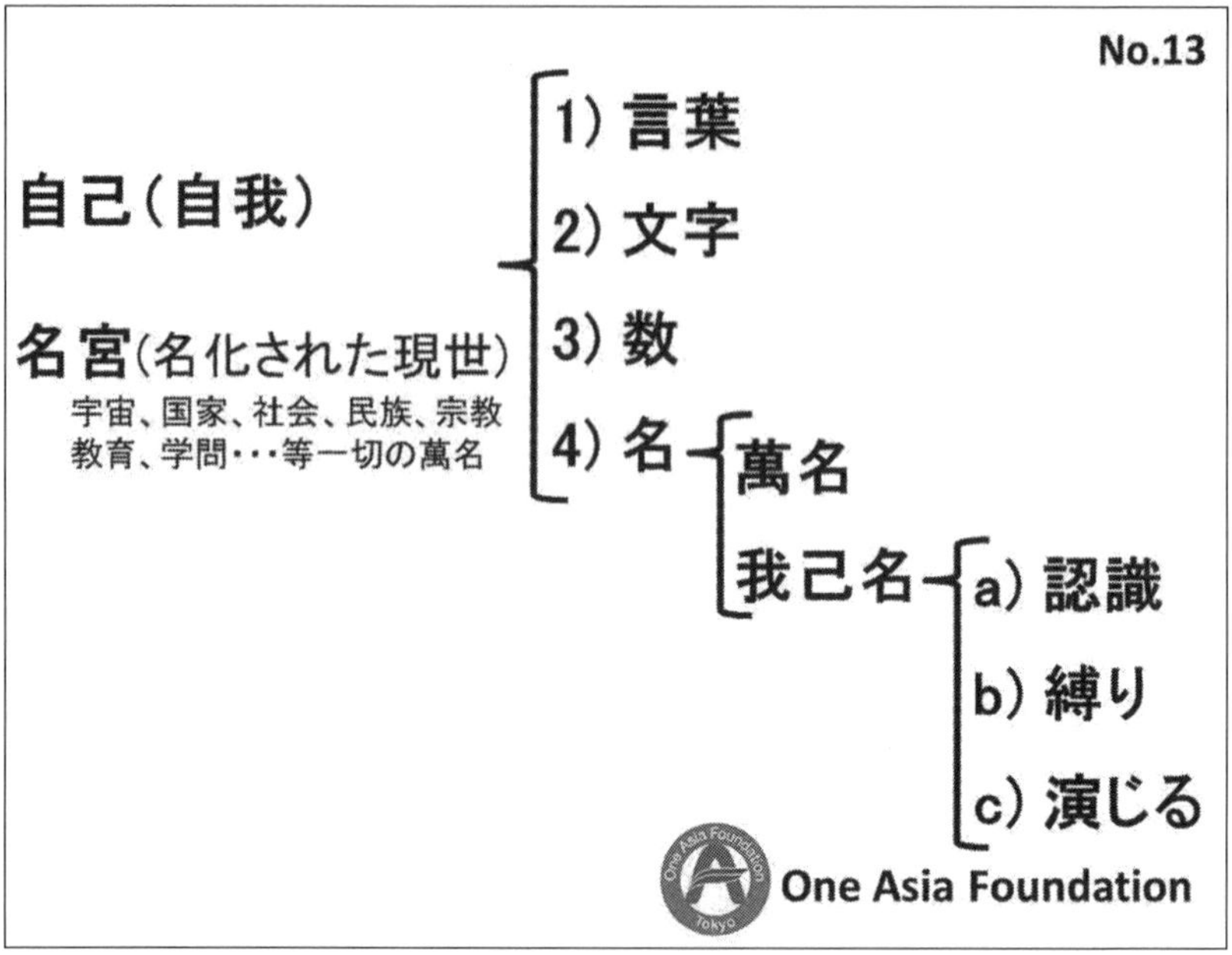
No.13
自己(自我)
名宮(名化された現世)
宇宙、国家、社会、民族、宗教
教育、学問・・・等一切の萬名
1) 言葉
2) 文字
3) 数
4) 名
萬名
我己名
a) 認識
b) 縛り
c) 演じる
One Asia Foundation

16

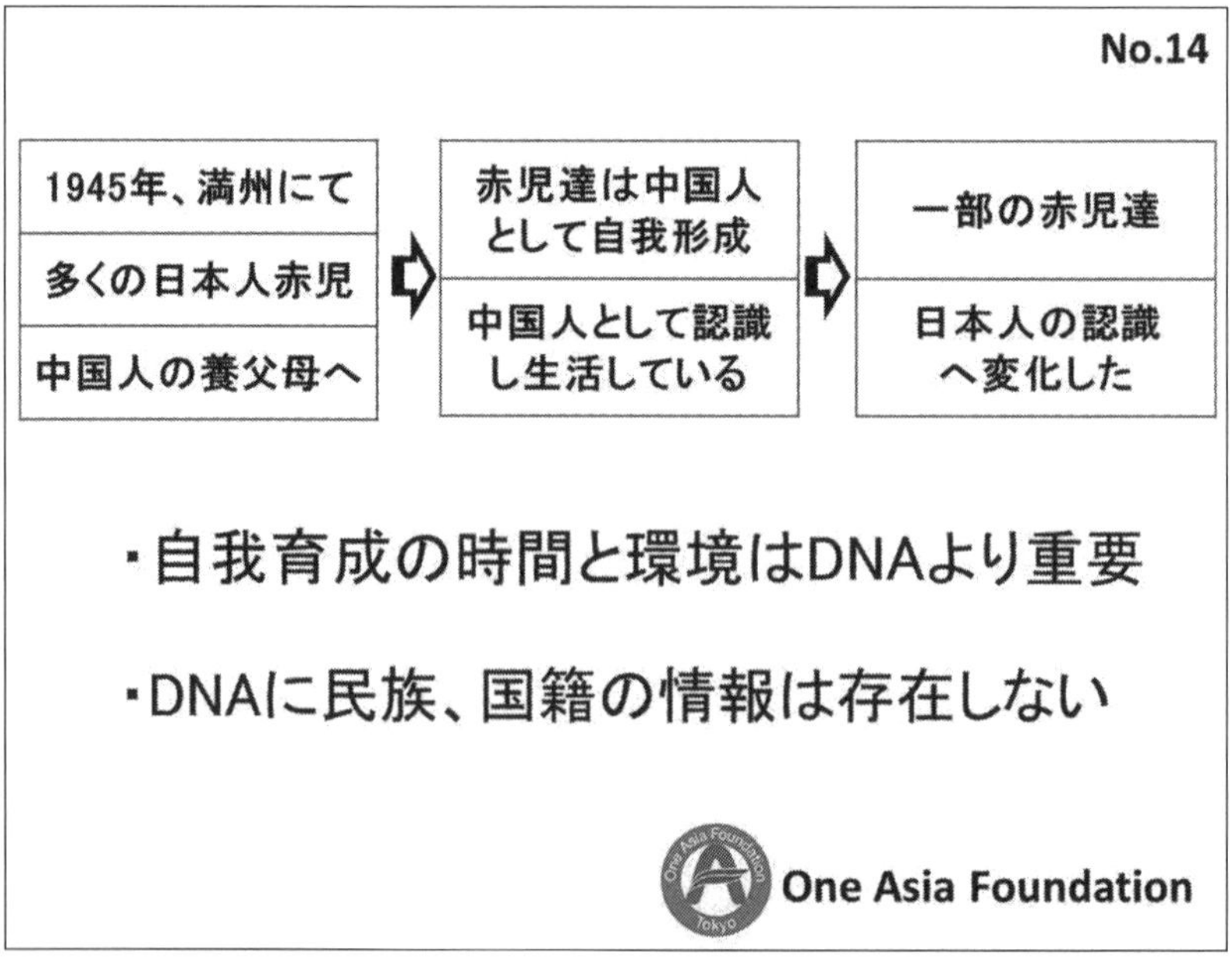
No.14
1945年、満州にて
多くの日本人赤児
中国人の養父母へ
赤児達は中国人
として自我形成
中国人として認識
し生活している
一部の赤児達
日本人の認識
へ変化した
・自我育成の時間と環境はDNAより重要
・DNAに民族、国籍の情報は存在しない
One Asia Foundation

17

No.15

「人間とは何か」使用例

利根川 進 米マサチューセッツ工科大学教授	生命科学の究極の研究目的は、「人間とは何か」という疑問の解明だ。 「京大創立100周年記念」 京都新聞 1996年11月15日
山本 仏骨 龍谷大学教授	すべての宗教および学問は「人間とは何か」を問い求めることにこそある。しかし答えはまだ出ていない。 ラジオ関西人間学講座　1976年
山本 信 東京大学名誉教授	「人間とは何か」というのは、カントが哲学のすべての問いは最終的にはそこに帰着すると言った問いであるが・・・ 「哲学の基礎」 放送大学教育振興会
松井 孝典 東京大学教授	自然科学にしろ社会科学にしろ、哲学にしろ文学にしろ、その問うところは、つきつめていけば「人間とは何か」という永遠不変の命題である。 「地球46億年の孤独」 徳間書店
小林 秀雄 評論家	「人間とは何か」についてはっきりした説明がいくつもあれば、ちっともはっきりしないことになる。　「小林秀雄対話集」 講談社

One Asia Foundation

18

No.16

人（人間）　ー　73億名の総称

⇕ 反対語

自己（自我）ー 73億分の1名

人體 ≠ 自己（自我） ≠ 人(人間)

現世が人(人間)の世でなくてよかった。
もし人(人間)の世であれば、人類の未来にすくいはない。

One Asia Foundation

19

No.17

人(人間)ではなく、生まれてもいなかった。

生まれたのは、人體の赤児である。出生後、命名により、命(ナ)付けられ、名が肉声による一定波長の音波「呼稱音声」として赤児の脳の「命の座」にくりかえし送り込まれ、凝合-転化して、自己(自我)へと変貌する。この経過を経て、赤児として産まれた體は、何時しか「ナ(氏、名)·自己」のモノとなり、且つ體の誕生日も「ナ·自己」の誕生日へと摩り替えられる。さらに5～6才にして「人(人間)」なる名を受けとり「人(人間)」を演じる。しかし「人(人間)」ではなかった。

「人(人間)」、その正態を暴いて診れば「人(人間)」とは似ても似つかぬ「ナ·名」にすぎないある稱呼が転化し、人體の脳の中枢に主権者として納まり、「人(人間)」を演じていたのである。

この世は、人(人間)の世界ではなく、「人(人間)」ナル名を受取り、演じているだけの自己、自我主態の世界である。

One Asia Foundation

20

命と命の核(究極の實能)

No.18

宇宙森羅萬象を包含する能(タイ·ハタラキ)を「名」にすることはできない。だが敢えて「名」にすると「命」となる。生物の生きてゆく原動力。命を命たらしめたのは何者か？命以上の(ナ·名)が唯一名ある。その名「X」こそが命の核だったのである。それが「究極の實能(ジッタイ)」である。

全生物、三千萬種中、唯一ホモサピエンスのみが命名ができる。人體のみに命の核が備わるからで、人體は「命の核體」といえるゆえんである。その人體に、命の一片としての「名」が稱呼され、その命の座のとなりに附着する名の転化者である自己もまた命と直結しているのです。

命とつながっていなくては、「コトバ」が使えない。「字」を書くことが出来ない。「数」を使うことができない。そして「ナ·名」を命(ナ)づけることができない。「ナ·名」を命(ナ)づける。-これは、萬生物中人體にのみ備えしめられた「秘能」である。

ありとあらゆるものに命名されている。これらの総べての「名、名稱」および「コトバ、文字、数、名」の命名、創出元が「命」なのである。すべての「名、名稱」および「コトバ、文字、数、名」は命の変化能であり、いわば命の一片である。

One Asia Foundation

21

No.19

流れとよどみ 大森　荘蔵（1921 - 1997）　日本

昔々、オックスフォード大学に一人の中国人留学生がやってきた。一人の教授が彼を引きまわして大学中を案内してやったが、それが終わって留学生の言うには、いろいろなカレッジや図書館や寮を見せていただいたが、オックスフォード大学は一体どこにあるのです？

自分はナーガセーナという名で呼ばれているが、あるのはこのナーガセーナという名前だけであって、その名で呼ばれるべき自分の実体はない。それはミリンダ王が乗ってきた「車」とよばれるものの実体がないのと同じである。

「流れとよどみ」産業図書 1981年

One Asia Foundation

22

No.20

實能

「實(サネ)」と「能(タイ)」とは一能としての存在なのだが、「能(タイ)」とは「命(イノチ)」のことで「實(サネ)」が命の核として、命を命たらしめる「實(サネ)」であり、「實能」とは「命(イノチ)」の「實(サネ)」を示す「名」となる。

名(ナ)

うわべ。形式、表面上の名目。
「名」は「實」の賓(ヒン) ― 賓とは主たるものに副(ソ)うもの。
「名」は「實」の對(タイ) ― 萬名が指し示す實に対して、その實に相応(フサワ)しく、正に「ナ・名」は體を表わすかの如く、見事なまでに、命(ナ)付けられている。

One Asia Foundation

23

No.21

ユヴァル・ノア・ハラリ(1976年～)
Yuval Noah Harari　ヘブライ大学　歴史学教授

「Sapiens」 書籍

1)

人類、7万年分の歴史を俯瞰(ふかん)し、人類の「本質」と「未来」について、掘り下げた書。

人類は虚構(フィクション)を信じる力によって、進歩、発展してきた。

宗教、神話、国家、民族、法律、企業、貨幣、共産主義、社会主義、資本主義、ナショナリズム、自由、民主主義等々すべて虚構です。

虚構は重要で、価値がある。それがなければ社会は成り立たない。

One Asia Foundation

24

No.22

「Sapiens」 書籍

2)

人類は自らが作り出した虚構に強く縛られる。その結果対立や紛争や戦争を招く。

ユダヤ人とイスラム教徒との争いは宗教です。

聖書やコーランは人が作ったものです。人が作ったものをもとになぜ殺し合うのか。

現在、世界で一番重要なストーリーは資本主義です。

経済成長が世界の全地域をよくすることになると、信じて今日迄きました。しかしその結果、人類は以前よりも幸せになったのでしょうか？

人類の未来について。遺伝子移植、サイボーグ工学、人工知能等の進歩により、100年、200年後に新しい生命体が作られる。優勢な人類が登場する可能性がある。

One Asia Foundation

25

1) 量子力学（Quantum Mechanics）　No.23

人の体を含めた宇宙の万物は、「素粒子」の塊です。
原子は分解すると「中性子、陽子、電子」で構成されています。
さらに中性子と陽子は「クォーク」という小さな要素に分解できます。
これ以上分解できない最小単位のものを「素粒子」と呼び、この素粒子を研究しているのが「量子力学」です。

素粒子は「粒子」と「波」の性質を併せもち、その位置は確率的にしか決めることができません。

ニールス・ボーア (1885-1962) デンマークの物理学者
ニールス・ボーアとアインシュタイン(1879-1955)の論争。

One Asia Foundation

26

2) 量子力学（Quantum Mechanics）　No.24

見られる物は、見る人から影響を受けている。
素粒子は「目に見える物質」であり「目に見えない波動」でもある。
素粒子は人が観測すると「物質化」し、観測していない時は「波動」である。「人こそが万物に影響を与えている創造主」であり、「人があって万物がある。」

万物は物質というよりも「エネルギー」と言った方が正しい。
目に見えない、光、音、色、匂いなどを含め、この世の全てはエネルギーであり、人体もエネルギー体である。

この世は全て幻想である。この世の正体は「エネルギーとエネルギーの干渉（波紋のようなもの）」があるだけである。

One Asia Foundation

27

No.25

自己称について

人称代名詞（一人称）として用いられている「私」「俺」「我」「吾」「僕」「自分」等の語は大字典において、自己の稱（自己代名稱）と記されてあります。また大字源には「人」の反対語として、「己」「我」が記されてあります。「人」とは73億の総称であり、「自己（自我）」は73億分の1であり、「人」と「自己（自我）」は反対語です。人称と自己称は、今日ひっくり返って用いられています。

以上のことを考察して行きますと、本来「個人」という言葉は成立し得ないのですが、あたかも個（自己）としての「人」が成立し得るかのように、歴史の流れは今日まで来てしまいました。その矛盾を小林秀雄は気付いていたようです。

One Asia Foundation

28

No.26

【私】24913 〈大漢和〉

①いね。	③わたくしする。
②わたくし。	（イ）自分のものにする。
（イ）自分。自己	（ロ）自分の利をはかる。
（ロ）自分の事物。	（ハ）かたよる。不公平をする。
（ハ）個人。公の對	（ニ）よこしまをする。
（ニ）かたおち。かたておち。	④ひそかに。
不公平。偏頗。	（イ）ひとりで。心の中で。
（ホ）よこしま。邪曲。	（ロ）こつそり。かくれて。
（ヘ）自分の欲望。我慾。	⑬ゆばり。ゆばりする。小便。溺。
（ト）獨りで居る事。	⑭姦通
（チ）かくしごと。秘密。	⑮男女のかくし所。

「He is just big I」〈ランダム ハウス英和大辞典(小学館)〉

エゴのかたまりだ。
(自己中心的に過ぎる人、I という言葉をむやみに使う人。)

One Asia Foundation

29

人称と自己称（稱）　No.27

今日、「私」「俺」「我」「吾」「僕」「自分」等の語は、人称代名詞（一人称）として説明されています。

また、英語においてもPersonal Pronoun（人称代名詞）として位置づけられています。

しかし本来は人称ではなく自己称であります。
1920年（大正9年）に上田万年によって編纂された「大字典」には正確に自己の稱（自己代名稱）と記されてあります。

One Asia Foundation

30

Basic Income（基本的所得）　No.28

1)

これは格差や貧困の問題に対する、新しい取り組みです。政府が、性別、年齢、所得の有無に関わらず、無条件で、すべての国民に生きるために必要な最低限の金額を支給する制度。

現在の生活保護や失業保険等の社会保障制度では、多くの条件があり、申請者に精神的負担をかけている。

・フィンランドでは2017年1月より、全国の失業者の中から無作為に2000名を選んでスタートした。月額600ユーロ（約8万円）を支給している。

One Asia Foundation

31

Basic Income（基本的所得）　No.29

2)

① 失業者となっても、生活ができるため、より積極的によりよい仕事を探すことができるようになる。

② 経済的貧困により自殺を考える人が少なくなる。

③ 貧困により、悪の道に入ってしまう人々を防ぐことができる。人間性を取り戻すことができる。

・オランダ、カナダでも実験導入を準備中。

・アメリカのシリコンバレーの１企業が実験準備。

Basic Income のシステムは資本主義システムの問題点である格差と貧困に対する、1つの問題解決のシステムと言えます。

One Asia Foundation

32

Blockchain（分散型ネットワーク）　No.30

1)

分散型台帳技術を支えるデータベースです。
仮想通貨である、Bitcoin、Ethereum等の基本的システムがBlockchainの技術です。

今日の世界は、銀行、政府、ソーシャルメディア企業、クレジットカード会社のような仲介者の存在により、信用を維持して、取引が行われています。これらの仲介者はセンターにすべての情報を集めて管理しています。Blockchainシステムは、1ヶ所にデータを集中管理することはありません。Peer to Peer ネットワークと分散型タイムスタンプサーバーの使用により、自律的に管理されます。集中管理するとハッキングされる危険がありますが、Blockchainは、1つの巨大な分散台帳が何百万というパソコン上で仲介者なしで運営されます。

One Asia Foundation

33

Blockchain（分散型ネットワーク） **No.31**

2)

今日、世界は格差の問題を、富の再配分によって解決しようとしています。一方 Blockchain は、富の生成を民主化し、多くの人々が経済活動に参加できる機会を公正にするものです。

（例1）土地の所有権をBlockchainにのせるとことができます。改ざんもハッキングもできません。政府の管理する登記所が必要なくなります。

（例2）先進国から発展途上国への最大の資金の流れは送金です。送金は銀行を通さなくても、早く、安くできるようになります。

（例3）音楽などの知的所有権もBlockchainにのせることができます。売手と買手、双方の取引のためのスマート・コントラクトもすでに入っています。仲介者なしにスムーズに運営できます。

過去15年間で世界を改革したのが、スマートフォンに代表されるIT技術です。今後10年間に最も世界を改革する技術がこのBlockchain と言われています。

One Asia Foundation

34

自己(自我)の責務 **No.32**

「名宮」ナル現世においては、名(ナ)が、名(ナ)を用いて、問求めるのであるから、結果得られるモノも「ナ·名」でしかない。

それは、うわべでの「ナ·名」でしかなく架空のモノ、やはり「仮」である。本モノでない「仮」である現世は、政治、経済、学問、宗教…等々総てうまく治まるようにはできていない。「仮」である現世がすべて、うまく治まってしまうと今のままで終りを向え、次に進めないからである。次のステップとは「人の子が人になる(成人成就)」のことである。

「自己」は、人體及び脳を育成し、最後に「本精(人精)」との融合を以って、「人」の完成に進むことが責務として課せられている。

人體に進入し、人體を勝手に使用している各自己の「ナの転化者」は、命の一片でもあるが、認識はしていなくとも、實能(ジッタイ)の代行者としての「役割り」も持たされている。

One Asia Foundation

35

命（エネルギー、大気、波動）

No.33

- 命は宇宙一切のモノの本質
- 人體は命の核體 ● 自我は「名の転化者」「人の子」「實能の代行者」
- 言葉、文字、数、名は命の変化能

自我の波動 ①思考、想念 ②言葉 ③行動

〈＋の波動〉	〈－の波動〉
元気　積極　明るい（光） 高い気　強い気	病気　消極　暗い（闇） 低い気　弱い気
平和　創造　調和	戦争　破戒　攻撃
楽しさ　嬉しさ　喜び 笑い　くつろぎ　満足感 充実感　安心	不平　難行　悲しみ　苦しみ 不満　苦行　怒り　自己自慢 批判　妬み　孤独感　むなしさ 悩み　不安

One Asia Foundation

36

大切な視点

No.34

どうすれば、自我を卒業できるのでしょうか？

1) そのためには、まず4つのテーマを掘り下げること、そして
あきらめないで、継続することからはじまります。

2) 3つの壁、つまるところ自我の壁を卒業できるという希望を
持ち続けることが大切です。

One Asia Foundation

37

No.35

アジアの範囲　ー　広域アジア

アジアの多様性

①多民族　②多言語　③多文化
④多宗教

アジア共同体　⟶　天然の森

One Asia Foundation

38

No.36

命題の答えは どのように出たか

今日皆さんにお伝えしたことは、約50年前の1957年から1969年にかけて日本でその解答が出されておりました。その方は2010年6月、96才でなくなりました。その方は多くの方々との出会いにより、この解答を出す役割を担うことになりました。その方は名前がありません。この解答を名を持って伝えることはできないとして、個としての一切の自己中心性を断ち切り、約半世紀間その解答を伝えてきました。

1997年にその方との出合いがあり、その後約13年間、その方との交流を重ねてきました。時がその解答を必要としているとして、今日皆様にお伝えしました。賢明な皆様にとっては、何故に今日の話しをしたのかはお分かりの事だと思います。

One Asia Foundation

39

No.37

命題の答えは どのように出たか

今日の講演のタイトルのように「やがて世界は1つになる」ためには何が必要でしょうか？

自己(自我)の卒業が必要であり、その時がどのように訪れるのか？そして「人」となる時が未来にくるという希望をもって今を生きることにつなげようということです。

そして今日話したことは、100%正確で間違いないというものではありません。何故ならこの名の世界において、名が名を用いて話しているからです。但し名の世界の主権者を演じている各自我は「人の子」であります。そして各自我の能(ハタラキ)は、實體の能(ハタラキ)である本精(人精)と表裏一能(タイ)にあります。従って今日の話は、やがて来るであろう「人の完成」に繋がるものとして、希望を持ち続けるに十分であると受け止めています。

One Asia Foundation

40

【特別講義】東アジア共同体と沖縄問題の行方をめぐって

二〇一八年五月二六日
鹿児島大学、稲盛会館大ホール

特別講義1　日本人のための平和論——いまだ占領下にある日本

ヨハン・ガルトゥング（社会学者、紛争調停人）
（通訳・西村文子）

この高名な大学にお招きいただきまして、非常に光栄です。

今日は、私たちが今いる地域、この東アジアで「平和」はどのようなことを意味するかを考えてみたいと思います。さまざまなアプローチが考えられると思うのですが、今回は三つの時間の軸——過去・現在・未来という視点から考えてみたいと思います。

中国脅威論よりも、実際にあった日本の中国侵攻

現在、「中国脅威論」ということがよく言われます。しかし、過去、中国大陸から日本が攻められたということはありません。

一三九七年の「蒙古の襲来」は有名ですが、攻め入った「元《げん》」は蒙古（モンゴル高原の遊牧民）の支配下にあったわけで、当時、漢民族の支配下にあったわけではないのです。確かに中国大陸からの襲来でしたが、漢民族という意味での中国からの日本に対する侵攻ではなかったと言うことができます。この襲来は、日本に「神風」が吹いたことで撃退されることとなりました。

しかし反対に、過去、日本の本土から中国大陸へ向かって侵攻したことはあります。日本による最初の中国侵攻は、豊臣秀吉の時代の一五九〇年代にさかのぼります（文禄・慶長の役）。これは明確に日本から攻めていったのです。確かに中国大陸までにはたどり着きませんでしたが、秀吉はそこまで行こうとしたわけです。

次の侵略は、昭和が始まった一九三〇年ぐらいのことです。もっと早くから侵攻が始まっていたと言うこともできますが、その時代の前後からだと言うことができるでしょう。現在、昭和の日本の中国侵攻について考えようとしたときに、南京大虐殺や慰安婦のことなど、一部の問題だけがあまりに表面に出過ぎてしまっているように思います。

「和解」を目指して

過去にさまざまな暴力に遭遇した人々の苦々しい経験について、「平和学」の視点からは、被害者がどれほどの「トラウマ」を抱え、どんなに心の奥底に沈んで「もやもや」しているのかをとらえることが重要になってきます。それは、後の世代の人たちにとっても同じで、彼らが今もどれほどそのような傷を抱《かか》えているかを、真剣に考えなければなりません。

過去の問題を解決し克服するのに、一番必要なものは、いわゆる「和解」――英語で言うと「コンシリエーション（conciliation）」です。

「平和学」の視点から言えば、一番望ましくないアプローチは、単に謝罪をするということです。言葉の上だけで「ごめんなさい」と言うような謝罪は、最も良くないアプローチだと思います。それでは本当の意味でトラウマを解決したり克服したりすることはできません。ましてや「ごめんなさい」と言って謝ったり、お金（補償金）を払ったりすれば、それで事が済むと考えてしまうことは一番まずいやり方だと言えます。

もっといいアプローチは、その根源を探ることです。苦しい思いをするかもしれませんが、なるべく史実に忠実に寄り添いながら、トラウマの根源をどんどん突き詰めていくアプローチが必要になってきます。

もちろん日本側から突き詰めて見えてくるものと、被害国、被害を受けた民族などの被害者側からでは、見つかるものも異なってくるでしょう。お互いにその事実について理解しあうということが大事です。

日本と欧米の関係――真珠湾攻撃とアジア植民地への攻勢

さまざまな問題がトラウマとして現在にも残されています。歴史には「イフ（ｉｆ＝もし）」はないと言いますが、どのような状況下だったらそれが起こらなかったか、あえて考えてみることが必要です。

「イフ」を考える際の重要な事例が、日本と欧米との関係です。

日本と欧米との関係が問題になるのは、あるいは日本の対外進出・侵略が始まったのは、一般的に一九四一年一二月八日の真珠湾（パールハーバー）攻撃だと言われています。第二次世界大戦、太平洋戦争、大東亜戦争――どの言葉を使うのであっても、戦争が真珠湾攻撃から始まったように考えるということ自体に大きな問題があるのです。

日本は、真珠湾を攻撃したほんの数時間後に、アジア大陸への侵略も開始します。ベトナム、英国の占領下にあった香港を始めとして、現在のマレーシアやシンガポールへも攻撃を開始しました。

つまり、日本が欧米に対して挑んだのは、アメリカに対しては真珠湾であり、そして、ヨーロッパに対しては、イギリス、フランス、それからオランダの植民地に対して攻撃をしたということなのです。ですから、日本は日米戦争を始めただけでなく、同時に、ヨーロッパの帝国主義国（植民地宗主国）とも同時に戦いを始めていた、という点を考える必要があります。その意味で私は、日露戦争も非常に大きな意味を持っていたと考えています。

二〇世紀初頭の日清戦争の結果、台湾は日本に割譲され、一九一〇年には朝鮮併合で大韓帝国を併合します。確かに、日本はアジアの国を侵略したけれども、一方で植民地主義国と戦っていたという事実があるのです。

欧米とは異なる日本の植民地主義

日清戦争の結果、日本は台湾を植民地化しましたが、実際にはヨーロッパのやっていた植民地主義とは全然違うやり方でアプローチをしていました。さらに朝鮮半島を併合したと言うものの、これも、欧米、特にヨーロッパの植民地主義のアプローチとは全く異なるアプローチであって、同じ「植民地主義」という言葉を使うのはいかがなものかと思われます。

一つ、例を挙げましょう。日本には帝国大学というものがありました。欧米の植民地主義国で、植民地に帝国大学をつくった国はありませんでした。日本は台北とソウルに帝国大学をつくって、今でもそれらの大学は、台湾でも韓国でも最高学府と考えられています。

ヨーロッパの国、例えば、英国は英領のどこにオックスフォード大学、ケンブリッジ大学に相当するような大学をつくったでしょうか。フランスのソルボンヌ大学に相当するような大学がハノイにあったでしょうか。じゃあ、ホーチミン・シティにはあったかと問えば、そんなことはなかったですよね。そういった違いを考える必要があります。

東京裁判の欺瞞《ぎまん》

第二次大戦の後に行われた東京裁判では、非常に偏った植民地主義を実践していた国が、彼らと全然違う植民地主義を実践していた日本を裁くという、いびつな構造がありました。つまり、欧米諸国の価値観で、実際とは異なる植民地主義というレッテルを貼られて日本が裁判を受けたことは、非常に大きな疑問符を付すべきことです。

これは冒頭で申した、単なる謝罪あるいは補償金によるトラウマの克服の仕方とも言えますし、いかがなものかと思われます。

皆さんがよくご存じのとおり、いわゆる日本の犠牲になったアジアの地域は、ヨーロッパが植民地化していた国よりもずっと早く植民地主義から解放されました。日本の敗戦後、それぞれの国はかつて宗主国に戻されましたが、瞬く間に解放されたのです。例えばフィリピンは一九〇一年からアメリカの植民地になっていたわけですが、戦後、非植民地化、独立の機運もずっと早く進んだわけです（一九四六年七月フィリピン共和国独立）。日本の植民地主義による、そういった側面も考慮するべきであったのに、それとは全く相反するプロセスが行われたのが東京裁判でした。

過去のトラウマを考える、という視点からも、いわゆる日本の歴史認識は、現在の認識と非常に変化する可能性があると思うのです。それは例えば、東京裁判の判決とは異なる形の歴史認識が出てくる可能性があるということです。

これは、植民地／被植民地化の問題だけではなくて、人種主義／人種差別の問題とも関係してきます。だから、第二次世界大戦よりもっと前の一九一九年、国際連盟（国連の前身）の創設にあたって、日本側の代表が世界で初めて「人種差別撤廃条項を国際連盟の規約に盛り込むべきだ」と提案したのに、これは却下されてしまいました。こうした背景も存在します。

戦前日本の平和貢献

私が何を言おうとしているか、皆さんは、もうこの辺でお気付きになったと思います。明治時代から一九四五年にかけての日本は、欧米諸国から、あるいは、世界のほかの国からも軍国主義、植民地主義、帝国主義の国として批判を受け、非常に厳しい評価をされてきました。その典型的な例は、東京裁判です。一方で、一九四五年から今日《こんにち》に至るところの日本は、国際的にも平和に貢献しているという点で評価されています。

しかし、実際に過去を顧みた場合に——ことに欧米の色眼鏡を通して見るのではなく、もう少し「高い視点」から見た場合に——随分違った評価ができると思うのです。明治の日本から一九四五年に終戦に至るまでの日本よりも、むしろ一九四五年以降の日本の方が平和的だと見られていること自体、問題であると私は指摘したいわけです。

未来に向かって思考を進めるために、静かに過去を振り返る方法について、「ヘリコプターで上に上がる」という言い方があります。全体図を見やすいように高いところから下を見てみると、批判はあっても、意外と過去の日本の方が、根底には意味のあることもあったのだと言えるでしょう。

世界で平和により近づくためには、非植民地化・非帝国主義化することが重要になってきます。その過程のために日本が果たした役割が、一九四五年以降の日本よりも、もっと意味を持っていたということを再考する必要があるのではないでしょうか。

南京事件、慰安婦問題

例えば、一九三七年の南京事件は一般に日本と中国との戦闘と言われていますが、そうではないのです。もちろん日本軍が南京を占領したのは確かです。当時、南京は中華民国の首都で、中華民国の軍を率いていたのは蒋介石でした。

しかし当時の南京には、中朝軍の兵士、国民党軍の兵士、それから一般人の服装をした、いわゆる「便衣兵」が入り混じっていたのです。

国際法では「便衣兵」は認められていません。兵士は軍服を着て、降参する場合でも、指揮官のもとに列をつくり、自分が兵器を身につけていることを示してから降参しなくてはならないという決まりがあります。しかし当時は、すでに中国首脳部の蒋介石も南京を脱出し、南京防衛司令官の唐生智も逃亡してしまったので、そうした正式な降参の手続きも踏まないで、敗走した兵士たちが「便衣兵」として現地にいたのです。

ですから、軍の規律もない中で、少なくとも三つに分かれた人たちが戦っていたというのが真相なのです。国民党軍、日本軍、そして便衣兵ですから、どの軍が誰を殺したかも明確ではないわけです。もっと多くの派の人たちが戦っていた可能性もあるといいます。ゆえに、死者はすべて日本軍による殺害であり、中国人が犠牲者であるという単純な事実はあり得ないわけです。

そして、残念ながら、いわゆる「慰安婦」についても同様のことが言えるわけで、明確な区分はできないわけです。「慰安婦」という方たちが、すべて日本軍によって強制的に連行され、強制的に売春的な行為をさせられたとは、簡単に結論づけることは不可能であるはずです。

当時、売春には「公娼制」というものがあって、不幸なことに、身売りされた人たちも大勢いました。いろんなカテゴリーの人たちがいたわけです。だから、すべてを日本のせいにするというような単純なアプローチは間違っていることは一目瞭然であると思います。

今も当時も悪い人はいるわけで、日本人が朝鮮半島の女性をそのような身分に陥れただけではなく、残念ながら、朝鮮人の中にも、日本人と同様に、あるいはさらにえげつないことをしていた男性もいるわけです。それから、悲しいながら親が自分の娘に売春的行為を強いたような状況も存在したわけですから、いろんな背景があると言うことができると思います。それを一概に日本軍のせいにするアプローチでは、「和解」は不可能です。

和解のための専門的なアプローチ――領土問題を例に

過去の問題を克服する――つまり、トラウマを克服する――ためには、もっと専門的なアプローチが必要であると思います。専門的なアプローチがあって初めて、トラウマも根本から克服することができるのではないかと思うのです。そのためには、歴史の専門家、問題に対する専門的なアプローチを持っている人たちが協力する必要があります。

現在、日本が抱えている具体的な問題としては、アジア諸国との領土問題が存在します。

例えば、「北方領土」と呼ばれる四つの島の問題があります。ロシアとの間に横たわっている北方領土をめぐる問題は、一九四五年二月に密約で結ばれ、ソ連に四島の帰属を約束するヤルタ協定、それから、敗戦時に受諾し、北海道に日本の主権が及ぶとしたポツダム宣言と大いに関係するわけです。

さらに、中国との間にはいわゆる「尖閣諸島」があります。これは日本と、中国大陸の中国と台湾を巻き込んだ問題です。また、いわゆる「竹島」問題も、日本と韓国だけではなく、南北コリアも関係してきます。

どのようにして、現代のコンフリクト（conflict ＝紛争）を克服すればよいのでしょうか？

領土問題においては、お互いが「これは我が国の領土だ」と主張します。通常は、法的アプローチ、それから、歴史的なアプローチの両面で主権を主張するわけです。

私はメディエーター（mediator ＝仲介者）として、いろんな問題の仲裁に関わって六〇年近くなりますけれども、多くの場合、どちらの側にも言い分がある。歴史の様々な局面においては、様々に異なる判断が可能になります。大抵の場合、「そんな紛争に、無限にいつまででも時間を費やして、両国が互いに気まずい思いをするよりも、むしろ、共同で何かしようじゃないか」と提案する方が、大幅によい結果が得られます。

それは具体的には、「共同管理」「共同所有」するということです。例えば、日本と朝鮮半島の諸国、あるいは日本と中国大陸と台湾で、共同の領土にしようという考えです。

係争になっている島々は当然海にありますから、ただ領土だけの問題ではなく、領土・領海の問題になってくるわけです。いわゆる有名なＥＥＺ（Exclusive Economic Zone＝排他的経済水域）にも関わってくる。魚などに限らず、海底には鉱物があるかもしれない。その他にも、航行権を他国に与えることで、そこから収益が上がってくる。観光地として開発することも考えられるでしょう。様々な収益が想定される中で、私が提案するのは、喧嘩しないでそれを両国で分けようではないかということです。

例えば、もし尖閣諸島を共同管理するのであれば、四〇：四〇：二〇という割当で収益を分け合うことが考えられます。これは、四〇％の収益を日本がもらい、四〇％は中国と台湾が分け合うという意味です。残りの二〇％は、管理や開発、それから維持費や環境保全のためなど、共同で必要になる管理費のために用います。もう少し想像力を豊かにしてみると、尖閣諸島に会議場などの共同センターを設立して、そこを有効利用することも考えられるでしょう。竹島についても同じような共同管理が考えられると思います。

もちろん、今日・明日のうちに実現するわけではないけれども、このようなアイデアを共有することで、もっといいアイデアが出てくるかもわかりません。「こんなことは夢物語で不可能だ」と言われるかもしれませんが、私は、尖閣諸島と竹島の問題については、二〇二五年までには何か具体案が出てきてくると予想しています。それくらい速いスピードで進むと思うのです。

では、北方領土問題はどういった解決が考えられるでしょうか。北方領土には、半島のようになっている部分も含まれます。ですから、厳密に言えば「四島」ではないのです。

北方領土の場合は、尖閣諸島や竹島の「四〇：四〇：二〇」ではなく、「三〇：三〇：三〇：一〇」という割合で分けたらどうかと考えています。この場合はつまり、三〇％は日本、三〇％はロシア、三〇％はアイヌの方たちにお渡しするということです。残りの一〇％は同様にメンテナンスや開発に用いるわけです。

このようなお話を、もう一〇年以上前にアイヌの方たちの前でしたことがあります。アイヌの方々は大いに賛成して、「三〇％以上でもいいよ」と言ってくれました。

メディエーターとして世界中の紛争解決に関わる

私は、世界中で、コンフリクトを解消するためにいろんな提案をしてきました。コンフリクトには、個人のレベルもあれば、国家間のレベルもあるし、コミュニティのレベルもあるのですが、全部合わせて一五〇件ほどのケースを取り扱ってきました。私は、学術的な本から一般人向きの本まで一五〇冊ぐらい本を書いています。そして、約一五〇か国で読まれてきました。しかし、私はまだ一五〇歳には達していません（笑）。わずか八七歳です。一九三〇年生まれですから、今年八八歳になります。

そうした経験をもとに、大雑把に結論を出しますが、大多数の人たちに賛同してもらえる、あるいは、少なくとも多くの人に反対されないヴィジョンは、必ず遅かれ早かれ実現できるということです。これは確信しています。

ドイツの哲学者、ショーペンハウアーによれば、成功に至るまでには三つの段階があるといいます。まず、ヴィジョンを提案すると、必ずみんなぽかんと口を開けて聞いている。そして、そのような思いが沈殿していくと、「なんてバカバカしいことか」という最初のリアクションが出てきて、バカにされるというのです。

鳩山友紀夫先生は非常にいい例で、「東アジア共同体」という素晴らしいアイデアを持っていて、最初はみんなぽかんとして口を開いて聞いていたのが、そのうちに少し飲み込めてくると、ひどく中傷誹謗される——。鳩山先生は、そういうご経験をされたと思います。

二段階目では、そういった中傷誹謗が激化して、居丈高になって怒って反撃してくる。「本当は反日なんじゃないか」「売国で何を目論んでいるのか」という、そういう怒りを持って反撃してくる。鳩山先生は、その二つ目のステージも経験しておられると思います。

ところが、ショーペンハウアー論によると、有名な政治家が「これは自分がもともと考えていた考えだ」と、ふと言い出すようになる三段階目が、間もなくやって来るだろうというのです。

私は鳩山先生よりもずっと年上ですから、こういった経験を多くしてきました。みんなからバカにされたり、笑われたり、あるいは攻撃を受けて、「国に帰れ。共産党はソ連へ行けばいい」などよく言われました。しかし、どんな目に遭ったとしても、やっぱり自分が確信を持てば、ヴィジョンを持って進めていく、主張していくべきだと思うのです。

遅かれ早かれ、さっき言いましたように「これはもともと自分のアイデアであった」という人たちが現れてくるだろう。だから、たゆまず主張は続けるべきだと思うんです。

残念ながら日本は、まだこういったステージには立っていません。安倍首相が主流ということになっているのが現状です。

南シナ海

いわゆる「南シナ海」をめぐっては、フィリピンあるいはＡＳＥＡＮ諸国と、中国との間で問題になっています。そこで、中国の習近平（シー・ジンピン）国家主席とフィリピンのドゥテルテ大統領との間で様々な話し合いが行われました。対立関係もありましたが、両者には一定の合意があって、現状として解決策が模索されていると聞いています。

一般的に中国共産党は、トップダウン型で絶対に譲歩しないように見えます。私は実際に、北京にある中国共産党の幹部の養成学校（中国共産党中央党校）に、二度講演者として招待されました。そこは研究機関でもあって、過去についても、現在についても、未来についても、自由にディスカッションできるという印象を受けたことを指摘しておきたいのです。中国国内でも、過去と現在と未来を非常に客観的に見ようとする姿勢があると言えます。この姿勢は学ぶべきものです。

北欧

さらに中国以外にも、例えば、北欧諸国についても、私たちが学ぶことができるものがあるという話をしたいと思います。

北欧諸国の主な国は四つで、スウェーデン、デンマーク、ノルウェー、フィンランドです。フィンランドは、スカンジナビア諸国には含まれませんが、北欧諸国の一つに数えられます。デンマーク、スウェーデン、ノルウェーはスカンジナビア諸国です。

歴史的には、スカンジナビア諸国であるスウェーデンが長きにわたりフィンランドを支配していました。そして、スカンジナビア諸国のデンマーク王国が、同じくスカンジナビア諸国のノルウェー王国を支配していました。

デンマークとスウェーデン、この二国は非常に封建的な領主が支配する国でありました。一方で、ノルウェーとフィンランドは、封建領主が支配するような地形ではなく、小さな規模の農場を開発する農民がばらばらに点在していたわけです。

ノルウェーには、小さいながらただ一つの貴族階級があったわけです。それが残念ながら、ガルトゥングの一家でした。一〇五〇年頃にバイキング時代が終わってから、ノルウェーではガルトゥング家が支配をしていたのです。

日本ではスカンジナビア諸国の区別はつけずに「北欧諸国」と一緒くたにしているのですが、それぞれ大きな違いがあります。お互いに戦争したり、支配した／されたりした歴史があるのですが、今では北欧諸国は平和の象徴のように考えられています。共同市場が築かれ、どこの国へ行くのにもビザもパスポートも必要ではなく自由に移動ができます。共通の労働市場になっていて、どこの国でも働くことができるのです。

ヨーロッパ連合に学ぶ東アジア共同体

ＥＣ（European Communities ＝ヨーロッパ共同体）を経て設立されたヨーロッパ連合（ＥＵ）についても、同じようなことが言えると思うのです。各国は、数百年間にわたり戦争で戦ってきた歴史がありますが、今ではそんなことは考えられません。

ＥＵ結成までにはいろいろな段階があったのですが、一九五八年の一月一日にヨーロッパ共同市場が発足し、それ以降、多くの国の中で戦争がとても考えられないものとなりました。これはＥＥＣ（European Economic Community ＝ヨーロッパ経済共同体」）とも呼ばれています。この試みは共同市場を目指したものですが、ＥＣを基に、一九六七年に「ヨーロッパ共同体」が結成され、それが一九九三年に「ヨーロッパ連合」になったわけです。もちろん、日々、新聞紙上を賑わせているように、ＥＵにも問題はたくさんあります。しかし、戦争というものはとても考えられません。

アジアに目を向けると、ＡＳＥＡＮ（Association of South-East Asian Nations＝東南アジア諸国連合）の加盟国は現在一〇か国です。もちろん一〇か国内でいろんな問題があるし、経済をめぐる嫉妬も存在します。しかし、戦争をすることはとても考えられません。ＡＳＥＡＮは一九六七年に五か国で発足したのが一〇か国にまで成長し、五〇年記念を迎えました。

北欧とヨーロッパ、東南アジアの事例からも、東アジアが分担してどのような形で平和を実現していくかという結論が見えてきたと思います。つまり、北東アジアに共同体をつくろうと私は主張したいのです。最初の加盟国は、日本と朝鮮半島の両国、それから中国大陸と台湾の、少なくとも五カ国が考えられると思います。もちろん、ロシアやモンゴルが加わる可能性もあるでしょう。

今では中国に吸収されてしまって存在しませんが、過去に満洲といわれた地域も、国家としてではなく国家に相当する地域として加盟することが考えられます。満洲国は日本の支配下で建国されましたが、ある意味で皇帝もいて、形式的には国家であったわけです。それ以前は、女真《じょしん》族が住んでいた地域でした。

私は、あえて「北東アジア」という言葉をつかっています。単に「東アジア」とは呼びたくないのです。というのは、その共同体には、もう少し南方の国にも加盟してもらいたいたいからです。あんまり厳しいがんじがらめの共同体ではなくて、ゆるやかな共同体にするということです。人口の大きさにしても、世界の中心になれる資質を持っていると思います。北東アジアの共同体が実現されれば、大きく発展する可能性を持っていると思うのです。

もし日本がこのような共同体を提案して、実践を推し進める原動力となることができれば、ポテンシャルは非常に大きいと思うのです。日本にはわずか一億二六〇〇万人ぐらいの人口しかいなくて、さらに人口が減少していくと予想されています。その中で日本がアイデアを持つことができれば、基礎を支える原動力になるのです。

国連常任理事国になるよりも大事なこと

残念ながら、今政権を取っている安倍晋三首相は、二一世紀どころか一九世紀的な思考をしています。つまり、大きな力を持った大国を志向しているように思われるのです。

歴史の認識をもう少し新たにし、過去の栄光にすがる間違った取り方ではなく、もっと将来に向かった、前向きな姿勢で日本が原動力を果たしていけるようなやり方を考えればよいのではないかと思います。

安倍首相の考え方では、例えば、国連の常任理事国になることを望んでいます。中身があるものではなく、形式的なステータス・シンボルだけを望んでいるのです。それは過去向きのアプローチであって、未来へ向けたアプローチではありません。

現在の国連事務総長は、そういった発想からもう随分先を行っています。国連事務総長のアントニオ・グテーレス（Guterres）さんは、ポルトガルの首相も務めた人物です。彼は、国連の中心は安全保障理事会ではなく、国連総会がより比重を持っていると考えています。一方で、日本が国連総会で発言した中身を見てみると、将来に向かってのヴィジョン（展望）を提案しているようなことは一度もないのです。それも大きな、残念な点です。

かつて国際連盟時代の一九一九年に、日本は人種的差別撤廃を提案したわけですが、そのようなアイデアが日本から現在の国連へ提案されたことは一度もありません。ステータス・シンボルばかりを欲しがっているのは、非常に残念なことです。

大事なのはヴィジョンです。東アジア、それから、東南アジアも含めたアジア――大きな地域のヴィジョンを具体的に提案していくことの方が、より大きな力を持つと思います。

平和のアプローチとして言語を学ぶ

これから少し外れて、平和的アプローチとはどういうものか、少し違った視点からお話したいと思います。先ほど私が共同体を提案したこの北東アジア地域においては、非常に多くの言語が母国語として使われています。日本語、中国語、韓国語、朝鮮語以外にも、たくさんの言葉が使われています。ロシア語も非常に重要な言葉の一つです。加えて、「中国語」と一概に言っても、実は中国国内にも様々な民族がいて、いろんな民族の言葉があるわけです。

ですから、北東アジア共同体のメンバーとして機能するためには、日本語、中国語（この場合は漢語）、韓国語、朝鮮語、ロシア語などの言葉にある程度通じている必要が出てきます。「マルチリンガル」という言葉がありますが、普通の日本人は「英語だけでも大変なのに、多国語を習得するなんて不可能だ」と言われると思います。

しかしこれは、実は不可能なことではないのです。スイスの例を挙げましょう。スイスにはドイツ語、フランス語、イタリア語、ロマンシュ語の四つの公用語があります。母国語がドイツ語の人もあれば、母国語がフランス語の人も、イタリア語やロマンシュ語の人もいるわけです。

スイスの国会議員になるためには、そのうち少なくとも二つ、あるいは、三つ以上の言語を習得する必要があります。とはいえこれは、読み・書き・話す、全部ができなければならないということではないのです。

例えば、ドイツ語が母語である人が、フランス語で話している内容が分かる。もしくは、フランス語を書くことができなくても、読むことはできる——。これを「受動的言語（パッシヴ・ランゲージ）」と言いますが、読むことができても書くことはできない、話すことができなくても聞いてわかる、というような能力が要求されるわけです。

受け身的な理解であっても行動が伴えば、私たちは多くの言語を学ぶことができ、これを活かすこともできるのです。日本人も、こういった語学のアプローチを考える必要があるのではないでしょうか。

もちろん、日本語を母語とする人でしたら、読み・書き・話す、それから聞いて理解する能力のすべてが必要です。しかし、他の言語について、少なくともそのうち一つができればいいというような、軽い気持ちで語学を学習したらいいと思うのです。中国語、韓国・朝鮮語は、聞いてわかっても話せなくてもいい、読んで分かれば書くことができなくてもいい。こう考えてもらえば、誰でもできるのではないでしょうか。

北朝鮮問題

現在（講演日は二〇一八年五月二六日。第一回米朝首脳会談が行われたのは同年六月一二日。当時は開催が危ぶまれていた。）朝鮮半島情勢について盛んに報じられています。一般に「北朝鮮問題」と言われていますが、本当にそうなのでしょうか。問題の本質は北朝鮮なのでしょうか。あるいは、アメリカなのでしょうか。

私には、アメリカの国防総省（ペンタゴン）や国務省に赴いて、高官の方たちとお話しした経験が何回かあります。彼らに一つ共通していたのは、北朝鮮に対する大きな憎しみです。なぜでしょうか。一八一二年の米英戦争以降、アメリカはほとんどの戦争で勝利を収めてきました。ところが、一九五三年の朝鮮戦争の終局は、休戦協定によるものでした。つまり、アメリカは勝利しなかったわけです。

実は朝鮮戦争の最中に、アメリカは北朝鮮を徹底的に空爆し、多くの死者を出しています。私は北朝鮮を何度か訪れていますが、北朝鮮の人たちは、高官であれ誰であれ口をそろえて、二度と再びそのような目には遭いたくないと言っています。

今まで北朝鮮へ行かれたことがない方は、ぜひ一度行ってみてください。独裁者の国であることは確かです。でも、考えてみると、アメリカもある意味では独裁の国であって、両政党によって独裁的に支配されていると見ることができると思います。一方で日本は、確かに独裁者の国ではありませんが、被占領国家です。

一歩一歩の解決を

北朝鮮をめぐる事態に、どのような解決策が考えられるでしょうか。それは、北朝鮮も主張しているように、一九五三年の停戦協定を平和条約に書き換えるということです。二日前（五月二四日）、トランプさんは会談の中止を通告しました（のちに撤回）。当面、アメリカと北朝鮮との間で平和条約が結べないことは明らかです。第一歩として北朝鮮が韓国と平和条約を結べば、ひょっとすると、中国やロシアも、北朝鮮と平和条約を結ぶ用意があるかもしれません。しかし現状では、日本は占領されている国であり、属国であって独立国ではないので、当面は平和条約を結べないと思うのです。

平和条約の他に考えられるのが、外交正常化です。これは当然、南北朝鮮（韓国と北朝鮮）、それから日本と北朝鮮、アメリカと北朝鮮間の外交のことを意味します。もちろんワシントンは反対していますし、日本も、ワシントンが反対するので反対しています。韓国では、それに対する意見は半々かもわかりません。

次に大事なイシューは「非核化」です。しかも、それはアメリカによってではなく、ＩＡＥＡのような国際機関によって査察され証明されたものでなければいけません。トランプ大統領は、朝鮮半島からアメリカ軍を撤退したとしても、核配備はそのままにしておくと思っているかもしれません。

このように様々なステージごとに考えて、一歩一歩進めていくのがよい方法だと思います。こうしたアプローチに対して、韓国大統領の文在寅（ムン・ジェイン）さんは、今は非常に積極的です。文在寅韓国大統領に対し、ワシントンがどれほどのプレッシャーをかけられるかが問われてきます。

首脳会談よりも普段のヴィジョン・アイデアを

北朝鮮と韓国をめぐっては、南北首脳会議も含めて非常によい関係がますます深まっています（二〇一八年四、五、九月に第三～五回首脳会談が行われた）。それにクギを刺す意味で、最近（二〇一八年五月一一日～二五日）、米韓の軍事演習「マックス・サンダー」が行われたわけです。それに対して金正恩朝鮮労働党委員長が南北高官級会談を中止し、米朝首脳会談の中止すら申し入れたということは、すでに皆さんがよくご存知のとおりです。

つまり、米朝会談は現時点で中止になってしまいました（その後撤回、実施）。そもそも首脳会談というのは、疑問の多いものです。私は、一〇九の、世界中で行われたサミットや首脳会談について研究をしたことがあります。サミットや首脳会談というのは、聞こえはいいのですが、実は問題点が多く、良い結果を生んだサミットはほとんどありません。大統領や国家元首、首相などの首脳が集まれば、二者であれ何者であれ、よい結果が生まれるというのは安直な考え方です。多くの場合、よいアイデアは出てきません。

それよりももっと大事なのは、将来に向かってのヴィジョンを、何年にもわたって、また、何十年にもわたって、様々なところへ広げて、より実りのあるものにすることなのです。その結果、首脳が会ったときによいタイミングで花が咲くこともありえるでしょう。そうでない限りは、絶対にいい結果をもたらしません。

「日本維新」

今日、私は日本でお話をしていますので、日本からどのような発信をできるかを申し上げて、結論にしたいと思います。

二〇一八年は、明治維新から一五〇年でもあるわけです。明治維新から一五〇年が経ったこの時点で、「日本維新」が必要なのではないかと思います。

「日本維新」とは何を指すでしょうか。第一に、日本外交のことが挙げられます。日本独自の外交方針が設定できる、あるいは提案できる。——そのような日本を可能にするのが、「日本維新」の一つの目標であると思います。富国強兵をして、巨大な強国になる——そんなヴィジョンは、一五〇年以上前に遡るような、古びた、カビ臭いアイデアです。そうではなくて、将来に向かって「平和の力」があるヴィジョンを持った日本を推し進めるべきだと考えています。

ですから、憲法九条にしましても、反戦だけではなく、もっと前向きな、本当の意味での「平和の九条」に差し替えるべきでしょう。そのためには、手を繋ぐだけでなく、共に学び合って推進していくような姿勢を持った、平和のアプローチでなければならないと思います。そしてもちろん、冒頭に述べたような過去の克服、トラウマを乗り越えるということは必要です。

「日本維新」における、この三つの視点を考えただけでも、将来に向かってのヴィジョン形成のために、日本には大きな作業が残っていると言うことができると思います。

マハティール首相、ベルルスコーニ元首相による「和解」

「日本維新」のためには、最後に述べたように「和解」が必要になってきます。それを成し遂げた政治家の例をご紹介したいと思います。

マレーシアの首相として二〇一八年に再選されたマハティール（Mahathir）さんは、日本をモデルとした

「ルックイースト政策」で経済成長を達成したことで有名な方です。彼はマレーシアとタイとの関係を、ことに改善されたという点で再考に値する人物だと思っています。

イタリアの元首相、ベルルスコーニ（Berlusconi）さんは、問題も多い人物と言われていますが、平和の活動家として大事なことを成し遂げています。

一九一一年、イタリア空軍がリビア砂漠地帯のオアシスを空爆しました。オアシスというのは、村人にとっての憩いの場なんですね。大半の兵士たちは騎馬兵として砂漠で戦っていたわけです。ところが、女や子ども、老人などの村人たちが集っていたオアシスを、イタリア軍が空爆したわけです。オアシスへの空爆は、ある意味で神聖なものを冒《おか》すようなもので、とても考えられることではありませんでした。

空爆から一〇〇年が経った二〇一一年、首相をしていたベルルスコーニさんは、その空爆について初めて謝罪をしたわけです。私はイタリア語もできるので、よくイタリアに講演に招かれて話をしました。何十年も前から「和解」がどれほど大事なのかを、何度もイタリアで講演してきました。もちろんベルルスコーニさんの謝罪は私の手柄と言いたいのではなく、同じような考えが私にもあったということを言いたいわけです。

ヨーロッパの諸国はテロに苦しんでいるわけですが、イタリアでは、ほかのヨーロッパの国で起こっているようなテロ行為が一度も起こっていません。これは、本当の意味での謝罪がどれほど大事かという一つの例だと感じています。

ご清聴、どうもありがとうございました。

特別講義2　脱　大日本主義

鳩山友紀夫（元内閣総理大臣、東アジア共同体研究所理事長）

皆さん、こんにちは。お休みの日にお集まりいただき、大変嬉しく思います。ガルトゥング博士の講演はいかがでしたか。やっぱり面白かったでしょう？　皆さん「来て良かった」と思われたと思います。

私も非常に感銘を受け、もっとしっかり学ばなきゃいけないと思いました。私は政治家を引退していますが、やり残したことを含めいろいろと責任を感じているものですから、自分なりに、特に沖縄の問題を含めて、これからも活動をしていきたいと思っています。

ガルトゥング博士は、最後に北朝鮮の話をされました。私はその延長から、沖縄をはじめとする日本の現状、特に対米従属的な日本についてお話しします。ガルトゥング博士も「占領下にある日本」という、大変厳しい言い方をされました。聞いていて「日本って、占領されているのか」と思われた方も多いかと思います。ノルウェーの博士が、日本は事実上占領下にあるとおっしゃっているのですから、まさに外からはそのように見えているのでしょう。占領下からどうやって解放されていくべきか、私なりの考えを申し上げたいと思います。

米朝首脳会談の中止――北朝鮮核開発の背景

北朝鮮に関しては、初の米朝首脳会談が中止になるか否かが連日のように報道され、一昨日（二〇一八年五月二四日）にはトランプ大統領が会談の中止を発表しました。トランプ大統領の意向も目まぐるしく変化し、みなさんも「一体どうなっているんだ」と思われているかもしれません。

ただ私は少なくとも、北朝鮮及び韓国側は、相当大きく動き始めてきて、しかもそれは、ある程度不可逆的な動きであると理解をしています。

日本にいると、すべての情報やニュースが、日本の政府やアメリカのフィルターを通して流れてきますから、北朝鮮側がどのような判断をしてきたか、正確なところは伝わってきません。なぜ今になって北朝鮮が考え方を大きく変えたのか（五月一六日に中止を示唆）に関しては、それはやはり北朝鮮の本意を我々も見なければいけないと思います。

私なりに考え、また事実として申し上げたいのは、なぜ北朝鮮が核ミサイルを開発してきたのかについてです。理由は、アメリカが核を保有しているからなんです。そして、アメリカと北朝鮮との間では、いまだに戦争状態が続いているということを指摘したい。「休戦」というのは、戦争が終わったという意味ではありません。先ほどもお話がありましたが、「休戦」を「平和協定」に変えたいというのが、北朝鮮側の大きな希望です。その条件を整えるためには、どうすれば良いのでしょうか。

アメリカは、世界一核ミサイルを保有しています。しかも朝鮮戦争のときに、国連軍総司令官であったマッカーサーが、原爆の使用を主張して当時のトルーマン大統領に解任されたように、いつ核兵器を使用するかわからない国なのです。さらに、アメリカは過去にも韓国にたくさんの核を配備してきました。まさに北朝鮮は、喉元に剣を突きつけられて、「いつでも核攻撃ができるぞ」と言われている状況が、休戦の中でも続いていたのが実態なのです。

でありますから、北朝鮮としても対抗するためには「自分たちも武器を持たねばならない」と考えたのでしょう。それが良いか悪いかは別の判断があるでしょう。しかし、彼らの判断として、金日成（キム・イルソン）の時代から、アメリカと交渉してまともに平和条約を結ぶためには、アメリカに負けないような核ミサイルを開発しなければいけないと思いついたわけであります。寝食を忘れてと言いますか、国民の命を守ること以上に核ミサイルの開発に力を入れてきたのが実態なのです。

二〇一八年南北首脳会談

昨年（二〇一七年）一一月末には「火星15」と称する大陸間弾道ミサイルの打ち上げが成功したと報じられました。どうもこれは、アメリカの東海岸を含む全土に届くような強力なものであるということでした。

実際にアメリカに届くかどうかよりも、北朝鮮側からすれば、核実験も成功し、ミサイルもアメリカにまで届くほどに開発が進んだことで、アメリカに対して自分たちが交渉をする段階を迎えたというように考えるのではないかと、私は当時考えました。

そのことについて、メディアの取材に対し「チャンス」という言葉を使ったところ、反感が出たのですが、私はこれが北朝鮮が平和に向けて動く機会となるのではないかという予感がしたので「チャンス」と申し上げたのです。

案の定、今年（二〇一八年）になってから、金正恩委員長の妹である金与正氏を含めた代表団が平昌《ピョンチャン》冬季オリンピックを訪れ、その後四月には、南北首脳会談も開催されました。南北首脳会談の映像を生中継でご覧になった方も多いと思います。どのように思われましたでしょうか。私は大変感激し、涙が出そうな状況でありました。彼らは本気でやる気になっていると、その思いが伝わってきたからです。

「北の非核化」ではなく「朝鮮半島の非核化」

ガルトゥング博士の講演の中で、「北朝鮮の問題」と我々が言うときに、北朝鮮が問題なのか、アメリカが実際に問題なのかと問われました。その問いが意味するところは、むしろアメリカのほうに問題があるのではないかという示唆ではなかったかと思います。私も基本的にはそう思います。

南北の首脳会談が終わり、米朝の首脳会談も開かれるところまで話が進みました。しかし、北朝鮮からすると、朝鮮半島全体が非核化されなければ意味がないのです。自分たちが保有している核を放棄することを覚悟すれば、当然自分たちに対して使われるような場所にアメリカの核があっては困ると考えるのは、ある意味で当然だと思います。

アメリカに北朝鮮を攻撃する意図がないと示すことでもいいのかもしれませんが、基本的には、朝鮮半島全体が非核化されなければならないのです。これはアメリカからすると非現実的な話であって、日本の周辺も含めてかもしれませんが、朝鮮半島の周辺に、いつでも核を撃ち放せるような状況を諦めるわけにはいけないと思っているのでしょう。

中国や、ロシア、あるいは韓国や北朝鮮でも、「非核化」と言うときには、朝鮮半島全体の非核化をどうするかという議論を指します。ですが、アメリカと日本においてはそうではなくて、新聞などでも、ほとんどの場合「北の非核化」という書き方をしています。

五月九日、ようやく「日中韓首脳サミット」が開かれました。韓国と中国に説得されて、しぶしぶ日本も「朝鮮半島の非核化」という方針を認めたように思いますが、日本はアメリカ寄りですので、やっぱり「北の非核化が先だ」という発想になっているようです。

私は、段階的にでも「朝鮮半島の非核化」という方向に向けて、特に、文在寅大統領がアメリカを説得して、例えば、韓国にある在韓米軍を減らすとか、空軍での演習というものはやめるとか、少しずつでも平和に向けて、軍事的なパワーが衝突するのではない朝鮮半島をつくり上げていただきたいと思っています。

ぜひ日本もその方向に向けてサポートをするべきではないでしょうか。もし米朝の首脳会談が本当に中止されるとなれば、アメリカ寄りの日本では「やっぱり北朝鮮はなあ」というような論調が出てくる可能性があります。けれども、北朝鮮というよりも、実はアメリカ側で軍産複合体とトランプ大統領が衝突していることが会談中止の理由のようです。

今でも私は、本当はトランプ大統領は米朝首脳会談を行ないたいのではないかと思っています。しかし、軍産複合体寄りのトランプ大統領の側近たちが「リビア方式（非核化の実現後に制裁を解除する）でないといけない」などと主張しているようなのです。北朝鮮が乗れないような条件をつけてしまって、会談をぶち壊してしまうのではないかという恐れを強く感じています。

今日の新聞を読んでも、まだトランプ大統領には米朝首脳会談の可能性が残っているように思われます。日本などは、その隙間がわずかであっても押し広げて、会談の実現に向けた協力をするべきではないでしょうか。

朝鮮半島情勢の変化は、辺野古撤回の好機会

私は、この朝鮮半島の状況の変化が、沖縄の米軍基地問題にも良い影響を与えると考えています。

二〇一八年四月一七～一八日にフロリダで開かれた日米首脳会談では、安倍首相がトランプ大統領に「米朝首脳会談が開かれる際には、拉致問題を頼む」というような話もされたようですけれども、そのときに、トランプ大統領が在韓米軍の縮小・撤退にも言及されたと聞きました。私はトランプ大統領のその発言は大いに評価し、嬉しく思ったのですが、安倍首相はそれに対して、「アジアの軍事的なバランスが崩れてしまうから認められな

い」「ぜひ在韓米軍は居残ってもらいたい」と発言をされたようです。

先ほどガルトゥング博士もおっしゃっていましたが、私も、安倍首相は一九世紀から二〇世的初頭のような発想をお持ちだと感じます。

本来であれば、アメリカが米軍の縮小を言い始めた時こそ、まさに日本という国が、軍事力ではなくて、対話と協調による平和の路線を築き上げるチャンスがあったはずです。でも実際には、在韓米軍に、そして在日米軍に依存する日本であり続けようとしています。私は、大変情けなく感じました。こういうタイミングにこそ、どの程度の在日米軍が今日本に必要なのかという議論を徹底的に行うべきではないかと思っております。まさに今、強引に埋め立てられつつある辺野古の海をめぐる状況を、止められる可能性が出てくるのではないでしょうか。

こういうときにこそ、日本は国民を挙げて、米朝首脳会談を成功させて、あるいは、南北の融和を成功させ、朝鮮半島を平和に導くことで、日本という国が決して北朝鮮にとって敵でも何でもないと示すべきです。むしろ協力してくれる国になる可能性を示すべきです。日朝関係を大きく転回をさせるために、大きな声が必要ではないかと感じます。そう感じるにつけ、今の報道がそのような可能性を示せていないことを残念に思います。

「最低でも県外」を拒んだ偽文書

私がなぜ辺野古に固執するのか、どうして辺野古新基地建設に反対し続けているのかというと、そのことによって総理を辞めた人間だからです。

そもそも二〇〇九年の総選挙のときから、「普天間飛行場の移設先は最低でも県外」と明言し、できれば海兵隊は国外へ移るべきだと主張しました。しかし残念ながら、その主張は叶いませんでした。これはアメリカの圧力というよりも、アメリカの威を借りたキツネのような官僚たちが、当初から私の意に反して、辺野古ありきでしか動かなかったのが原因のようです。官僚たちを動かせなかったという、私の政治的な実力不足によって国民や沖縄の皆さんへ大変なご迷惑をかけてしまうことになりました。

この問題に関して、当時沖縄の皆さんには大変激怒をさせてしまった以上、私としては、政治家であれ、そして政治家を辞めた人間としても、やはりこの問題に対してはかかわっていかなければいけないという思いでいます。

実は、メディアにはあまり載らない話ではありますが、官僚がいかに辺野古を唯一の選択肢としていたかを物語る文書が存在します。二〇一〇年四月一九日、官邸にいた私のもとに防衛庁・外務省の官僚がやってきました。しかしその面会の記録は残っていないのです。

その意味、分かりますか？　会っているのに記録にないのです。森友学園・加計学園をめぐるいわゆる「モリカケ」問題ではまさに同じことが起きましたね。総理を経験した私が言うのだから間違いありませんが、面会を内緒にしておきたい場合には、決して記録に残らない官邸への入り方があるんです。ですから、記録に残っていなくても、それが面会していないという証拠では全くありません。

その日、官僚たちは私に、アメリカ大使館で沖縄駐留の米軍や公使と議論をした結論を伝えに来たのです。渡された三ページつづりの文書には、普天間飛行場の移転先が海兵隊の北部訓練場とあまりに遠いと、往復に時間をとられてしまう。これでは訓練にならないので、辺野古でなくても、移設先はある程度近くなければいけないと書かれてありました。

「その距離はどのぐらいですか」と問うと、「六五海里、即ち一二〇キロメートルだ」という答えが返ってきました。北部訓練場から一二〇キロメートルの円を描くと、基本的には沖縄県内に留まるのです。鹿児島県の一部も入りますが、基地を置けるような場所はまるでない。これは暗に、移設先は「辺野古しかない」ということを示した文書であったのです。

その文書には「機密扱い」という印が押してあったので、あまり存在を表にすることはありませんでしたが、この文書について川内博史衆議院議員が調査をしてくれました。外務省の「機密」という印が押してあるのだから、出所が外務省であることは間違いない。にもかかわらず、外務省は、「調査したが、そのような文書は確認できなかった」と言ってのけるのです。モリカケ問題のときは、安倍首相を守るために省庁の文書が廃棄されましたが、私の場合は逆です。なぜそのようなことが起きたのでしょうか。

六五海里という基準は、文書の中で「アメリカのマニュアルにも書いてある」と指摘されていました。アメリカにも確かめましたが、そんなマニュアルは存在しないという回答でした。

要するに、官僚が嘘をついたのです。虚偽の文書が外務省から出されたものであると認められないので、文書が確認できなかったと言っているわけですね。「確認できない」という言葉は「存在しない」ということでもないのです。非常に便利な言葉で、どちらの意味にも取ることができる言い方なんですね。現在は、「機密」の印鑑が外務省のものと一致するかどうかも含めて、川内議員が丹念に調べてくれている最中です。

時間が経ったとしても、役人が平気で虚偽の文書を作成していたことが事実ならば大変なことです。嘘の文書に基づいて判断を下し、私は移設先を辺野古に戻すという大きなミスを犯してしまったのです。そして、それが原因で私は総理を辞することになりました。

海兵隊の今日的プレゼンス

昨今の沖縄は大変厳しい状況になっています。沖縄県の翁長雄志知事のお身体の問題（二〇一八年四月にすい臓がんの手術を受ける。この講演当時には入院中だった。同年八月八日に死去）も一番大きいかもしれませんが、そればかりではありません。

多くの事故を起こしながら（二〇一六年一二月名護市でオスプレイ墜落。一七年一二月宜野湾市の保育園にヘリの部品が落下。同月普天間第二小学校にヘリの窓が落下。一八年二月うるま市にオスプレイの部品落下）、米軍による飛行訓練は相変わらず行われています。

一方の安倍政権は全く意に介さずに、どんどんと辺野古の埋め立てや、高江のヘリパッド工事を進めています。

在日米軍、特に海兵隊などの存在は、一九世紀、二〇世紀には確かに役割が大きかったかもしれません。ですが、今日のように国と国との戦争はほとんど起きない状況の中で、強襲上陸作戦のために存在している海兵隊のような部隊が本当に必要なのかどうか、もっと検証しなければなりません。

アメリカにおいては海兵隊の政治力が強く、なかなかなくすことのできない存在であると思いますけれども、日本として、軍事的な必要性をもっと冷静に分析して、必要でない場合には日本からお引き取り願いたいと言うぐらいの勇気を持つべきではないかと思っております。

日本はなぜアメリカに従属するのか——永続敗戦論

どうして日本は今日のように、あまりにもアメリカに従属する国になってしまったのでしょうか。先ほどもガルトゥング博士のお話の中にあったように、東京裁判そのものにはいろいろ問題があるかもしれませんが、少なくとも、その戦勝国による東京裁判の結果を認めた日本が、しかし自らの力、もしくは意志で戦争の総括を行ったことは、未だに一度もないというところにその原因があるのです。

結果として、これは、白井聡さんが『永続敗戦論』（太田出版、二〇一三年）でおっしゃっているような、戦争に負けたことを認めたくないという状況が生まれているのです。敗戦を否認していながら、実際にはアメリカに圧倒的に敗れたものですから、永遠に敗戦が続き、従属をせざるを得なくなってしまうのです。

一方で、戦争に敗れたことを否認しているために、韓国や中国に対しては悪いことをしていないと意識があり、常に上から目線で物事を処理しようとするのです。いわゆる「慰安婦」問題なども、私はきちんとした謝罪の気持ちが伝われば、彼らも納得する部分はあると考えています。慰安婦問題をめぐっては、二〇一五年に日韓政府が「最終的かつ不可逆的に解決」するための合意を出したはずなのに、残念ながら韓国民が納得する結論とはなっていません。

恥ずかしいことに、私は自分が総理のときには十分把握していませんでしたが、日本と米軍のとの関係を決定する「日米合同委員会」という存在があります。アメリカ側は軍の代表者が、日本側は高級官僚が出てきて、月に二度、秘密会合をもちます。その会合での決定は、表に出ることはありません。基本的には秘密のままに、さまざまな協定、いわゆる密約が結ばれていくわけです。

密約の中には例えば、戦争になったら自衛隊は単独で活動するのではなくて、米軍の指揮下で行動することが取り決められていたりします。まさに、憲法の上にこういった委員会が存在し、米軍と高級官僚との間の馴れ合いで取り決めがされているのです。日米合同委員会に出席できる日本の高級官僚は出世をすることになるので、アメリカの意のままに動くこと、あるいは、アメリカに忖度をして行動する人間が、日本の官僚制度の中でどんどん出世するというシステムができ上がってしまっています。これを覆すというのはなかなか大変です。普天間飛行場を「最低でも県外に移設してくれ」と総理が言っても、官僚たちがなかなか動こうともしなかった理由が見えてきました。

米国は、日本の国土のどこにでも、どのぐらいの規模の基地でも、いつでも置けることになっています。さらに首都圏の「横田空域」のように、日本の空も米軍が制空権を持っているのです。ここ鹿児島から飛行機で沖縄に行くときも、だいぶ長い手前のところから、海面すれすれの低いところを飛行しなくてはならないことを、不思議に思っていた方もいるのではないかと思います。

このような、米国と日本、あるいは、もっと正確に言うと、米軍と日本との従属関係を「永続」にしていいのかと、私は非常に深刻に考えています。現在の野党についても、いかに日本がこの米国の支配という頸木《くびき》から逃れることができるのか、もっともっと力点を置いて論議してもらいたいと強く感じるわけです。

過去の大日本主義

過去を振り返ると、やはり日本も大日本主義の時期があり、植民地獲得に走り、結果として戦争に破れました。しかし、戦後も大日本主義を唱えているのではないかと思われるのです。

敗戦以前の植民地主義は、もはや当然成り立ちません。それとは異なる形で大日本主義を唱えてきた一つの例が、先ほどガルトゥング博士もおっしゃったように、まさにステータス・シンボルとして国連の安全保障理事会の常任理事国になりたいという発想です。そうすれば他の常任理事国、Ｐ５（アメリカ、イギリス、フランス、ロシア、中国）と一緒になれるという発想は、「ブランド物のハンドバッグを持ちたい」と同じようなブランド志向なのです。安保理常任理事国に入ったら何をするかということよりも、入りたいという、それ自体が目的となるような、誤った外交方針が取られているように思います。

また、これまで、そして今でも、政府が「原子力の平和利用」と称して原発の再稼働に力を入れるのは、単なるエネルギーの問題だけでは決してありません。エネルギーの問題であれば、あのような福島原発事故があった以上、ソーラー・シェアリング（農地に支柱を立てて太陽光パネルを設置する。営農型発電）などを導入するべきでしょう。日本には、基本的な電力を賄えるぐらいの自然エネルギーがあるのですから、それをしないのには理由があるのです。つまり、経緯として、この国は将来、核兵器に転化できる技術を持っていなければならないという発想で原発がつくられてきたことが、未だに尾を引いているからだと読み取るべきです。そのことを考えれば余計に、もはや日本に原発はいらないではないかという声がもっともっと広がることを祈っています。

さらに、このような大日本主義の発想で、軍事力を高めるために、与那国、石垣、宮古などの群島に自衛隊の基地ができて、しかも、その中のいくつかにはミサイルも配備されようとしています。沖縄本島にまでミサイル基地をつくろうという発想もあるようです。

いろいろなところで安倍総理は「かつてないほどの厳しい安全保障環境」と、脅威を強調しています。実際には、そんなことはありません。以前から比べれば、相当に安全保障環境は良好になってきています。今後、北朝鮮をめぐる状況も変化していくでしょうし、中国が日本を侵略しようという意図もありませんので、東西冷戦時代と比べて安全保障環境はそれほど悪くはないのです。にもかかわらず、「かつてないほど厳しい」と危機感をあおって、自衛隊の力をどんどん増やし、一方で、米軍基地には「どうぞいてください」と言い続けることは、一〇〇年、二〇〇年前の古い発想が、日本の政権内で続いていることを意味しています。

友愛の時代、沖縄を中心とした東アジア共同体へ

私は、武力では真の平和をつくることは決してできないという強い信念の下で、徹底的に、武力ではない形で平和をつくる努力を日本が開始するべきではないかと思っています。

それを、私は「友愛」という理念の下で創り上げていきたいのです。「友愛」の精神とは、自分自身の尊厳も大事にしながら、相手をも尊重するということです。国として体制の違う中国も、また、将来的には北朝鮮も加わって、共同体を構成し、政治的に安定した東アジアを作り「脱　大日本主義」を成し遂げることを私は主張し

ています。

日本は経済の面でも成長の時代ではなく、成熟の時代です。成長のために歯車となるような人間ではなく、人間が自身の幸せを追求する、まさに「友愛の経済」が大事ではないかと考えています。

先ほどガルトゥング博士は、「北東アジア共同体」をご提唱されました。私も、東アジア共同体の中心的な核は北東アジア地域にあると思っています。中国、日本、韓国、そして、台湾や北朝鮮の人々が、経済的に強力になることよりも、それ以上に、お互いに信頼関係を増して、二度と戦争を引き起こさない環境をつくっていくことが大事です。

コンフリクト（衝突）が生じれば、それをどうやったら解決できるかという策を常にお互いに議論し合いながらつくり上げていくということ。そして、過去のことに対しては、先ほどもお話がありましたように、いかに和解ができるかを徹底的に議論して、解決策を求めていくということが大事ではないかと思っています。

世界を見渡すと、行き過ぎたグローバリズムによって、今度はトランプ大統領のようにナショナリズムが声高に宣言をされるようになりました。グローバリズムも問題がある一方で、国と国との間に壁を作るナショナリズムもさらにひどい状態になったとき、グローバリズムとナショナリズムの間に「リージョナリズム（地域主義）」を、そして周辺の国々が一つにまとまった共同体をイメージすることが大変重要ではないかと思うのです。

先ほどガルトゥング博士のお話にあったように、共同体の中で二度と戦争を起こさない環境が整っています。ASEANも、EUも、北欧の諸国連合もそうです。決してすべてが満点ではないとしても、彼らの国々同士で戦争が起きないことは極めて重要なことだと思っています。そのような環境をつくるために、東アジア共同体を構想することの意義を訴え続けたいのです。

そして私は、東アジア共同体の中心に沖縄があるべきだと考えています。かつて琉球は、軍事力や武力を持たない平和な国でした。日本に占領されるまでは、そのような地域だったのです。その琉球が、軍事力の要《かなめ》ではなく、再び平和の要として甦る日を迎えることができればと願っています。沖縄問題で、大変大きな失点を上げてしまった私は、沖縄こそがこれからの東アジアの中心として、ある意味で首都として活動できるような環境をつくり上げていくことに力を尽くしたいと考えているところです。

ご清聴ありがとうございました。

【著者】（所属、ワンアジア財団「東アジア共同体と沖縄の視座」講義日）

進藤榮一（筑波大学名誉教授、国際アジア共同体学会代表、2018 年 4 月 13 日）

李鍾元（早稲田大学教授、4 月 20 日）

林泉忠（武漢大学教授、4 月 27 日）

康上賢淑（鹿児島国際大学教授、5 月 11 日）

纐纈　厚（明治大学特任教授、5 月 18 日）

石原昌家（沖縄国際大学名誉教授、5 月 25 日）

新垣　毅（琉球新報記者、6 月 1 日）

乗松聡子（ピース・フィロソフィー・センター代表、6 月 8 日）

ガバン・マコーマック（オーストラリア国立大学教授、6 月 15 日）

木村　朗（鹿児島大学教授、6 月 22 日）

金哲（安徽三聯学院教授、6 月 29 日）

李若愚（四川大学歴史学部准教授、7 月 6 日）

張博（河南大学日本語学科准教授、7 月 6 日）

松島泰勝（龍谷大学教授、7 月 13 日）

韓洪九（聖公会大学教授·反憲法行為者列伝編纂委員会、7 月 27 日）

翻訳：李昤京（翻訳：立教大学非常勤講師）

佐藤洋治（ワンアジア財団理事長、7 月 20 日）

ヨハン・ガルトゥング（社会学者、紛争調停人、5 月 26 日）

通訳：西村文子

鳩山友紀夫（元内閣総理大臣、東アジア共同体研究所理事長、5 月 26 日）

編著者　木村 朗（きむら・あきら）

1954年生まれ。鹿児島大学法文学部教授。日本平和学会理事、東アジア共同体・沖縄（琉球）研究会共同代表、東亜歴史文化学会副会長、国際アジア共同体学会常務理事。単著『危機の時代の平和学』（法律文化社）、共編著『沖縄自立と東アジア共同体』（花伝社）、共著『沖縄謀叛』（かもがわ出版）、『「昭和・平成」戦後日本の謀略史』（詩想社）、『誰がこの国を動かしているのか』、『株式会社化する日本』（詩想社新書）、など著書多数。

沖縄から問う東アジア共同体——「軍事のかなめ」から「平和のかなめ」へ

2019年4月20日　初版第1刷発行

編著者———木村　朗
発行者———平田　勝
発行————花伝社
発売————共栄書房
〒101-0065　東京都千代田区西神田2-5-11 出版輸送ビル2F
電話　03-3263-3813
FAX　03-3239-8272
E-mail　info@kadensha.net
URL　http://www.kadensha.net
振替　00140-6-59661
装幀————水橋真奈美（ヒロ工房）
印刷・製本——中央精版印刷株式会社

ISBN978-4-7634-0883-9 C0036